現代人의 人生相談全書

관 상 보 감

처세술과 운명학

은광사 · 삼성서관

머 리 말

    사람은 누구나 한 평생을 사는 동안 수많은 수수께끼를 체험하면서 살고 있는 것 같습니다.

    속담처럼 〈믿는 도끼에 발등 찍히기도〉 하고 갑자기 소낙비를 만나 위급을 모면하는 등 그 예를 들면 끝이 없을 것입니다.

    사람들은 이런 것을 가리켜 운명이라고도 하고 사주팔자라고 하기도 합니다. 때로는 체념·절망도 합니다. 과연 운명이라는 것이 있는 것일까? 없는 것일까?

    그에 대한 대답은 이러합니다. 〈운명은 믿는 사람에게는 운명이 있고, 믿지 않는 사람에게는 없을 것입니다.〉 어떤 사람이 운명을 믿는 사람이냐 하면 어떤 절박한 상황에 부딪쳤을 때 결코 체념이나 절망하지 않는 사람이라고 생각합니다. 운명을 믿는 사람은 체념이나 절망 대신에 새로운 설계와 용기를 갖는 사람일 것입니다.

    그러면 싸워서 이기는 지혜는 과연 무엇일까? 자기 자신을 아는 길이요, 나아가서는 상대를 아는 것이 됨으로써 살기 위해서는 이겨야 된다는 말이 되겠습니다. 손자병법에도 적을 먼저 알고 나를 알면 백전 백승한다는 말이 있죠?

    사람은 태어날 때부터 자기의 사주팔자에 의해 살고 있다는 사실입니다. 말하자면 운명을 두 어깨에 짊어지고 나온다고 하지요.

    〈엉터리 같은 수작〉이라고 생각하십니까? 그도 아니면 엉터리 같은 미신이라고 생각하십니까? 어떻게 생각하시든 그것은 자유이겠지만 자기 나름대로의 속단은 절대 금물입니다. 이 책을 몇 장만 읽어보시면 그때에는 여러분의 선입관부터 잘못되었음을 깊이 깨닫게 됩니다. 여기에서 얻어지는 지식은 여러분의 인생을 중요하고 즐겁게 해 드리라고 믿으며 애독을 바랍니다.

차 례

머리말

甲子 乙丑
갑 자 을 축
海中金 해중금

甲戌 乙亥
갑 술 을 해
山頭火 산두화

甲申 乙酉
갑 신 을 유
泉中水 천중수

丙寅 丁卯
병 인 정 묘
爐中火 노중화

丙子 丁丑
병 자 정 축
澗下水 간하수

丙戌 丁亥
병 술 정 해
屋上土 옥상토

戊辰 己巳
무 진 기 사
大林木 대림목

戊寅 己卯
무 인 기 묘
城頭土 성두토

戊子 己丑
무 자 기 축
霹靂火 벽력화

庚午 辛未
경 오 신 미
路傍土 노방토

庚辰 辛巳
경 진 신 사
白鑞金 백랍금

庚寅 辛卯
경 인 신 묘
松栢木 송백목

壬申 癸酉
임 신 계 유
劍鋒金 검봉금

壬午 癸未
임 오 계 미
楊柳木 양류목

壬辰 癸巳
임 진 계 사
長流水 장류수

甲午 갑오	乙未 을미	甲辰 갑진	乙巳 을사	甲寅 갑인	乙卯 을묘
沙中金 사중금		覆燈火 복등화		大溪水 대계수	
丙申 병신	丁酉 정유	丙午 병오	丁未 정미	丙辰 병진	丁巳 정사
山下火 산하화		天河水 천하수		沙中土 사중토	
戊戌 무술	己亥 기해	戊申 무신	己酉 기유	戊午 무오	己未 기미
平地木 평지목		大驛土 대역토		天上火 천상화	
庚子 경자	辛丑 신축	庚戌 경술	辛亥 신해	庚申 경신	辛酉 신유
壁上土 벽상토		釵釧金 채천금		石榴木 석류목	
壬寅 임인	癸卯 계묘	壬子 임자	癸丑 계축	壬戌 임술	癸亥 계해
金箔金 금백금		桑柘木 상좌목		大海水 대해수	

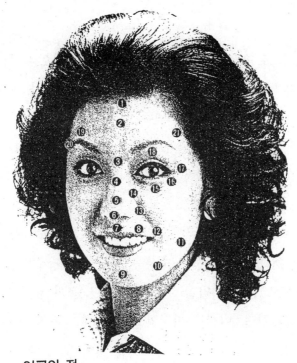

얼굴의 점

◈ 얼굴의 점에 대한 해설

얼굴의 점은 똑같은 부분에 있어도 그것이 남성에게는 길(吉)하지만 여성에게는 흉(凶)일 경우도 있다. 또한 생점(生點)은 행운을 나타내지만, 사점(死點)은 불운을 나타내는 것이다. 피부 위로 살짝 드러나면서 윤기가 나는 것이 생점이고, 그것이 피부에 파묻히듯 윤기가 없으면 사점이다. 그러나 사점이라 할지라도 일생을 통해 불길한 것이 아니라, 한때는 불행을 가져오지만 후에는 그 액을 면할 수가 있을 것이다. 그래서 생점의 뜻을 나타내는 것을 ○, 사점의 뜻을 나타내는 것을 ×로 하였다. 우리의 얼굴에도 어딘가에 틀림없이 점이 있을 것이다. 생점인지, 사점인지를 분명히 가려내어 우리의 얼굴을 한 번씩 점쳐보는 것도 좋겠다. 꼼꼼히 살펴보고 연구해 보면 일리도 있으리라.

① ○=선천적으로 운세가 성한 성공자, 여성도 사회적으로 진출, 특히 남성의 운세를 보필하기 때문에 가정의 화합을 잘도 꾀함. ×=선천적으로 운세가 박약하고 어지간히 두통거리. 여성은 따분한 남성 때문에 고생바가지.

② ○=아주 훌륭한 운세로 하여 입신출세. 여성은 직업을 가지면 재물을 모으지만 초혼으로 그치지 못한다. ×=눈앞의 원조자도 잘 보지 못함. 여성은 부모나 남편과 불화하기 쉽다.

③ ○=운기(運氣)가 강대하여 대성공. 여성은 가정주부로서 만족치 못하고 흔히 직업을 가진다. ×=10분의 9는 성공을 보고도 실패한다. 여성은 가정의 화합한 운을 얻지 못한다.

④ ○×=다같이 불길하다. 운기에 파란곡절이 많고 가정적으로 안정을 잃기 쉽다.

⑤ ○×=다같이 불량하다. 만성적인 병에 걸리기 쉽다.

⑥ ○=샐러리맨이든 상인이든 간에 구별 없이 재물을 모으는 재주가 있다. 모양이야 어떻게 생겼든 여성에게 인기. 여성은 재운은 있으나 남편과 인연이 엷다. ×=남녀 다같이 돈이 잘 들어오지만 또한 빠져나가는 것이 더 많다. 이성간에 인연은 많지만 그에 못지 않게 색으로 하여 어려움을 당하는 상.

⑦ ○=남녀 다같이 자녀운이 있다. ×=자녀 때문에 고생수.

⑧ ○=일복이 많아 번창하여 먹는 것도 많이 생긴다. ×=교제가 적고 색정적이다. 남한테 별로 환영받지 못함.

⑨ ○=남녀 다같이 만년에 복이 많은 상. ×=자녀복이 적어 만년에 쓸쓸하다. 여성은 차가운 형.

⑩ ○=주택운이 두터워 굉장한 저택에 살 수 있는 상. ×=한군데 머물지 못하고 자꾸만 집을 옮기는 상.

⑪ ○=훌륭한 자식이나 부하의 덕을 본다. ×=자녀 때문에 골치를 앓던가 부하 때문에 안심 못하는 고생상.

⑫ ○=직업 덕분에 중년에 와서 재물을 얻는다. ×=직업을 자꾸 바꾸던가 발을 잘 다친다. 여성은 가정 때문에 고생이 많음.

⑬ ○=의식주에 만사태평. ×=항상 쪼들리는 상.

⑭ ○=재운이 풍부하여 안락한 상. ×=죽자고 일해도 밤낮 그 모양.

⑮ ○=자녀운이 좋다. ×=자녀를 잃든지 자녀 때문에 운다.

⑯ ○=정에 물러 손해도 본다. ×=색정 때문에 실패.

⑰ ○=배우자 덕에 운수 대통하던가 또는 이성의 협조로 운수 대통할 상. ×=초혼에 실패하던가 혹은 색난을 당함.

⑱ ○=지금까지의 운세가 일변하고, 대통할 상. ×=기운의 발전성이 없음.

⑲ ○=사교적이고 요령이 좋아 순풍에 돛단 격. ×=친구로 하여 손해만 본다.

⑳ ○=학술이나 예능에 뛰어난 재질을 가져 명성을 얻는다. ×=형제운이 엷어 몸 안으로부터 귀찮다.

㉑ ○=재화의 운이 좋아 중년까지 큰 재산을 모은다. ×=젊어
서부터 재산을 잃고 아무리 노력해도 부족한 상.

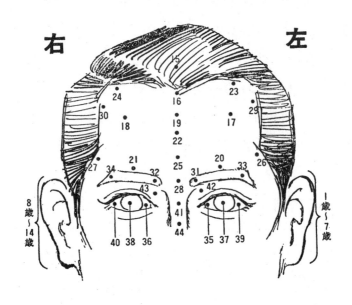

※ 자는 모습으로 본 성격

① 손발을 쭉 뻗고 반듯하게 잠을 자는 사람은 자신만만해서 고집이 세고 자만심이 많아 성공하기 어려우나 이 점을 고치면 성공할 수 있다.

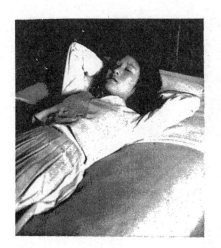

② 두 손을 머리 밑에 받치고 자는 사람은 공상적인 세계에서 혼자 있기를 좋아하고 남과의 교제에도 융화하지 못하는 경향이 많아 교제를 오래 지속하기 어렵고 고독한 사람으로 성공이 어렵다.

③ 잠자리에서 위로 기어올라가
고 자주 엎어져 자는 사람은
모든 일에 판단력이 빠르고
과단성이 있어 실천력이 강
하고 성실성이 있어 성공합
니다.

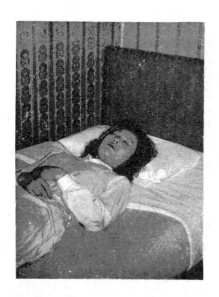

④ 잠자리에서 주먹을 쥐고 자는
사람은 참을성이 강하고 무
슨 일이나 자신을 갖는 사람
으로 어떠한 고생도 견뎌 성
공합니다.

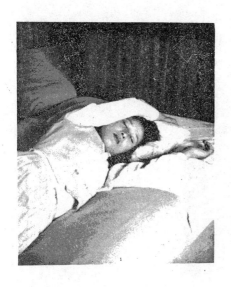

⑤ 자면서 몹시 몸부림을 치는 사람은 적극적인 실천가로 다능다재(多能多才)하며 성질이 급한 것이 흠이 되나 대단한 감격적인 성질이다.

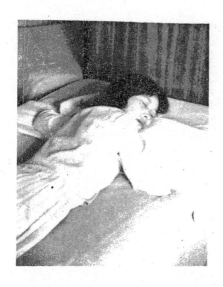

⑥ 계속 엎어져 자는 사람은 남의 도움을 싫어하고 비틀린 성품에 앞을 가리지 않고 과감하게 행동을 취하므로 실수가 많다.

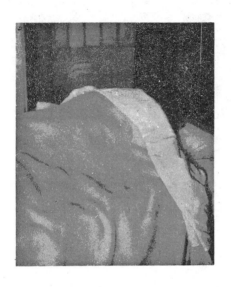

⑦ 이불을 항상 뒤집어쓰고 자는 사람은 사소한 일에도 구애를 받는 성격으로 결단성이 없어 하고자 하는 일의 절반도 실천키 어려운 사람.

⑧ 새우처럼 구부리고 자는 사람은 생각과 도량이 좁고 겁이 많아서 무슨 일에나 망설이고 결단력이 부족하여 진행하는 일에 순조로운 일이 적다.

※ 걷는 모습으로 본 성격

① 바른 자세로 앞만 보고 씩씩 하게 걷는 사람은 마음도 크고 노력에 상응한 성공을 하여 편 안한 생활을 할 수 있다.

② 어딘가 피로한 듯이 발을 질 질 끌면서 걷는 사람은 운세 가 쇠퇴하고 실망이 많은 사 람으로 구원을 바라는 타입.

③ 위를 쳐다보고 한눈을 팔며 걷는 사람은 완전히 마음이 들떠서 아무리 노력하여도 매사에 실패가 많다.

④ 다리를 힘껏 뻗지 않고 무릎을 굽히고 걷는 사람은 남의 말에 동요되기가 쉽고 마음이 약하여 모든 일에 속기 쉬운 사람.

⑤ 발자국 소리도 없이 아래만 바라보고 조용히 걷는 사람은 의지력과 신념이 없고 활동력이 약하고 무기력하여 누군가 의지하지 않으면 살기 어렵다.

⑥ 거닐면서도 사방을 흘낏흘낏 쳐다보며 걷는 사람은 질투심이 강하고 의심이 많으며 거친 성격에 교양이 없는 독선적인 사람이다.

※ 앉은 자세로 본 성격

① 안정된 자세로 앉아있는 사람
  은 무슨 일에나 훌륭하고 착
  실하며 안정된 사고방식에 믿
  음직스러운 상대로 건강과 운
  세도 양호한 편.

② 앉아 있을 때 오른편 어깨가
  밑으로 처지는 사람은 연애에
  빠지기 쉽고 정열적인 성격에
  애교만점으로 가끔 스캔들의
  화제에 오른다.

③ 앉아 있을 때 의자나 탁자에
팔굽으로 대고 몸을 의지하는
사람은 말이 많고 거짓이 많
으나 다정다감하여 연애경쟁
에 적격한 사람.

④ 앉아 있을 때 상체를 앞으로
늘 굽히는 사람은 생활의 안
정이 없고 늘 주변의 일에 신
경을 쓰며 마음이 동요되기
쉬운 소극적인 사람이다.

⑤ 앉아 있을 때 벽이나 의자 등 물체에 몸을 의지하는 사람은 교제가 능통하고 활발하며 명랑하여 연애상대로는 만점인 적극파다.

⑥ 앉아 있을 때 좌우 한쪽으로 기울어지는 사람은 의뢰심이 강하고 마음이 약하여 무슨 일에나 지나치게 기대를 했다가 실망이 많은 사람.

※ 담배 쥐는 손으로 본 성격

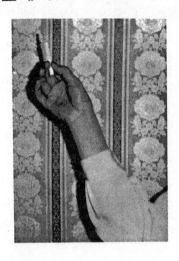

① 손바닥을 벌리고 인지와 중지 사이에 담배를 끼우고 엄지로 담배를 받치는 사람은 침착성이 없고 세밀한 일보다 급소만을 파악하는 사람.

② 인지와 중지사이에 담배를 끼우고 엄지와 새끼손가락을 안쪽으로 굽히는 사람은 말솜씨도 있고 사물과 애인을 세밀하게 관찰하는 사람.

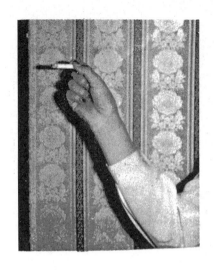

③ 엄지와 인지사이에 단단히 담배를 끼우는 사람은 자기중심형으로 자기주장만 하고 남과 예언 등을 무시하는 고집불통의 성격이다.

④ 담배 끝을 아래로 향하게 쥐는 사람은 조심성도 있고 모든 일의 결론을 서서히 끄집어내는 충동형입니다.

⑤ 인지와 중지사이에 끼운 담배를 앞으로 내밀고 주먹을 쥐는 사람은 냉정한 연애를 하며 의심이 많아 모든 일을 납득하기 전에는 믿지 않는 성격.

⑥ 반쯤 오므린 엄지와 인지 중지로 담배를 가볍게 쥐고 양손가락과 새끼손가락을 치켜올리고 담배를 움직이는 사람은 상냥하고 교제에 능한 사람.

⑦ 엄지와 인지로 담배를 가볍게 쥐고 담배 끝을 밑으로 축 늘어뜨리고 나머지 손가락을 손바닥에 꼭 오므리는 사람은 언제나 환상에 빠지기 쉽고 한심스러운 사람.

⑧ 입에 무는 쪽의 담배가 젖었다고 늘 잘라서 뱉어버리는 형은 알맞은 로맨티스트이고 신경질적인 형이다.

⑨ 손가락 끝이 탈 정도로 담배를 끝까지 태우는 사람은 인색한 구두쇠로 인정하기 쉬우나 이성이 강하고 한번 시작한 일에 온 정열을 발휘한다.

⑩ 담배를 밤쯤 피우다 버리는 사람은 낭비성이 많고 책임감이 없으며 배짱 또한 강하고 깔끔하지 못하고 늘 막걸리 타입.

⑪ 손톱 끝이 담뱃진에 노랗게 물든 사람은 인색하고 연애에도 타산적인 경향이 있다.

⑫ 담배를 꺼내고 담뱃갑 포장을 원상태로 해서 휴대하는 사람은 깔끔한 성품에 가정적인 면에서는 훌륭하지만 연애의 상대로는 낙제다.

당신의 배꼽은 어떤 형인가?

예술적인 복부의 曲線을 잘 觀察하면 모든 線이 배꼽을 향하여 부드럽게 흘러서, 배꼽 구멍으로 들어가게 되는 묘사법을 쓰고 있다. 배꼽을 한번 관찰해 보자.
주위의 한 곳에 점이 있으면 거짓말을 멋지게 잘하며, 악의 없는 거짓말을 밥먹듯 한다. 이 배꼽은 男子나 女子나 無毛가 상당히 많다는 것이다.

배꼽은 性慾의 양념 정도로 취급받는다.

언제 보아도 하는 일없이 쓸쓸하게 혼자 도사리고 앉은 배꼽은 일상생활에서는 완전히 버림을 받은 존재임에는 틀림없다. 그래서 배꼽의 명예를 회복하기 위하여 여러 각도에서 배꼽을 고찰하고자 한다.

배꼽은 어머니 태에서 필요했던 영양의 보급줄이며, 태아는 배꼽에서 자양분을 빨아먹었고 출생 후는 내장을 묶어서 단속하는 역할을 하는 중요한 기관이다.

해부학자가 인체를 해부할 때 메스를 국부에서 머리 꼭대기까지 똑바로 가르는데 배꼽은 절대로 자르지 않고 한옆으로 지나간다. 만약 배꼽을 가르면 배속의 구조가 허물어지는 까닭이다. 그리고 조각가가 잊어버리고 배꼽을 새기지 않으면 어떻게 될까? 그렇다고 해서 배꼽을 불쑥 나오게 새기면 어처구니없는 누드가 된다.

예술적인 복부의 곡선을 잘 관찰하면 모든 선이 배꼽을 향하여 부드럽게 흘러서 배꼽 구멍으로 들어가게 되는 묘사법을 쓰고 있다. 배꼽이 깊고 단정하면 복부의 곡선미가 드러나고 배꼽 구멍이 얕고 느슨하면 아름다움은 없어진다.

그리고 항상 배꼽은 따뜻하게 보온하는 것이 보건의 첫째 조건이며 오늘날도 온구(溫灸)라 하여 약쑥으로 배꼽에 열을 가하여 위장병 등을 치료하고 있다.

어떤 조각가는 다년간 모델의 배꼽을 보고 있을 동안에 배꼽의 판단법을 체득하였다.

"소아의 배꼽이 위쪽에 있으면 앞으로 발육할 체질이고, 아래로 처져 있으면 그 반대이다. 배꼽이 너무 위로 올라붙으면 장래의 전신에 지혜가 잘 돌아가기 힘든 살집이 아주 큰 사나이나 여인이 되는 셈이다. 그리고 모양의 대소를 보면, 호박꼭지처럼, 장남과 장녀의 배꼽은 크고 아래로 내려갈수록 차츰 작아진다. 그래서 많은 사람의 배꼽을 보고 있으면, 그 크기를 따져서 몇 째의 배꼽인지 알 수 있게 된다." 라고 말하고 있는데 이것은 사실이다.

배꼽의 자료 문헌은 역시 매우 귀하다.

◈ 배꼽으로 보는 점

① 한일자(一) 배꼽(그림 1)

이 배꼽은 한일자 모양으로 실제로는 전혀 보이지 않는 밋밋한 배이다.

집념이 강한 칠전팔기형으로 사업은 성공하는 편이다. 성격이 다정하므로 절제하면 성공한다(또렷한 배꼽은 보통 긴장상태를 말하고 옆으로 넓은 것은 영양이 좋아서 살찐 사람의 배꼽이다. 이 형의 배꼽은 두목 기질과 낙천적인 사람에게 많다).

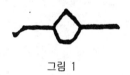

그림 1

② 불쑥 나온 배꼽(그림 2)

그림 2

배꼽이 불쑥 튀어나온 사람은 소심하여 만사에 소극적이며, 특히 수건이 걸릴 만큼 큼직하게 튀어나온 배꼽은 돌다리도 두드리고 건너는 성질이며, 일확천금의 요행수는 없으나 인품이 정직하기 때문에 돈복이 많아 행복한 일생을 보낸다. 다만 성적으로 너무 강한 상대를 만나면 화합이 잘 안 된다.(밖으로 나온 배꼽은 체질상으로 좋지 못하여 노이로제에 걸리기 쉽고 융화성이 없으며 고독하고 냉증과 영양불량으로 인해 복부의 지방이 모자라서 배꼽이 나오는 수도 있다. 성생활의 무리는 금물, 영양보급과 복식 호흡으로 체질을 개선하면 돈복이 많아서 행복해진다.)

③ 쑥 들어간 배꼽(그림 3)

이런 배꼽은 대개 개방적이고 종횡무진하는 대활동으로 사업에 성공하고 돈벌이 잘하기로 천하에 일품. 다만 한 가지 사업을 끝까지 성취해내지 못하고 남에게 친절하기 때문에 실력 이상의 신용을 얻는다.(배꼽은 크고 단단하여 뱃속으로 쑥 들어간 것이 길상이며 건강은 매우 좋다. 이 배꼽은 진취적인 활동가이다.)

그림 3

④ 외면한 배꼽(그림 4)

이 배꼽은 무슨 일이든지 주관적인 추측으로 속단하여 가끔 큰 실수를 하는데, 시원스러워서 주위의 사랑을 받으므로 경제적으로 곤란해도 곧 주위의 손길이 나서서 평생 푼돈에 군색하지는 않지만 이성의 말을 너무 잘 믿는 것이 탈이다. (그림으로 구체적인 모양을 잘 알 수 없으나 단정하지만 알고 오른쪽 또는 왼쪽을 향한 배꼽이다.

이 배꼽은 자칫하면 눈앞의 이해에 얽메여 원대한 계획성을 잃고 옹고집을 부릴 염려도 없지 않다.)

그림 4

⑤ 非자 배꼽(그림 5)

이 배꼽은 일명 노래기 배꼽이라고도 하여 한자 '非'와 비슷하게 양쪽에 노래기다리처럼 주름이 있다. 긁어넣기, 모아두기, 쳐내기 등에 능숙하지만, 시시한 이성에 걸려들어서 깨끗이 쏟아넣는 형으로 일에 열중하는 성격이므로 수예가나 공예가가 되면 성공한다.

그림 5

⑥ 소라고둥 배꼽(그림 6)

이 배꼽은 왼쪽으로 감은 것, 오른쪽으로 감은 것이 있는데 오른쪽으로 감은 배꼽은 꽤나 성질이 급한 여자 두목 기질이다. 그것이 왼쪽으로 감고 있으면 그 기질이 더욱 심하다. 그러나 접대업을 하면 묘하게도 경기가 좋고 이성에 대해서는 콧대는 세면서도 흠뻑 빠지는 결점이 있어서 귀여움을 받기도 한다.

그림 6

⑦ 게눈 배꼽(그림 7)

재치 있고 기지가 발달하여 농담 재담에 능하여 소탈하다. 귀여움을 받아서 일생을 즐겁게 보내지만 돈복과는 인연이 멀다.

그림 7

⑧ 金자 배꼽(그림 8)

이 배꼽은 동전 한 푼을 가지고도 벌벌 떨면서 세고 또 세고 욕심꾸러기인데도 사기를 잘 당하며, 김칫국부터 마시는 사람에게 많으나 끈질긴 끈기가 있어서 말년에 가서는 매우 순조롭다.(7, 8의 배꼽점은 매우 신비롭다.)

그림 8

⑨ 땅강아지 배꼽(그림 9)

이 배꼽은 고집쟁이며, 단독으로는 어떤 곤란한 일도 완성해 내지만, 공동사업에는 전혀 적당치 않으며 정조관념은 남녀 모두 희박한 사람이 많다. 돈도 많이 들어오지만 헤프게 쓰고, 대체로 털이 많은 사람이다.

그림 9

⑩ 아래로 향한 배꼽(그림 10)

이 배꼽은 의학적으로 위하수증(胃下垂症)의 사람에게 많고 대체로 승부의 놀음을 즐기며, 게으르고 공공심이 희박하지만 제비뽑기에는 운수가 매우 좋다. 애정면에서는 바람둥이가 많으므로 바람기를 조심하면 성공한다.(배꼽이 아래로 향한 것은 속이 좁고 신경질이 되기 쉽다.)

그림 10

⑪ 문구멍 엿보는 배꼽(그림 11)

이 배꼽은 장님이 문구멍을 엿보고 보지도 못하면서 엿보고 싶어하듯 시기심이 강하고 겉치레로 곧잘 꾸미려드는 변덕쟁이며 남의 비밀을 캐서 알고 싶어하는 버릇이 있는데, 마음이 내키면 남을 위하여 선심도 쓸 줄 아는 장점도 있는 사람이다. 겉치레 좋아하는 버릇만 고치면 성공한다.(약간 밖으로 나온 배꼽이다. 그래서 '불쑥 나온 배꼽형'과 의협심이외는 닮은 데가 있다.)

그림 11

⑫ 우는 상 배꼽(그림 12)

이 배꼽은 주름이 많고, 주위의 한 곳에 점이 있으면 거짓말을 멋지게 잘하며 악의는 없으나 거짓말을 밥먹듯 한다. 구변이 좋아 가끔 요행수가 얻어걸리며, 남자나 여자나 모두 무모(無毛)가 많다.

그림 12

⑬ 우렁이 배꼽(그림 13)

이 배꼽은 조심성이 많은 신중파다. 제 속셈을 좀체 밖으로 드러내지 않는다. 그래서 상대편에서는 대단히 어려워 보이지만 실은 태평 소탈하여 보기보다는 붙임성이 많고 돈과 사업도 한꺼번에 몰아치기를 잘하고 한번 노리면 어김없이 목적을 뚫어내는 행운의 배꼽이다. 애욕면에만 주의하면 성공한다.

그림 13

⑭ 매질 배꼽(그림 14)

이 배꼽은 기술적 소질이 많고 미술품이나 가재 도구도 최고 품을 갖추게 되는 운수. 금전운, 연애운, 모두가 입춘대길(立春 大吉)이다. 단, 남자는 아내가, 여자는 남편이 먼저 세상을 떠 날 위험이 있다. 특히 상대를 선택할 때 건강에만 유의하면 일 생동안 행복해질 수 있다는 배꼽이다.

그림 14

작명과 해명

1. 음양의 구분과 오행

◈ 음양의 구분

○는 양으로 표시하고 ●는 음으로 표시한다.(字劃數)

1, 3, 5, 7, 9, 11, 13…27…39 등 홀수는 양(○)이 되고 2, 4, 6, 8, 10, 12, 14…26…40 등 짝수는 음(●)이 된다.

◈ 오 행

五行에는 천간순오행(天干順五行)과 음오행(音五行)을 성명(姓名)에 병용한다.

천간순오행(天干順五行) : 1·2갑을(甲乙)목(木), 3·4병정(丙丁)화(火), 5·6무기(戊己)토(土), 7·8경신(庚辛)금(金), 9·10임계(壬癸)수(水)

福(복복·14획) 박약, 재화

德(큰덕·15획) 박덕, 불행

虎(범호·8획) 고독, 무자

夏(여름하 · 10획) 파란, 불성

子(아들자 · 3획) 가정불화

山(뫼산 · 3획) 고독, 곤궁

돌(돌돌 · 6획) 하천, 불우

秋(가을추 · 9획) 박명, 불우

吉(길할길 · 6획) 불화, 조난

川(내천 · 3획) 고독, 곤궁

仁(어질인 · 4획) 박약, 불우

冬(겨울동 · 5획) 불진

榮(영화영 · 14획) 불신, 재화

石(돌석 · 5획) 불성, 박약

美(아름다울미 · 9획) 불신, 파란

花(꽃화 · 8획) 허영, 박명, 화

蘭(난초란 · 21획) 고독, 고질

◈ 오행(五行)으로 이름 짓는 법

앞에서 만물을 획수로서 성명을 지었는데 여기서는 목 · 화 ·
토 · 금 · 수(木 · 火 · 土 · 金 · 水)의 오행(五行) 작용으로 성명
짓는 법을 설명하기로 한다.

◈ 오행(五行)의 상생(相生)·상극(相剋)과 상비(相比)

【오행상생(五行相生) : 길(吉)한 것】

목(木)은 화(火)를 생한다(木生火)

화(火)는 토(土)를 생한다(火生土)

토(土)는 금(金)을 생한다(土生金)

금(金)은 수(水)를 생한다(金生水)

수(水)는 목(木)을 생한다(水生木)

【오행상극(五行相剋) : 흉(凶)한 것】

목(木)은 토(土)를 극한다(木剋土)

토(土)는 수(水)를 극한다(土剋水)

수(水)는 화(火)를 극한다(水剋火)

화(火)는 금(金)을 극한다(火剋金)

금(金)은 목(木)을 극한다(金剋木)

【오행상비(五行相比) : 나쁜 운】

목비목(木比木)·토비토(土比土)·화비화(火比火)·금비금(金比金)·수비수(水比水)와 같이 서로 조화를 이루고 있다.

五行			해 설
木性	어금니 소리	ㄱㅋ	견실하고 독보적인 지반을 담아 성공한다. 자존심이 강하다.
火性	혓소리	ㄴㄹㄷㅌ	명랑하고 재치가 있으며 괴변성이 있다. 다소 경솔한 단점도 있다.
土性	목구멍 소리	ㅇㅎ	독실하고 온후하며 치밀한 계획과 노력으로 대성하는 침착한 성품이다.
金性	잇소리	ㅅㅊㅈ	용감하고 강인한 실천력으로 곤란을 극복하여 성공한다. 좀 냉정한 편이다.
水性	입술 소리	ㅁㅂㅍ	사물에 임기응변하며 지모가 있으니 의심증을 가지고 있다.

(1) 金(성   김) ― ㄱ ― 木
    榮(영 화 영) ― ㅇ ― 土
    浩(넓 은 호) ― ㅎ ― 土

(2) 林(수 풀 임) ― ㅇ ― 土
    光(빛   광) ― ㄱ ― 木
    鎬(좋을호·호경호) ― ㅎ ― 土

(3) 趙(조나라조) ― ㅈ ― 金
    明(밝 을 명) ― ㅁ ― 水
    道(길   도) ― ㄷ ― 火

◈ 성명의 구성

1. 1자 성, 2자 명

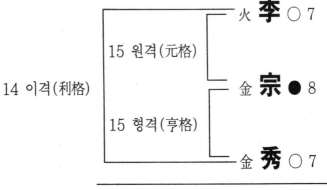

五 姓 陰 數(오성음수)
行 名 陽 理(행명양리)

火 **李** ○ 7

15 원격(元格)

14 이격(利格)

金 **宗** ● 8

15 형격(亨格)

金 **秀** ○ 7

22 정격(貞格)

※ 元格(地格) 春＝幼年
※ 亨格(人格) 夏＝靑쇠
※ 利格(天格) 秋＝壯年
※ 貞格(總格) 冬＝老年

2. 1자 성, 1자 명

8이격(利格) ─ 金 ● 8 ┐
                        ├ 11 형격(亨格)
            山 ○ 3 ┘
─────────────────────── 3 원격(元格)
        9정격(貞格)

3. 2자 성, 2자 명

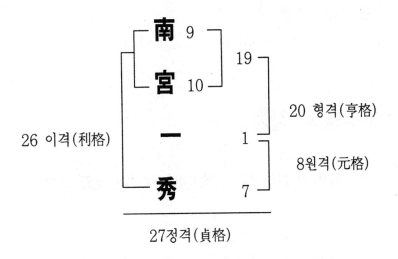

26 이격(利格)

南 9 ┐
        ├ 19 ┐
宮 10 ┘   │
              ├ 20 형격(亨格)
一 1 ┐   │
        ├ 8원격(元格)
秀 7 ┘

27정격(貞格)

　이상의 예로 성명 조직상 가장 중요한 점을 기입하였다. 그리고 첫째 자획의 음양을 표시하고 원형리정(元亨利貞)의 격을 기입하여 작명 및 해명하는 것이다.

성명의 길흉

◈ 음양의 길흉

○○○ 순양으로 불량한 배치(고독, 불구, 자살, 피살)
●●● 순음으로 불량한 배치(고독, 참사, 말년 곤궁)
○○● ○●● ●●○

　　　　　　　　　　음양이 조화되어 길한 배치
○●○ ●○○ ●○○
이것은 자의 획수로 음양을 구분한 것이다.

◈ 5행의 길흉

(1) 오행 상생격(五行 相生格)(상생되어 길한 배치)

金水金　金土金　金金水　金水水　金土火　金金土　金水木　金土土
木水木　木木火　木木水　木水水　木火火　木火土　木火木　木木金
水水金　水木火　水金水　水木水　水木木　水金金　水金土　水水木
火土火　火火木　火木火　火火土　火木水　火土土　火木木　火土金
土金土　土金水　土土金　土金土　土土火　土火木　土火火　土金金

- 44 -

(2) 오행 상극격(五行 相剋格)(상극되어 불길한 배치)

金木金　金金火　金木木　金火火　金金木　金火金　金木土　金火水
木土木　木金金　木木土　木金木　木土土　木木金　木土金　木金火
水火水　水火火　水水火　水土土　水水土　水土水　水火金　水土木
火火水　火水水　火金金　火火金　火金火　火水火　火金木　火水土
土土木　土木土　土木木　土水土　土土水　土水水　土水火　土木金

(3) 오행 상비격(五行 相比格)

金土水　金水土　金火土　金木木　金金金
木火水　木金水　木水火　木木木　木土火
水火木　水土金　水金木　水水水　水木金
火金土　火水木　火木土　火土木　火火火
土水金　土金火　土木火　土火金

(4) 오행 배치(五行 配置)의 온상(運相)

金金金＝재주와 뜻이 높으나 부부 불화하고 고독하다.
金金木＝성품이 강하고 겉과 속이 다르며 재화가 많다.
金金水＝외유내강하고 불의의 재화가 따르며 조난을 당한다.
金金火＝편협된 성격에 자포자기를 잘하고 심신과로하다.
金金土＝도량이 좁으나 심신이 건전하여 성공은 용이하다.
金木金＝성품이 민감하고 의심이 많으며 신경쇠약의 우려가 있다.

金木木＝의심이 많고 남과 사귀지 못하나 기초는 튼튼하다.

金木水＝민감하고 인내력이 있으며 난치병으로 고생한다.

金木火＝의심과 불평이 많다. 뇌병, 발광, 단명, 변사 등.

金木土＝윗사람에 불경, 실패, 심신 과로, 신경쇠약 등.

金水金＝부모의 음덕으로 성공이 쉽고 재원이 풍부하다.

金水木＝온후. 부모나 선배의 도움으로 의외의 성공도 한다.

金水水＝재략이 있으나 활동력이 결핍, 의외의 성공수가 있다.

金水火＝노력가. 신경질, 횡액, 처자극하고 성패 다단하다.

金水土＝잘난 체하고 교만. 성공이 어렵고 병약, 단명, 변사.

金火金＝교만. 여자는 방탕. 부상, 신경쇠약, 폐병 등의 수.

金火木＝잘난 체하는 것이 결점이나 성실하다. 폐병, 단명.

金火水＝우아하고 고집이 세다. 부상, 조난, 파산 등의 액운.

金火火＝허영심, 일시적 성공. 매사에 내구력이 결핍.

金火土＝거만, 자부심. 성공이 어렵다. 폐, 뇌병, 발광 등.

金土金＝명예를 좋아하고 신용이 있다. 성공 순조, 명망 등.

金土木＝처음은 성공하여 목적을 달성하나 곧 실패, 위병.

金土水＝거짓이 많으므로 일시적 성공을 하나 곧 실패한다.

金土火＝교묘히 자기 잘못을 숨긴다. 아첨하는 소인의 무리.

金土土＝승벽심. 노력가이며 만사가 여의하니 복록이 쌍전.

木金金＝지략이 많고 자부심이 강하며 말이 적다. 고독.

木金木＝고집이 세고 사교성이 없으므로 발전이 어렵다.

木金水＝말이 적고 변태적. 곤액이 중중하고 성공이 늦다.

木金火＝세정에 어둡고 자포자기하므로 성공운이 더디다.

木金土＝성공운이 더디나 전심 노력하면 발전한다.

木木金＝재물보다 의리를 존중하며 사교력이 부족하다.
木木木＝총명하고 인내력이 강하며 목적을 달성한다.
木木水＝감수성, 이해력, 일시적 성공. 가정은 원만함.
木木火＝도량이 좁고 감정 예민. 종신 장수 부귀한다.
木木土＝친절, 인내력. 기초가 튼튼하고 성공이 용이하다.
木水金＝잘되는 일에 마가 많다. 매사에 주의력이 필요.
木水木＝온후하고 상하를 막론하고 친절하다. 순탄함.
木水火＝민감, 신경질. 처자 극하고 괴변이 일어난다.
木水土＝잘난 체하고 오만하다. 급변, 조난, 불의의 재앙.
木火金＝허영심, 아랫사람의 배반, 수고하나 공이 없다.
木火木＝변태적인 성격, 윗사람의 덕으로 성공, 발전.
木火水＝투쟁심이 강하여 일시적 성공이나 손재주가 많다.
木火火＝급하고 변태적이며 인내력 결핍. 여색을 주의.
木火土＝낭만적이고 사교적, 심신 안정에 장수 부귀한다.
木土金＝세심하고 소극적이며 활발치 못하다. 색난, 위병.
木土木＝호기심, 이변적, 고독, 위병, 발광, 신경쇠약, 폐병.
木土水＝보수적이나 성실하다. 뇌일혈, 심장마비, 변사.
木土火＝호기심이 많고 인내력이 있어 역경에도 성공한다.
木土土＝내성적이고 후중하나 성공이 어렵고 염세가이다.
水金金＝재략이 출중하여 성공이 빠르나 시비구설이 많다.
水金木＝예민하고 세심하며 의심이 많다. 변동, 조난 등.
水金水＝온숙하고 욕심이 적다. 여자는 순덕이 현철하다.
水金火＝언동이 경박하고 자중성이 없으며 자포자기한다.
水金土＝총명하고 심신이 건전하며 매사가 여의하다.

水木金＝마음이 연약하고 신경 과민. 인정에 끌려 자기 희생.
水木木＝외유내강하고 의뢰심이 많으나 선배의 혜택을 입음.
水木水＝초년 곤고하고 중년에 성공하며 말년 병액이 있다.
水木火＝감수성이 강하고 이해력이 있는 듯하나 겉치레.
水木土＝온화공순하고 지략이 출중하여 성공이 쉽다.
水水金＝기초가 튼튼하고 명예가 따르나 병약 단명한다.
水水木＝자기를 과신한다. 대개 황당하고 변괴가 많다.
水水水＝공을 내세우기 좋아하고 병약 단명하다.
水水火＝신경질이 많고 자기 과신을 잘하며 급변사가 있다.
水水土＝총명하나 잘난 체하고 거만하며 자기 과신한다.
水火金＝민감하고 소심하다. 병액이 많고 처자극 한다.
水火木＝조급하고 민감하나 친철하다. 돌발적인 재액이 많다.
水火水＝잘난 체하고 승벽심이 많다. 성공운에 장애 많음.
水火火＝정직하나 급하여 성패 다단하다. 처자 이별, 단명.
水火土＝기초가 견실하나 성공이 어렵고 절처봉생한다.
水土金＝자존심이 강하고 소극적임. 의외의 재난이 있다.
水土木＝오만하고 허영심이 많다. 파란, 곤궁, 질병, 단명.
水土水＝허영심, 책임감 부족. 위병, 안질, 심장마비 등.
水土火＝승벽심, 매사에 장애가 많다. 지구력이 없음.
水土土＝곤난을 배제하고 일시 성공하나 마침내 실패함.
火金金＝출중한 재주가 있다 하나 세상에 적용하지 못한다.
火金木＝감정이 예민하고 의심이 많으며 소심하다.
火金水＝의심이 많고 민감. 부상, 조난, 타상 등의 액운.
火金火＝언어와 행동이 방자하고 자포자기에 빠진다.

火金土＝총명하고 의심이 많으며 남의 비평을 잘한다.

火木金＝신경이 과민하고 박력이 없다. 일시적인 성공뿐.

火木木＝귀인의 도움으로 기초가 튼튼하여 목적을 달성.

火木水＝외유내강. 비록 성공운이 있으나 일시적이다.

火木火＝소심. 무사평안하고 성공이 용이하여 장수 부귀.

火木土＝여색을 즐기고 사교적이며 매사가 순조롭다.

火水金＝책임감이 있고 공세우기 좋아하며 불평을 잘함.

火水木＝소심하고 고집이 세며 파란과 급변이 따른다.

火水水＝자존심이 강하고 승벽심이 있으며 인내력 부족.

火水火＝책임감이 없고 신경질이 많다. 뇌일혈, 심장마비.

火水土＝자만심과 고집이 많다. 변뇌, 단명, 병약하다.

火火金＝사치와 허영심과 여색을 즐긴다. 성패가 빈번.

火火木＝남과 같이 동업하면 순조롭게 성공 발전한다.

火火水＝조급하고 신경질적이며 소심하다. 실물, 변괴.

火火火＝정열적이고 인내력이 부족하나 일시적으로 성공한다.

火火土＝온후. 겉보기는 길하나 내면은 재난에 빠진다.

火土金＝원만하고 신용이 있다. 중년에 바람을 피운다.

火土木＝친절. 재물이 흩어지고 위장병 등으로 고생한다.

火土水＝수단이 좋고 거짓이 많다. 급성 위병, 심장마비.

火土火＝충실하고 친절해서 윗사람의 도움으로 성공한다.

火土土＝조상이나 윗사람의 덕으로 행운을 얻게 된다.

土金金＝국량이 좁고 자만심 강함. 성공운이 길함.

土金木＝소심하고 의심이 많으며 민첩하다. 외부내빈격.

土金水＝거만하다. 아첨으로 일시적 성공을 하지만 곧 실패.

土金火＝불안정하여 자포자기한다. 폐질, 가산파란 등.

土金土＝윗사람의 혜택과 아랫사람의 부조로 성공한다.

土木金＝거주지를 자주 옮기고 부하의 배반, 고심 노력한다.

土木木＝외유내강하고 고집이 세며 의심이 많다.

土木水＝비록 정직하고 노력가이나 손재와 재앙이 있다.

土木火＝성공이 늦으나 적극 노력하면 늦게 목적 달성.

土木土＝고집이 세어 세상의 풍습에 조화를 못 이룬다.

土水金＝잘난 체하고 아랫사람에게 가혹하며 말이 많다.

土水木＝온후 침착하고 재략이 있으나 활동력이 부족.

土水水＝비위가 좋아 뻔뻔스럽다. 노력이나 공이 없다.

土水火＝민감하고 신경질파. 재주가 있으나 활동력 부족.

土水土＝지략이 있으나 활동력 부족. 뇌일혈, 심장마비.

土火金＝급하고 강직하며 매사에 고려성이 부족하여 실패.

土火木＝적극적이다. 심신이 편안하고 대업을 성공한다.

土火水＝소심하고 신경과민. 뜻밖의 변사가 자주 일어난다.

土火火＝승벽심이 많고 노력과 인내력이 부족하다.

土火土＝적극적인 노력가. 기초가 튼튼하여 목적 달성.

土土金＝소극적이며 여자는 정조관념이 약하다. 성공이 늦음.

土土木＝정직하고 자부심이 강함. 변태적이므로 자주 이동.

土土水＝개성이 강하다. 위병, 뇌일혈, 심장마비, 변사 등.

土土火＝정직하고 노력가이나 만란을 겪은 뒤에 성공한다.

土土土＝융통성이 적고 성공이 늦으나 대체로 평탄하다.

◈ 수리(數理)의 운상(運相)

1. 기본격(基本格)

위인이 건강, 부귀, 명예, 장수. 행복한 대길수로서 가히 큰 성공을 하게 된다.

2. 분리격(分離格)

비록 재략이 있으나 마침내 성공하지 못하고 역경 속에 깊이 빠져 고생한다. 그리고 처자와 생이별하고 고독 속에서 허송 세월 보내는 불길한 수리이다.

3. 형성격(形成格)

지모가 있고 도량이 넓으며 과단성과 활동력이 왕성하므로 대업을 이룩하여 권위가 사해에 드날리니 만인이 우러러보는 지도자의 위치에 임한다.

4. 부정격(不定格)

어둡고 과단성이 부족하여 성공이 어렵다. 비록 성공할지라도 곧 실패하니 곤고가 막심하고 배우자도 이별하며 패가망신하고 타관으로 방황하게 된다.

5. 정성격(定成格)

지덕을 겸비하고 온후 정직하다. 학문에 능통하여 일찍 공문

에 출입하게 되며 점점 그 명망이 높아 천하에 이름이 진동하
는 수리이다.

6. 계성격(繼成格)

부모조상의 음덕이 있다. 귀인의 도움으로 집안이 융창한다.
다만 의지가 굳지 못한 결점이며 수양력을 기르라. 그리고 남녀
가 모두 호색가이다.

7. 독립격(獨立格)

독립심이 강하나 동화력이 부족하다. 자만심이 있고 굳센 의
지력이 있다.

8. 개물격(開物格)

부지런하고 노력심과 인내력이 있으므로 어려운 난관을 잘 극복
한다. 다만 성격이 지나치게 완고하므로 불의의 손해도 보게 된다.

9. 궁박격(窮迫格)

궁박 곤핍한 수이다. 부모와의 인연이 박하여 생리 사별하고
혹 단명하기도 한다. 여자는 화류계가 되기 쉬우며 결혼 후에도
남편과 이별하기 쉽다.

10. 공허격(空虛格)

모든 일이 종결된다는 수리이다. 조실부모하고 재산도 실패하

고 결혼도 실패하며 질병으로 고생하거나 단명한다. 여자는 창
녀가 안 되면 상부한다.

11. 신성격(新成格)

새싹이 봄을 맞이한 격이다. 위인이 온건 착실하므로 큰 사업
을 발전시킨다. 특히 이 수는 집안을 다시 일으키는 운이다. 그
리고 양자를 두기 쉽다.

12. 박약격(薄弱格)

의지가 박약하고 가정 인연이 박하므로 일신이 고독하다.
심지어는 병약하여 요절하는 비운을 초래하게 되는 염려가
있다.

13. 지모격(智謀格)

위인이 총명하니 학식과 재능이 출중하다. 인내력이 강하므로
비록 어려운 일을 당할지라도 침착하게 처리하는 명철한 두뇌
의 소유자이다.

14. 이산격(離散格)

가정 인연이 박하여 형제 자매가 흩어진다. 모든 일이 수고만
있고 공이 없으며 범사가 뜻처럼 잘 안 된다. 그리고 고독, 단
명 형액도 내포한 운이다.

15. 통솔격(統率格)

온순하고 덕망이 높으며 겸손하다. 능히 윗사람의 신용을 얻어 이끌어 주므로 큰 포부와 큰 사업을 성취하고 입신 출세하는 길한 수이다.

16. 덕망격(德望格)

총명한 두뇌로 대업을 완수하여 뭇사람의 명망을 한 몸에 지니고 부귀 영달한다. 색정에 빠져 실패하기 쉬우니 이 점을 주의하라. 혼인이 늦다.

17. 건창격(健暢格)

성격이 강하고 고집이 세다. 모든 일을 평화롭게 처리하라. 어떠한 어려운 일이 있을지라도 능히 돌파하고 크게 성공한다. 한편 남녀간에 방탕성이 있다.

18. 발전격(發展格)

자부심이 강하고 의지가 굳으므로 모든 장애를 물리치고 목적을 달성한다. 결혼운은 좋으나 다만 첫 번 연애는 실패한다.

19. 고난격(苦難格)

풍운이 달빛을 가린 격이니 고초가 중중하다. 비록 지혜가 있을지라도 중도에서 장애로 좌절당한다. 귀인의 도움을 받지 못하고, 형액, 이별, 정신 이상 등을 일으킬 수 있는 불길한 수이다.

20. 허망격(虛望格)

공허하여 실속이 없는 수이다. 재앙이 중중하고 가족이 화목하지 못하며 혹은 부부 이별, 부모 이별, 병약, 단명, 자녀들의 근심 등 흉한 수리이다.

21. 두령격(頭領格)

독립심이 강하고 위권이 있다. 남의 윗자리에 임하여 두령이 되는 운이며 여러 사람의 존경을 받는다. 다만 여자는 부운을 극하므로 불길하다.

22. 중절격(中折格)

가을풀이 서리를 만난 격이다. 의지가 박약하고 신체가 허약하여 병이 많다. 매사가 순조롭지 못하므로 역경에 처하여 고생하며 색정에 빠져 실패한다.

23. 공명격(功名格)

위인이 활발하고 감정이 예민하다. 큰 뜻과 큰 사업을 능히 완수하므로 그 이름이 세상에 전해지리라. 그러나 여자는 부부운이 불길하여 생리사별한다.

24. 입신격(立身格)

지모가 출중하므로 어려운 경지에도 능히 성공하여 대업을 이룬다. 조업이 없을지라도 자수성가할 운이며 부귀 겸전하고 자손이 영창하는 수리이다.

25. 안전격(安全格)

감정이 예민하고 기묘한 재간이 있다. 혹 괴팍한 성격으로 사회 대중과 조화를 이루지 못하는 경향이 있다. 그러나 대체로 재능으로 이용하는 운이다.

26. 영웅격(英雄格)

위인이 영민하고 성질이 강하다. 수많은 파란 곡절을 겪은 뒤에 혹 성공하는 수가 있다. 대체로 이 수리는 괴걸, 위인, 열사, 효차, 처자 이별 등이다.

27. 중단격(中斷格)

불의에 좌절하는 수다. 단 자부심이 강하기 때문에 남의 비방을 잘 듣게 된다. 그리고 모든 일이 중도에서 좌절당하는 경우가 많다.

28. 파난격(波亂格)

일찍 부모를 떠나 타향살이한다. 재화가 충생하고 부부 이별하며 자손의 액이 많다. 그리고 원수를 잘 맺으며 살상의 액이 있다.

29. 성공격(成功格)

지모를 겸비했으므로 원대한 포부를 세워 활동함으로써 성공하는 상이다. 여자는 남성적이며 질투심이 강하다.

30. 부몽격(浮夢格)

의지가 굳지 못하고 매사를 고려해 보지 않고 감행하므로 성패를 분간하지 못한다. 절처봉생하고 길흉이 상반하니 상처 실자하여 일신이 고독하다.

31. 융창격(隆昌格)

지혜와 용기를 겸비하고 있어 의지가 굳다. 대업을 완수하고 뭇사람을 영도하는 덕망이 있으므로 부귀와 더불어 이름을 날리는 대길한 수리이다.

32. 요행격(僥倖格)

의외로 귀인이 도와주는 수이다. 그리고 결정적인 기회를 잘잡아 치부하므로 집안이 융창한다. 다만 배은 망덕하는 일이 없도록 할 것이며 순리를 따라야 한다.

33. 승천격(昇天格)

재주와 덕을 겸비하고 용기와 과단성으로 뜻을 세워 위엄이 천하를 진동한다. 천하가 부응이나 다만 지나치게 곧아 일을 그릇치기 쉽다. 호색가이며 여자는 과부운으로 불리한 수리이다.

34. 파멸격(破滅格)

패가망신하는 대흉수이다. 부모의 유산을 탕진하고 내외로 파란이 많으며 부처 자속의 이별, 형액, 정신 착란, 단명 등의 액운을 내포하고 있는 수리이다.

35. 평범격(平凡格)

성격이 온순하지만 위엄이 결핍된 평범한 상이다. 박력이 없으므로 공상만 하고 실천을 못한다. 문학, 예능 방면이 길하며 단 여자는 가장 길한 수리이다.

36. 영걸격(英傑格)

의협과 정의심이 있으므로 남을 위하여 자신을 돌보지 않고 희생하는 협객이며 파란이 중중하고 곤고가 따르니 일생 분주 신고하는 흉수이다.

37. 인덕격(仁德格)

온화 충실하고 덕행이 있다. 행실이 독실하여 능히 대업을 완성 발전하는 수리이다.

38. 복록격(福祿格)

의지가 박약하고 환상을 좋아하는 경향이 있다. 그러나 시종 일관 노력하면 장차 성공하여 복록을 누릴 수 있는 평범하고 안락한 수리이다.

39. 안락격(安樂格)

구름을 걷고 달을 보는 상으로 사업이 발달하고 자손이 창성하며 부귀를 누리는 운이다. 그러나 여자는 고독한 운으로 과부가 되기 쉽다.

40. 무상격(無常格)

지모가 뛰어나고 담력이 비범하나 오만 불손하고 덕망이 결핍되었으며 모험심과 투기심이 강하여 실패가 빈번하고 조난, 고독, 단명의 흉한 수리이다.

41. 대공격(大功格)

지략과 덕망을 겸비하였으므로 반드시 높은 이름을 얻게 되는 길한 수리이다. 그러므로 꾸준히 계속 노력하면 전도가 양양한 광명이 비치는 운이다.

42. 고행격(苦行格)

총명하고 재주 있으며 지능이 발달하였으나 다만 전심 연구하는 성의와 노력이 결핍되어 있어 소위 열 가지 재주로 한 가지도 성취 못하는 운이다.

43. 미혹격(迷惑格)

비록 재능을 구비하였으나 진실성이 없고 다만 권모 술수를 좋아하여 계획과 일관성 있는 사업을 세우지 못하고 허송세월하는 수리이다.

44. 마장격(魔障格)

남과 더불어 동화력이 부족하다. 매사에 장애가 많으므로 가산을 탕진하고 패가망신하며 가족과 흩어진다. 혹은 이 수를 얻어서 보기 드문 괴걸이나 위인이 되는 수도 있지만 대개 역경에 처한다.

45. 대지격(大智格)

순풍에 배를 띄운 격이라 지모가 있고 의지가 굳으니 천하의 큰 뜻을 품고 대업을 관찰해 나갈 수 있는 큰그릇으로 경륜이 세상을 진동하는 수이다.

46. 부지격(不知格)

의지가 박약하다. 재앙과 패가운이 따르니 옛 고향을 떠나면 좋다. 이 수리는 대체로 형액, 질병, 단명, 손재 등을 의미하는 불길한 수이다.

47. 출세격(出世格)

성격이 원만하고 이지가 발달하니 나갈 때 나갈 줄 알고, 물러갈 때 물러갈 줄 아는 아량이 있다. 대업을 완수하고 부귀를 얻어 행복한 길한 수이다.

48. 유덕격(有德格)

지혜있고 덕망이 높으니 뭇사람의 모범이 되어 권위와 명망이 진동하고 천부의 부귀를 누리고 안락 장수하는 길한 수리이다.

49. 은퇴격(隱退格)

이 수는 길할 때는 대길하고, 흉할 때는 대흉하는 상으로 반평생은 안락하고 반평생은 곤고하다. 대개 이 수리는 성공 후에 은퇴하면 길하다.

50. 불행격(不幸格)

길흉이 상반하여 한 번 성공하고 한 번 패하는 상이므로 이러한 사람은 성공시에 근신하여야 한다. 그렇지 않으면 형액, 고독을 의미하는 수리이기도 하다.

51. 춘추격(春秋格)

성패가 번복되는 상으로 초년으로 부귀와 행복으로 명망이 높지만 말년에는 신고한다. 평소 오만성을 버리고 근신 자중하면 일생 동안 평안하리라.

52. 능직격(能直格)

선견지명이 있고 의지가 굳세니 큰 뜻과 이상을 관철한다. 그리고 투기심이 있지만 계획을 잘 세우므로 뜻을 실현하여 명리가 쌍전하는 길한 수리이다.

53. 부지격(不知格)

이 수리는 외관상으로 행복해 보이지만 실속은 화액이 많다. 반평생 길하고 반평생 흉한 수로써 대개 재산을 탕진하고 비운을 초래하는 흉수이다.

54. 신고격(辛苦格)

이 수리는 횡액이 중중한 대흉수로 장애, 실패, 불화, 손실, 형액, 파가, 병약, 단명 등 심지어는 비명에 횡사하는 흉한 수이다.

55. 부인격(不忍格)

외부 내빈한 상으로 한 때 극성스런 시기가 있지만 금시 실패하니 길흉이 빈번하다. 파란 곡절과 난관을 극복하고 난 후 만년에 태평한 수리이다.

56. 부족격(不足格)

인내력이 부족하고 심신이 박약하다. 경영지사에 장애가 많고 실행력이 결핍되어 유시무종이므로 일생 패가망신하는 불길한 수리이다.

57. 노력격(努力格)

성격이 굳세므로 남에게 뜻을 굽히지 않는다. 젊을 때 비록 곤고가 있으나 굳센 의지로 꾸준히 노력하면 후반에 반드시 영화가 있다.

58. 자력격(自力格)

성격이 소극적이고 인내력이 부족하다. 말년에 자수성가하여 안락하게 산다.

59. 불우격(不遇格)

용기와 인내력이 부족하고 주체력이 결핍하여 의심이 많다. 그러므로 무슨 일이고 성사할 수 있는 재능이 부족하다. 심지어는 비명으로 횡사하는 대흉한 수리이다.

60. 암흑격(暗黑格)

심신이 착란하고 단행력이 부족하므로 목표를 달성하지 못하는 흉한 수리이다.

61. 영화격(榮華格)

오만 불손하고 덕행이 부족하다. 덕을 쌓고 수양하면 명리가 쌍전하고 부귀를 얻어 일생 동안 영화를 누릴 수 있는 길한 수리이다.

62. 독고격(獨孤格)

남과 더불어 동화력이 부족하고 신용을 얻지 못하여 의외의 재난과 곤고가 심하다. 그러므로 인내력을 기르고 뭇사람의 신임을 얻도록 노력해야 된다.

63. 길상격(吉祥格)

부귀 영달하는 상이다. 널리 빈궁한 사람을 구제하고 덕을 쌓으라. 만사가 여의하고 복록이 무궁하여 수복 겸전하리라.

64. 침체격(沈滯格)

골육 분리의 상이라 부모 처자의 인연이 없으므로 집을 떠나 타향에서 방황하게 된다. 그리고 매사가 침체되어 재난이 속출하고 불상사를 초래하는 수리이다.

65. 완미격(完美格)

가운이 융창하고 복록이 만당하며 만사 여의하니 일생 평안 무사하다.

코, 입, 귀, 눈썹, 눈을 보는 법

사람의 얼굴은 아름다운 얼굴과 그렇지 못한 얼굴, 가지각색의 얼굴이 있습니다. 그리고 아름답다거나 아름답지 못하다고 말하는 것은 얼굴의 생김새, 즉 눈썹이나 눈, 코, 혹은 입, 귀의 형상에 따라 결정되는 것입니다.

그러나 이 얼굴에 있어 가장 중요한 다섯 가지 기구에, 운명상 여러 가지의 안시(案示)가 있다고 하면, 이것은 재미있는 문제일 것입니다.

그런데 실제로 이 다섯 개의 기구는 운명상의 여러 가지 의미를 내포하고 있습니다. 그러므로 눈썹도 눈도 코도 입도 귀도 단순한 기구가 아니고, 다소라도 이 방술(方術)을 이해하는 사람이 볼 때는 각각 독립한 신비스런 형상과 색채를 가지고 있는 것입니다. 인상학상으로는 이들을 총칭하여 오관(五官)이라고 합니다.

다음에 그 하나 하나에 대하여 설명하겠습니다.

◈ 눈썹의 상 보는 법

눈썹은 형제의 일이나 자손의 일, 혹은 친척의 일을 판단합니다. 이것은 털이 자기의 혈액에 관계가 있는 데서부터 내려진 것입니다.

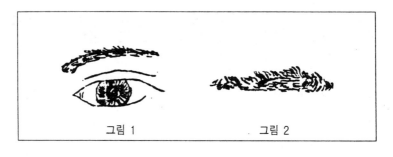

그림 1   그림 2

눈썹이 성긴 사람은 자식복이 희박하다고 판단합니다. 눈썹이 눈보다 짧은 사람도 자식복은 없고, 따라서 자손이 적은 것을 뜻합니다. 또 자녀가 있다 손치더라도 그다지 믿을 수 없습니다.(그림 1) 눈썹은 얼굴 위쪽에 있어서, 하나 정해진 형상이 없고, 도중에 형상이 바뀌는 일도 있습니다. 거기에서 눈썹을 구름에 비유합니다. 그러므로 눈썹이 어지럽게 나서 안정감이 없는 것은, 하늘에 마치 구름이 모여 있는 것 같은 것입니다. 어느 때는 추위, 더위, 비, 바람도 순조롭지 못하고, 이런 일은 자연계에 사는 자로서는 커다란 괴로움이고, 만약 하늘에 마음이 있다고 하면, 하늘에 있어서는 괴로움이 됩니다. 거기서 우리들 인간에게 있어서는 눈썹이 어지럽게 나고 안정을 잃은 경우에는 반드시 재난이 있을 것으로 봅니다.

이 때문에 생기는 마음의 고통은 대단한 것이 있습니다.(그림 2) 말할 때에 눈썹이 움직이는 사람은 윗사람과 의견이 안 맞는 일이 많고, 어버이의 뒤를 이을 수도 없습니다. 또 때로는 파산하는 일도 있습니다.

그림 3 A와 같이 눈썹의 꼬리가 축 쳐진 사람은 자비심이 깊고 눈물이 많아서, 어떤 조그만 일에도 만족하는 성격을 가지고

있습니다. 다시 말하면, 부처님 같은 원만함을 갖추고 있어서 나한미(羅漢眉)라고도 합니다.

눈썹이 두텁지 않고 길죽길죽한 눈썹은 장남 상이고, 만약 장남이 아닌 사람, 즉 지차이면서 이런 눈썹을 가진 사람이면 어버이를 이어 받습니다.(그림 3 B)

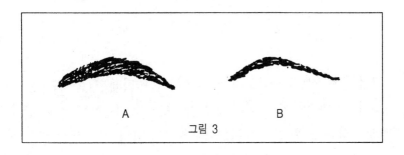

그림 3

눈썹이 대단히 엷은 사람은 육친과 친척에 인연이 없고, 더구나 두령운(頭領運)을 못 가졌습니다.

눈썹의 털이 굵고 검으며, 언제나 어지럽게 난 눈썹을 가진 사람은 반드시 파산합니다. 비록 초년 운이 좋은 사람이라도 한 번 큰 실패를 해서 큰 고생을 합니다. 육친과 친척간의 융화도 안되고, 자기 자식에게도 인연이 없으며, 평생을 통하여 금운(金運)도 좋지 않습니다.

눈썹 위에 눈썹이 걸쳐서 세로줄이 있는 사람은 자기 자식에게도 인연이 희박하고, 육친과 친척, 혹은 손아래의 일로 평생 고생이 많은 것입니다. 그림 4와 같이, 눈썹 털이 위와 아래에서 얼싸안은 것처럼 난 사람은 그 사람의 생명이 짧은 것입니다. 혹은 자기의 잘못 생각으로 고생을 사서하는 일이 많던가,

아무튼 안정성이 없고 만족한 생활을 보낼 수가 없습니다.

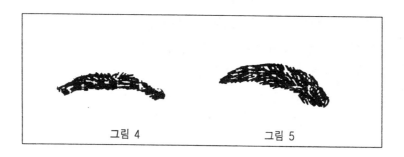

그림 4   그림 5

그림 5와 같이 눈썹꼬리가 듬직하게 안정돼 있는 사람은 장
명합니다. 여러분이 노인의 눈썹을 보면 알 수 있는 바와 같이,
장명의 상은 모두 그렇습니다. 젊은 사람이라도 이런 눈썹을 가
진 사람은 이같이 생각해도 틀림없습니다.

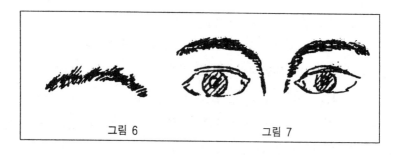

그림 6   그림 7

눈썹이 가지런하지 못하고 서 있는 사람은 그 사람의 가
정이 원만치 못한 상이고, 호주로서의 힘이 모자라는 것입
니다. 이런 상은 자기의 기분도 안정이 안 되고, 직업도 안정
되지 않는 것입니다.

그림 7과 같이 눈썹이 눈과 눈 사이에서 난 사람은 처와의 인연이 희박하고, 처를 바꿀 뜻을 가지고, 부부가 금실이 좋다고도 할 수 없습니다. 자기 성격도 성급해서, 그 때문에 성공이 대단히 더딥니다.

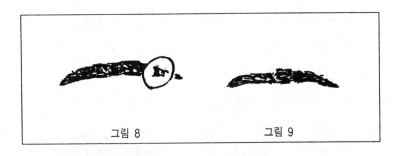

그림 8   그림 9

평생 눈썹이 가늘던 사람이 어느 시기부터 눈썹폭이 넓어지는 일이 있습니다. 이것은 그 때쯤부터 운이 좋아지는 것을 나타내는 것입니다.

눈썹꼬리를 인상의 말로 복당(福堂)이라 부르고, 그림 8의 ○표가 있는 곳입니다.(그림 8)

여기에 솜털 같은 눈썹 털이 8, 9개쯤 뻗쳐 있을 때는 그 사람의 운세가 당분간은 좋고, 그 털이 오그라들 경우에는 사물이 모두 수습할 수 없게 됩니다. 이 때문에 자기도 기분이 위축되어 버릴 것이니, 충분히 주의하여야 합니다.

눈썹 속에 흠이 없는 데도 눈썹이 가운데서부터 쪼개진 것처럼 된 형상은 육친이나 친척과 친하게 교제하지 않는 상이고, 보통 사람도 육친과의 생이별, 사별할 때는 반드시 눈썹의 가운데가 끊어지는 것 같은 상이 나타납니다.(그림 9) 이것은 '눈썹에 대하여'의 처음 부분을 읽어보면 자연 짐작이 되리라고 생각됩니다. 눈썹의 형상은 굵고 듬직하게 생긴 편이 그 사람의 운세가 강한 것을 의미하고, 눈썹의 형상이 가는 경우에는 운세도 약한 것입니다. 그러나 눈썹이 대단히 짙고, 밑의 살이 보이지 않는 상은 나쁜 상으로서, 이 사람은 파산하는 경우도 있습니다. 눈썹털이 대단히 굵은 사람도 먼저와 같은 판단을 할 수 있습니다.

눈썹 위로 곤두선 금이 있는 사람이 자식복이 나쁘다는 것은, 눈썹은 자손운을 보는 데서, 이 세로금이 꿰뚫을 때는 자손운을 파괴하는 결과가 되고, 그 때문에 자손운이 나쁘다고 봅니다.

그림 10

눈썹꼬리가 천천히 내리쳐진 사람의 수명이 길다는 것은 눈썹을 보수관(保壽官)이라고 합니다만 이것은 눈썹의 이름이 아니라, 눈썹 꼬리가 듬직하게 하늘에서 내려올 때는 마치 하늘에서 수명을 받은 것 같은 것으로서, 이것은 보수(保壽)의 관(官)이라고 부르는 것이며, 그 때문에 장명의 상이라고 봅니다.

또 그것을 눈썹이 위와 아래에서 얼싸안은 것같이 난 때는 보수의 관을 공격하는 것 같아서 단명의 상으로 보는 것입니다. 눈썹이 눈과 눈 사이에서 난 사람의 부부 사이가 좋지 않은 것은, 눈을 좌우의 음양(陰陽＝男女)이라 하면, 눈과 눈 사이에서 눈썹이 난다는 것은 마치 그 음양의 가운데를 이간시키는 것 같아서, 이 때문에 부부로서의 음양의 교통이 나쁘고, 자연 자손운도 신통치 않은 것입니다. 부부 사이가 좋지 않으면 자손을 만족스럽게 기를 수 없는 것입니다.

말할 때 눈썹이 움직이는 사람이 윗사람과 의견이 맞지 않는다는 것은, 이마는 손위의 일을 판단하므로, 눈썹이 움직일 때는 이마도 같이 움직이는 것이어서, 이 때문에 윗사람과 의견이 맞지 않는 상으로 보는 것입니다.

눈썹꼬리가 나한미(羅漢眉)와 같이 내려 쳐진 사람은 무슨 일에나 만족하기 쉬운 것입니다.

그러므로 가령 출가(出家)의 상(相)이 사람에게 있을 경우에도 이 나한미가 없는 사람은 출가하여 성공하기 어려운 것입니다. 자기에게 나한미가 있다는 것은 불연(佛緣)이 있는 것 같아서, 부처님은 유화(柔和)하고 아무 일에도 만족한다는 것이 근본 사상이고, 그 때문에 나한미를 가진 사람은 조그마한 일에도 만족하는 것입니다.

눈썹꼬리(福堂) 끝에 솜털 같은 눈썹털이 8, 9개 뻗쳐 오른 사람이 당분간 운세가 강하다는 것은, 눈썹은 기분이 집중되는 곳으로서, 기분이 초조할 때는 눈썹도 솟구치고, 기분에 여유가 있을 때는 눈썹도 안정되고 아름다운 것이며, 자기의 생각이 기(氣)가 되어서 눈썹꼬리에 나타나는 것입니다.

◈ 눈의 상

눈은 그 사람의 기분이 깨끗한가 흐려져 있는가를 혹은 판단할 때의 그 사람의 운기(運氣)가 왕성한가 쇠약한가를 봅니다.

눈매가 격한 사람은 그 기분도 사납고, 눈에 힘이 있는 사람은 현재 운세가 양호한 사람입니다. 눈이 흐리멍덩한 사람은 그 정신도 또한 흐리멍덩해 있고 눈이 탁한 사람은 현재의 운세가 쇠퇴해 있는 것을 의미합니다.

눈이 안정되지 못하고 자주 움직이는 사람은 정신에도 안정감이 없고, 집안이 안정되지 못했거나 상당한 연배이면서도 아내가 없는 사람입니다. 항상 바쁘게 눈을 깜박이는 사람은 마음의 안정이 없고, 사물에 대해서 끈기가 없습니다. 신경질적이고 때로는 파산하는 사람도 있습니다. 그러나 반면 재사형(才士型)이기도 합니다.

눈 속의 검은자위가 고동색이고 마치 원숭이 눈 같은 사람은 자기 멋대로 이고, 사람에게 베푸는 마음은 조금도 생각지 않고, 남이 못되는 것을 기뻐하는 것인데, 자기 일은 대단히 잘하는 것입니다. 또 눈이 깊이 패인 사람은 사물에 대하여 집요하며, 선에도 강하고 악에도 강하여 상당한 재능도 있어서 운세는 강한 편이나, 어버이의 뒤를 이으려고 하지 않는 인정 많은 사람입니다.

눈이 크고 좀 튀어나온 사람은 처와의 인연이 변하기 쉽고, 끈기가 부족하며, 자손운도 약한 편이어서 한 때는 대단히 가난해집니다. 그리고 어버이의 대를 잇지 못합니다.

눈이 약간 나온 편이고 곁눈질로 보며, 아래에서 위로 눈으로만 치켜보는 사람은 반드시 정신병을 앓을 것입니다. 또 이 사람은 자기 잘못 생각으로 정신적 고통을 많이 받게 됩니다.

눈의 흰자위가 먼지를 뒤집어쓴 것처럼 흐려진 사람은, 이런 때는 마치 늙은 말이 짐을 잔득 싣고 괴로워하는 것같이 고생이 많고, 일이 좀처럼 잘되지 않는 상입니다.

눈에 힘이 없고 약간 내민 눈에, 그러면서도 깨끗이 보이는 듯 하면서도 자세히 보면 탁한 것 같기도 하고, 빛나는 것 같기도 한, 이러한 눈은 별로 없으나 반드시 장님이 될 상입니다. 이것은 눈뜬 장님을 보면 잘 알 수 있습니다.

눈의 검은자위에 연기가 낀 것처럼 흐린 사람은 머지 않아 병이 나거나, 혹은 커다란 고생이 생길 것입니다. 또 검은자위에 안정이 없는 사람은 반드시 도적질 할 생각이 있습니다. 이것은 도둑놈의 눈을 보면 알 수 있습니다. 고양이가 사람을 살짝 볼 때와 흡사하고, 다만 이 경우에 예민하지 못한 것이 특징입니다.

점치는 사람이 상대의 눈을 보았을 때, 서슴지 않고 크게 눈을 뜨는 사람은, 그 사람의 희망이 큰 것을 의미하고 있으며, 기분도 확고히 정해져 있으나, 개중에는 생활에 실패하는 사람도 있습니다. 같은 경우에 눈을 감고 뜨지 못하는 사람은 아무 일에도 안심하지 못하고, 조그만 일에도 놀라고 끈기도 부족합니다. 또 같은 경우에 서슴지 않고 눈을 뜨고서 점치는 사람은 보면서 검은자위가 아래쪽에 자리잡은 사람은 자기가 하고 있는 일을 남에게 말하는 일이 없고, 자기 감정을 남에게 말하지도 않습니다. 그러나 이것이 여자인 경우는 결심이 약하고 의지가 박약하여 소심해져서 자기의 본심을 말하지 않는 것입니다.

다음에 검은자위가 언제나 위쪽에 자리잡고 있는 사람은 야심가로서, 사람에게 지기 싫은 성격의 소유자입니다. 그러나 때로는 일에 실패하는 사람도 있고, 근로인은 윗사람과 좀처럼 조화가 안 되는 점이 있습니다.

여자로써 눈의 검은자위가 언제나 위쪽에 자리잡고 있는 사람은 반드시 정신병을 앓을 것입니다. 더구나 남편의 인연도 바뀌고, 자손과의 인연도 희박합니다. 눈이 특별히 큰 사람은 그 사람의 한 평생 가운데 한번은 실패합니다. 대를 이을 수도 없고, 이 사람의 성격 중에 끈기도 모자랍니다.

눈이 언제나 보통 상태이며, 힘이 있고, 말할 때에 눈의 검은자위가 조금 아래쪽으로 위치하는 사람은 성격이 끈덕지며, 생각하는 일도 크고, 재능도 있으나 나쁜 방면으로 진출하면 큰일을 저지릅니다.

눈 속에 눈물이 고인 것처럼 물기가 있는 사람은 호색가(好色家)입니다. 그러나 색에 빠져 버린다는 것이 아니고 때때로 외도를 한다는 정도이고, 이것은 아래 눈꺼풀이 두꺼운 사람에게도 해당되는 말입니다.

눈의 동자(瞳子)가 작은 사람은 마음이 착실하고, 품행도 단정하며, 운세도 순조로울 사람입니다. 이에 반해서 눈의 검은자위가 큰 사람은 기분이 안정되지 못하고, 모든 일에 대해서 항상 망설이기 쉽고, 일도 제대로 잘 안되고, 고생이 많은 사람이며, 일에 끈기가 없는 사람입니다.

눈의 동자가 커졌다 작아졌다 하는 것이 빠른 사람은 동광산

대(瞳光散大)로서, 마음의 안정을 잃고 매사에 망설이기 쉬우며, 고생도 많고, 일이 순조롭지 못합니다. 즉 무엇을 하여도 끈기가 부족하기 때문에, 잘 되는 일이 없습니다. 눈이 작은 사람은 마음도 작고 인정이 많은 위에 사물에 대한 끈기가 없습니다.

그러면 눈은 자기 몸에 대해서 어떤 의미를 가지고 있느냐 하면, 눈은 몸의 태양이고, 항상 깨끗이 하고 있으며, 자기 자신을 보호하여 줍니다. 눈은 자기의 기분을 가장 잘 나타내주는 곳이어서, 입으로 말할 수 없는 일도 눈으로 알 수가 있으므로, 정유족관(情遊足官)이라고 부릅니다.

여러분이 자고 있을 때는 당신의 마음은 어디로 나타나는 것일까요? 그러면 깨었을 때는 어떨까요? 당신의 마음은 눈에 나타납니다. 사람이 자기라는 것을 생각지 않고 다만 한 가지 일만을 생각하고 있을 때 그 사람의 전 정력은 눈에 집중되어 있습니다. 그러므로 사람이 눈을 눈꺼풀로 닫았을 때는 아무리 빼어난 관상가라 하더라도 그 사람의 가슴속에 숨겨진 기분이 좋고 나쁜 것을 전부 알 수가 없습니다.

사람의 성(性)은 선(善)합니다. 무념무상(無念無想)한 사람의 눈은 선을 나타내고, 신의 존재를 나타냅니다. 이 신에는 선악(善惡)이 없습니다.

그러나 눈이 다만 사람의 마음의 표현만이라면, 눈의 선악에 따라서 그 사람의 마음을 알 수가 있을 것입니다.

여자로써 언제나 눈의 검은자위가 위쪽에 위치하는 사람은 정신병(히스테리, 亂心)의 상으로 보는 이유는 다음과 같은 이유에서입니다. 여자란 항상 눈이 소박하고 유화(柔和)한 것을 길상이라 합니다. 더구나 눈은 기분의 움직임의 강약(强弱)을 판단합니다. 그러므로 검은자위가 위쪽에 위치해 있는 여자는 마음이 우쭐해서 마음의 안정을 잃고 있다고 판단합니다. 그러므로 정신장해에 걸린 여자는 눈의 안정을 잃고 있는 것입니다.

점치는 사람이 상대의 눈을 볼 때, 서슴지 않고 눈을 크게 뜨는 사람이 야심가라는 것은, 눈에 힘이 있을 때는 두려울 것이 없고, 이 때문에 판단하는 사람이 눈을 보았을 경우에도 서슴지 않고 눈을 뜨는 것이고, '신기(神氣)가 강하다'고 합니다.

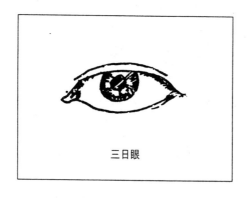

三日眼

즉 자기의 마음이 확고한 사람이 야심가라는 것은 당연한 일입니다.

눈 속에 먼지가 낀 것처럼 흐려져 있는 사람이 현재 고생이 많다는 것은, 눈을 태양으로 생각했을 때, 하늘이 흐려 있는 것 같아서, 이것을 사람의 신체에 해당시켜 생각하면 마치 고생이 많은 때이므로, 눈이 그와 같은 상을 나타내는 것이라고 판단합니다.

또 눈이 움푹 패인 사람이 신장(腎臟)의 활동이 약하고 정신의 안정이 없다는 것은, 신장이 강하면 눈언저리에 살이 있고, 자연 침착하게 보이는 것입니다. 반대로 신장의 활동이 약한 사람은 눈 주위에 살이 없고, 깊이 패이며, 그 때문에 발전의 기(氣)를 잃고, 나아가서는 자기가 타락하여 정신의 안정을 잃는 것입니다.

눈의 검은자위가 상하좌우로 움직이는 사람이 도벽이 있다는 것은, 눈은 자기의 마음을 보충하여 주는 것으로, 유족(遊足)의 관(官)이라고 부른다는 것은 앞에서 말한 바 있습니다. 거기서 눈이 올바른 사람은 그 마음도 정직하고, 눈이 과격하게 움직이는 사람은 그 정신도 바르지 못한 것으로서, 이 때문에 도벽이 있다고 판단하는 것입니다.

눈이 크게 불그러진 사람은 끈기가 없고, 반대로 누가 보아도 좋은 눈이라고 보이는 눈을 가진 사람은 마음도 정직하고 끈기도 있습니다. 이와 같이 모든 것이 눈에 의하여 그 사람의 안정을 볼 수가 있습니다. 눈이 불룩 내민 사람은 마음의 안정도 없고, 그 때문에 실패하는 일도 있는 상입니다.

눈 속에 항상 눈물이 고여 있는 것 같은 사람이 여색을 좋아하는 것은, 그 눈물을 신장의 활동으로 보니까, 이 신장의 활동이 언제나 지나쳐서 여색을 좋아한다고 판단하는 것입니다. 이것이 눈에까지 나타난 경우를 음란(淫亂)의 상(相)이라고 봅니다. 눈의 검은자위에 안정감이 없고, 떴다 감았다하는 사람은 마음이 안정되지 못한 사람으로, 반대로 자기 의지가 확고한 사람은 검은자위가 자연 안정되고, 또 불안정한 사람은 숨쉴 때마다 눈의 검은자위에 변화를 볼 수 있습니다. 이 때문에 매사에 끈기가 없고, 무슨 일에 대해서나 망설이는 편이 많은 것입니다.

눈의 검은자위 부분에 연기가 낀 것처럼 흐린 사람이 머지 않아 병난다는 것은 마음이 부풀어 있는 사람은 눈에도 힘이 있고 건강하기도 하나, 건강을 잃었을 때는 정신이 불안정하고, 이것이 눈에 나타나기 때문입니다. 눈이 고동색이고 원숭이 눈과 같은 사람은 제멋대로이고, 남에게 베풀 줄 모릅니다. 원숭이와 같은 짐승들이 먹을 것을 발견하였을 때, 자기만 먹고 남에게 나누어주는 일은 없으므로, 먹이를 얻기 위해서는 밤낮 돌아다니며 자기 본능을 만족시키는 것입니다. 인간에게도 이런 눈을 가진 사람은 자기 일에는 맹렬히 힘쓰나, 남에게 베푸는 일이라든지 하는 일은 싫고, 앞에 말한 원숭이와 같은 것입니다.

눈을 깜빡이는 사람이 초조하고 마음의 안정이 없다는 말은, 무엇을 본다는 일은 상당한 정신력을 필요로 하는데, 정신이 강한 사람은 물건을 보는 데도 깜빡이는 일 같은 것이 없이 응시할 수가 있습니다. 그러나 끈기가 없는 사람이나 초조한 성격의 사람은 자기의 결점을 남에게 알리지 않으려고 깜빡이는 것입니다.

◈ 코의 상 보는 법

코는 그 사람의 운세의 대강을 의미하는 곳이어서, 성격 등도 다음과 같이 잘 나타나 있습니다.

코가 낮은 사람은 생각하는 것도 저급합니다만, 사교성이 있습니다. 그러나 희망하는 것은 극히 작은 것으로서, 가문이 좋은 사람들에게 코가 낮은 사람은 드물고, 천한 사람들에게 납작코가 많은 법입니다. 가령 가문은 좋은데, 코가 낮은 사람은, 그 사람만은 이상도 없고 희망하는 것도 좁아서 훌륭히 대를 이어 버젓한 인생을 보낼 수 없습니다.(그림 11)

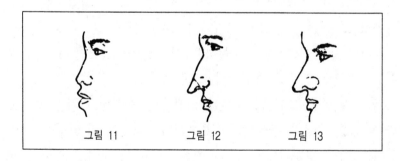

그림 11   그림 12   그림 13

코에 살이 없이 마른 사람은 그 사람의 신체도 말라서 인생에 있어서도 고생 많은 사람입니다.(그림 12) 코가 두툼하고 길게 보이는 사람은 반드시 그 사람의 노력에 상응한 성공을 할 수 있고, 재능도 있습니다. 더구나 수명도 장수할 수 있으며, 남의 뒤를 돌봐주는 입장에 놓이게 됩니다.(그림 13)

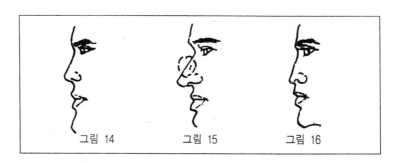

그림 14   그림 15   그림 16

코가 보통 사람에 비해서 짧게 보이는 사람은 생활도 어렵고, 성격도 조급하고 수명도 짧습니다.(그림 14)

코에 상처가 있는 사람은 평생에 한 번은 실패하는 일이 있고, 자손운에도 문제가 있습니다.(그림 15)

코가 얼굴에 비해서 작은 사람은 이상도 작고, 생각하는 일도 작아서 고생 많은 일생을 보냅니다.(그림 16)

그러나 얼굴에 비해서 두툼하게 살이 붙어 있으면 운세도 강하고, 행복한 인생을 보냅니다.(그림 17도)

코는 높으나, 살이 얇아서 끝이 뾰족한 사람은 자기가 하려고 하는 일을 좀처럼 완성할 수 없습니다. 상당히 진척되었다가도 망쳐 버리는 것입니다. 더구나 자손, 육친, 친척에도 인연이 희박한 것입니다.(그림 18)

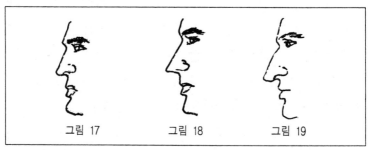

그림 17   그림 18   그림 19

코끝이 아래로 처진 사람은 물건을 낭비하지 않고, 알뜰하고 규모 있게 사용하므로, 자연 생활에도 어느 정도 여유가 있어서 즐겁게 인생을 보낼 수 있습니다. 그러나 성격적으로 다소 인색한 데가 있습니다.

코가 이 같은(그림 19) 상을 하고 있는 경우에도 눈썹과 눈썹 사이(印堂)가 넓은 사람은 물건을 특별히 아끼지 않습니다.

코에 주름과 같은 가느다란 세로금이 많은 사람은 생애를 통하여 고생이 많고 자손에도 인연이 희박해서 살림을 차리는 것이나 직업의 안정을 얻는 시기가 늦는 것입니다.(그림 20)

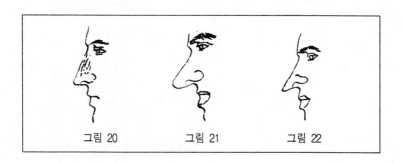

그림 20   그림 21   그림 22

코가 유별나게 크고 높은 사람은 처자식에 인연이 희박합니다. 비록 표면적으로 안정된 듯한 생활을 하고 있는 사람도 속으로는 의견이 맞지 않고, 또 의지할 형편도 못됩니다. 더구나 이 사람은 생애를 통하여 한 번은 큰 실패를 할 것입니다.(그림 21)

코의 살이 특별히 단단한 사람은 반드시 고집쟁이입니다. 그러나 수명은 깁니다.

코에 살이 말라서 뼈서 겉으로 튀어나온 것같이 보이고 끝이 뾰족한 사람은 어버이의 대를 잇지 못합니다. 자기의 생각하는 바가 크고, 그 때문에 필요 이상으로 참아서 자기가 자신을 괴롭힙니다. 때로는 커다란 실패를 초래할 것이며(그림 22), 코에 살이 충분히 있고 특별히 높으며 코 끝(준두=準頭)이 빨간 사람은 처자식에 인연이 희박하고, 비록 있다고 해도 자식에 의지가 안 됩니다. 처와의 사이도 화목한 생활은 바랄 수 없습니다. 고생 많은 생활을 보내기 쉽습니다.(그림 23도)

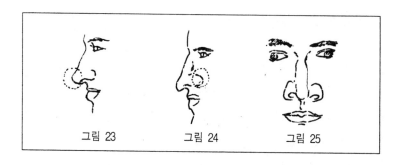

그림 23   그림 24   그림 25

코뿌리가 뚜렷한 사람은 운세가 대단히 강하고, 만약 궁지에 몰린 경우에도 대개는 구원자가 나타나 그 장면을 모면하게 됩니다. 가령 얼굴의 다른 부분이 궁상(窮相)인 경우에도 극빈이 되거나 하지 않고, 노력에 따른 성공을 할 수 있습니다.

코 뿌리가 없는 사람이 많이 있습니다. 차안에서나 혹은 같은 직장에서 일하는 동료 가운데서도 볼 수 있습니다.(그림 24) 이 사람은 운세도 약하고 자손과도 인연이 희박하여 쓸쓸한 인생을 보내기 쉽습니다. 코가 참으로 부드럽게 보이는 사람은 그 마음도 솔직하고 인정 많은 성격입니다.(그림 25)

코는 잘 생겼으나, 코에 비해서 입이 작은 듯한 사람은 자손복이 적고, 생각하는 바도 소극적이어서 일도 자기가 생각하고 있는 대로 스무스하게 진행되는 일이 드뭅니다.

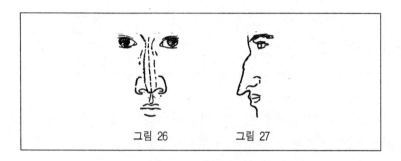

그림 26   그림 27

코는 높으나, 얼굴 주위의 상이 엷어서 깎아낸 듯한 느낌을 주는 사람은 이상이 높은 사람입니다. 그러나 남에게 호감을 못 사고, 아내와의 인연도 변하기 쉽고 고독합니다. 콧날이 구부러져 있는 사람은 평생 부침이 심하고, 때때로 위험한 다리를 건너는 일이 있는 사람입니다.(그림 26) 코에 매디가 있는 사람은 어버이의 계승을 못합니다.(그림 27) 코뿌리가 뚜렷이 패인 사람은 어버이의 계승을 못합니다.(그림 27)

코뿌리가 뚜렷이 패인 사람은 자기의 의류(옷)에 대해서도 귀찮을 정도로 풍부합니다.

이해 반하여 코뿌리가 없는 것 같은 사람은 입는 것도 개의치 않습니다. 따라서 옷에도 인연이 없습니다. 코가 또렷하고 긴 사람은 코뿌리도 거기에 알맞게 또렷이 살이 있습니다. 이와 같은 코로 사마귀나 흠이 없으면 근로자로써 성공합니다. 또 집안에도 걱정거리나 재앙이 적어서 반드시 성공합니다.

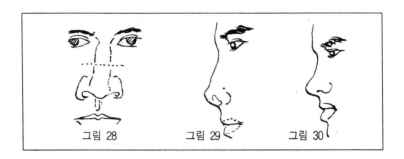

그림 28   그림 29   그림 30

코가 작고 살이 없어서, 그 때문에 코끝이 뾰족한 사람은 고생도 많고, 자손에도 인연이 없습니다.

콧등 가운데 옆으로 금이 있는 사람은 평생에 한 번은 큰 실패를 할 것이며, 이 옆금은 자연히 생긴 것을 판단하는 것이지, 홈 같은 것을 다른 판단을 합니다. 코를 풀고 언제든지 위로 닦아내는 사람은 자연 이런 옆금이 생깁니다.(그림 28)

들창코로 콧구멍이 마주보는 듯이 보이는 사람은 윗사람과 좀처럼 의견이 맞지 않습니다. 이상을 가진 사람은 타향살이하는 사람이 많고, 돈을 쓸데없이 써버리는 습성이 있습니다.(그림 29)

코가 버젓하고 콧날이 분명한 사람은 윗사람의 신뢰도 받고, 윗사람으로부터 발탁되어서 자연 많은 사람을 위해서 활약하게 됩니다. 이런 코라고 하더라도 얼굴 전체의 느낌이 조화를 이루지 못하면 이같은 판단을 하지 않습니다. 다음에 콧구멍이 넓은 사람은 끈기가 부족하고 수명도 짧은 것입니다. 사자코같이 코끝만 높게 된 사람은 운세는 강하여, 노력에 부응하는 성공을 합니다. 그러므로 그 성격도 선악간에 강합니다.(그림 30)

코가 두툼하고 살이 있으며, 깊게 보이고 코뿌리에도 상당한 살이 붙고, 그 위에 검은 점이나 흠이 없는 사람이 근로인으로써 성공한다는 것은, 코는 자기의 몸을 대표하고, 코의 살을 자기의 운세로 보기 때문입니다. 즉 살이 붙어 있는 코는 운세가 왕성한 상태를 의미하고, 점이나 흠이 없는 것은 아무런 지장이 없는 것을 나타냅니다. 길다는 것은 마음도 확고하여 수명이 긴 상입니다.

코뿌리가 또렷한 사람이 운세가 강하다는 것은 좌우의 코뿌리를 정위(廷尉)라 하고, 코를 난대(蘭台)라고 부르고 있는 때문입니다.(그림 31)

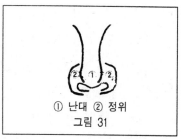

① 난대 ② 정위

그림 31

즉 천자(天子)의 옥전(玉殿)을 난대라 하고, 정위란 난대를 수호하는 역할을 말하는 것으로서, 코뿌리가 두툼하고 뚜렷한 사람은 천자(코, 자기)를 수호하는 사람들이 갖추어져 있다는 것을 의미합니다. 그 때문에 강자의 옥천은 위엄이 있는 것으로써, 인간에 맞춰 생각했을 경우에도 운세가 장하다고 판단합니다.

오랜 옛날 책에는 왼편 코뿌리를 난대라 하고, 오른편 코뿌리를 정위라고 써 있습니다만, 본서에서는 이와 같이 구별하였습니다.(일설에는 난대를 간대(諫台)라고도 한다.)

코는 높으나, 얼굴 주의의 살이 깎아낸 듯한 사람이 자손의 인연이 희박한 것은, 코를 천자(天子)에 비유하면, 얼굴은 신하로써 코만이 높고, 얼굴의 살이 없는 느낌의 사람은 천자가 신하를 이기는 상태로 생각합니다. 이렇게 되면 아무리 훌륭한 천자라도 국가를 다스려 나갈 수가 없습니다. 그러므로 고독한 상이고, 자손(손아래)과의 인연이 희박하다고 판단합니다.

코의 살이 말라서 뼈가 표면에 튀어나온 듯하고, 코밑이 뾰족하게 보이는 사람이 어버이를 계승하지 못한다는 것은, 얼굴을 천지인(天地人)으로 나눌 때, 코는 사람이고, 자기 자신을 대표합니다.(그림 32)

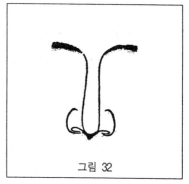

그림 32

그 사람, 즉 말라서 뾰족하게 나타나 있을 때는 마치 친지에 배신하고 부모도 배신하는 것 같은 형편으로, 이 때문에 어버이의 계승을 할 수가 없고, 자기의 엄격한 정신이 밖에까지 나타나는 것이라고 보는 것입니다.

코뿌리에 힘이 있는 사람이 의복에 인연이 있는 것은, 코는 몸이고 코뿌리는 코의 장식으로서, 의복(衣服)의 관(官)으로 봅니다. 코뿌리가 없는 것처럼 보이는 사람은 그 코도 자연 쓸쓸해 보이고, 코가 벌거벗은 것 같아서 입는 것에도 인연이 먼 것으로 보입니다. 이에 반해서 코뿌리에 힘이 있으면 코에 장식이 있기 때문에, 가난한 경우에도 입을 것은 걱정 없습니다.

코가 크고 입이 작은 사람이 자손에 인연이 희박하다는 것은 다음과 같은 이유에서입니다.

코를 이마 중앙의 흙이라고 보는 경우(코는 솟아 나온 고산〈故山〉으로 보고, 흙으로 본다.) 입은 큰 바다로서 (입은 혈고해〈穴故海〉로 보고, 물로 봅니다.) 수분을 나타내고 있습니다. 코가 크고 입이 작은 사람은 흙이 많고 물이 부족한 것과 같아서, 흙도 수분이 부족할 때는 흙으로서의 위력이 부족해져서, 흙의 역할을 다할 수 없어, 초목을 생육하는 힘이 모자랍니다. 또 자기 몸에서 생기는 것은 자손입니다. 그러므로 이 사람은 자손운의 혜택을 못 누릴 상으로 보는 것입니다.

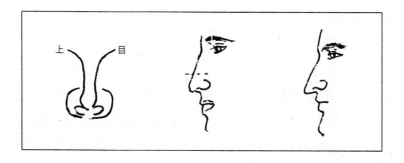

코에 가는 세로금이 있는 사람이 고생이 많다는 것은, 코는 자기의 몸을 대표하는 것으로서, 이 몸이 언제나 만족하는 일이 없이 쇠퇴한 것 같아서, 그 때문에 고생이 많은 것입니다. 사람의 운세가 성하면 안정되어서 이러한 상태는 나타나지 않습니다.

들창코가 윗사람을 배신하는 것은 자기의 몸이 하늘을 향하고 있는 것이나 마찬가지로, 그 때문에 윗사람에게 배신한다고 봅니다. 또 코가 단단한 느낌의 사람을 그 몸은 단단하고 정신도 소박하지 못하다고 판단합니다. 오히려 고집쟁이의 경우가 많습니다. 여자는 대체로 코가 부드럽고 마음도 솔직한 것인데, 여자로써 코가 단단하면 물론 마음도 솔직하지 못하고, 그 때문에 남편은 고생하는 법입니다.

코에 마디가 있는 사람이 일에 실패하기 쉬운 것은, 코는 자기의 몸이니까, 거기에 마디가 있으면 몸을 파괴하는 것 같고, 그 때문에 일에도 실패하기 쉬운 상으로 보는 것입니다. 콧날이 비뚤어진 사람은 자기의 몸이 구부러져 있는 것 같아서, 그 때문에 인생에 있어서 굴곡이 있다고 봅니다. 코의 가로금(橫筋)도 자기의 몸을 파괴하는 것 같아서, 이 때문에 평생에 한번은 크게 실패할 상으로 본다.

코가 뚜렷하고 콧날이 선 사람이 윗사람과의 관계에서 이익이 있다는 것은, 코는 자기 몸으로서, 코의 산근(山根)으로부터 위는 웃어른을 의미합니다. 즉 콧날이 서 있으면 자기와의 사이에 장애 될 것이 없다는 것으로, 윗사람과의 관계에서 대단한 이익을 얻는 것입니다. 콧날이 낮은 사람은 윗사람과의 통로가 희박하다는 견해에서 윗사람과의 관계에서 별로 큰 이익을 얻을 수 없다고 보는 편이 좋습니다.

◈ 입의 상 보는법

입으로는 자손의 유무, 또 운기(運氣)의 강약을 판단합니다.

입이 얼굴에 비하여 작은 사람은 생각하는 것도 작고, 사소한 일에도 놀라기를 잘합니다.(그림 34)

사물에 대한 끈기가 없고, 다정다감한 성격이고 자손연(子孫緣)도 희박합니다.

입 앞이 뾰족한 사람은 자손연이 희박하고, 엄격 공정하며, 사물의 구분이 분명하나, 학문은 좋아하지 않습니다.(그림 33)

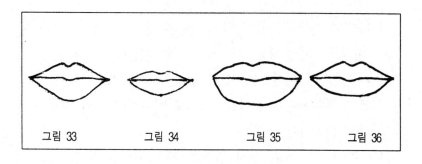

| 그림 33 | 그림 34 | 그림 35 | 그림 36 |

언제나 입 속에 침이 고이듯 물기가 있는 사람은 편친(片親)을 일찍 여읠 상입니다. 더구나 끈기가 부족하고 자손연도 희박합니다. 그러나 이 사람 자신이 양자로 가는 일은 있습니다. 입이 큰 사람은 모든 사물에 대하여 큰 희망을 가지고 있습니다. 그러나 일에 실패하는 일도 있습니다.(그림 35)

입술이 얇은 사람은 자손연이 희박하나, 윗입술이 조금은 얇은 사람은 이런 판단을 하지 않습니다. 윗입술이 조금 앞으로 튀어나온 사람은 자손연이 희박하고, 일에 대한 끈기가 없으며, 이상이 저급하고 다감한 성격입니다. 그러나 젊은 사람들에게는 자손이 없다는 판단을 안합니다.(그림 36)

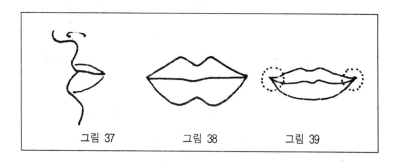

그림 37   그림 38   그림 39

윗입술보다 아랫입술이 더 나온 사람은 윗사람과 의견이 맞지 않고, 그 사람의 생애를 통해 자주 직장이 바뀌겠습니다.(그림 37)

입술은 운기의 문이므로, 입을 항상 벌리고 있는 사람은 운기를 자연히 잃어버리는 것이고, 신체도 허약하여 일에 대한 끈기도 자연히 없습니다.

그림 38과 같은 삼각형의 입술을 가진 사람은 자기가 희망하는 목적에 좀처럼 도달할 수가 없습니다. 자손연도 박하고 머리도 나쁘고, 그 때문에 생활도 가난하고, 평생 고생이 많습니다. 입의 모서리가 조금 위로 올라간 사람은 일생 먹을 걱정은 없고, 직업도 안정되어서 편안한 일생을 보내게 됩니다.(그림 39)

그러면 입으로 자손의 유무를 보는 것은 무슨 이유냐 하면, 입은 인간이 살아가는데 가장 귀중한 부분입니다. 그러므로 운기의 문이라고 보는 것입니다. 더구나 남자는 양(陽)이고 언제나 입을 다물고 있으나, 여자는 음(陰)으로 입을 벌리고 있는 것이고, 이 음양이 섞여서 인간이 살아나갈 먹이를 취하는 것이며, 다시 말하면 자식을 낳는 것으로서 자손(子孫)의 관(官)이라고 보는 것입니다. 이러한 까닭에 자손의 유무를 입으로써 판단합니다. 즉 음양의 이치에 맞지 않는 입을 가진 사람은 자연 자손연이 희박한 상입니다.

윗입술보다 아랫입술이 나온 사람이 윗사람을 배신한다는 것은, 윗입술을 하늘(天)이라 아랫입술을 땅(地)으로 생각할 경우, 윗입술이 아랫입술을 덮는 것은, 천지의 이치에 합당한 자연이나, 반대로 아랫입술이 윗입술보다 튀어나왔으면 천지가 거꾸로 된 이치로서, 이 사람은 무슨 일이나 만사 잘되는 일이 없다고 보는 것입니다. 윗입술보다 아랫입술이 나와 있으면, 아래가 손위를 이기(剋)는 상태로, 윗사람에 배신할 상입니다. 입 형상이 삼각적인 사람이 자기의 희망한 일이 잘 안되는 것은, 입을 대해(大海)라고 하여 수기(水氣)를 의미하고, 입이 삼각형인 것은 불(火)의 형상으로 보아 수극화(水剋火)의 이치가 나오는 것입니다. 이 때문에 무슨 일을 하나 잘 안되는 것입니다.

입이 뾰쪽한 사람이 자손도 없고 머리가 좋지 않다는 것은, 입은 말하는데 가장 중요한 것이어서, 이 말하는 것은 자기가 영리하냐 바보냐 하는 것이 상대에게 알려지고 맙니다. 거기서 뾰족한 사람은 말도 서투르고, 머리도 좋지 않다는 것입니다. 또 입은 자손의 일을 의미하는 곳으로서, 입이 뾰족한 사람은 자손의 일을 나타내는 상(相)에 원만함을 잃고 있습니다. 그 때문에 자손연도 희박합니다.

입이 작은 사람은 이상도 작고 조그마한 일에도 잘 놀라는 것은, 남자는 양이고, 입이 큰 것이며, 여자는 음이고, 입은 작은 것이 자연의 올바른 모습인데, 남자에게 그 작은 입이 있다면 이상도 작고, 조그만 일에도 놀라는 것이 당연하다고 이것은 음양 이치에 맞는 것입니다. 그리고 자손연도 희박하다고 말할 수 있습니다.

입 속에 항상 군침 같은 물기가 있는 사람이 어버이에 인연이 없다는 것은, 비장(脾臟)이나 위(胃)는 이 군침과 관계가 있어, 어려서 육친과 헤어진 사람은 자기의 몸을 충분히 어버이에게서 양육 받지 못했으므로, 비장이나 위의 활동이 자연 약하고 이 때문에 군침처럼 입 속에 물기를 담아두는 것으로 어버이의 인연이 희박한 상입니다. 윗입술이 조금 말려 오른 사람은 만사에 끝기가 부족하고 자손에게도 인연이 박하다는 것은 윗입술이 말려 오르면 자연 입 속에서 운기가 새기 때문에, 끈기가 부족합니다. 또 입 모서리가 조금 올라간 사람이 식물의 부자유가 없다는 것은, 마치 하늘에서 필요한 것을 받는 것과 같아서, 이런 판단을 하는 것입니다.

이에 반해서 입 모서리가 아래로 쳐진 사람은 하늘에서 주신 것을 그대로 땅에 흘려 버리는 것 같아서 산재(散財)의 상으로 판단합니다.(그림 40)

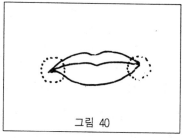
그림 40

이로서는 건강이 좋고 나쁜 것을 봅니다.

이가 잘고 빛이 흰 사람은, 보통 우리가 생각하는 만큼 좋은 상이 아니고, 평생에 먹을 것을 남에게 비럭질할 때가 있습니다. 더구나 생전에 사람 위에 올라볼 수도 없고 때로는 생명의 위험도 있습니다.(그림 41)

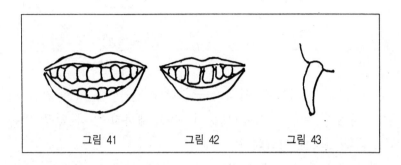

그림 41   그림 42   그림 43

또 치열(齒列)이 나쁜 사람은 어버이와의 인연이 희박하여, 비록 어버이와 오래 같이 살 경우에는 어버이에게 대단히 귀염을 받는 어린이입니다만, 건강적으로 혜택받지 못하고, 더구나 끈기도 없습니다.

이 사이가 전부 벌어져 있는 사람은 만사에 끈기가 없고, 형제 친척이 많은 경우에도 사이 좋게 지내지 못합니다. 앞니 사이가 벌어진 사람은 만사에 참을성이 없고, 이상도 작으며, 다·정다감한 성격에 어버이를 계승하지 못합니다.(그림 42)

이가 긴 사람은 비록 다른 부분이 궁상이라도 가난하지 않고, 반드시 노력한 만큼 성공할 수 있습니다. 또 생애를 통해서 어떤 위험에 직면하여도 피할 길이 있습니다.

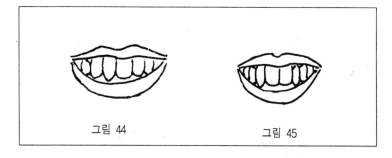

그림 44   그림 45

윗니가 그림 43처럼 활같이 구부러진 꼴을 한 이를 가진 사람은 자기가 당한 치욕에 대하여 죽을 때까지 잊지 않을 만큼 집요성을 가지고 있습니다.

이런 이는 장님 여자가 많이 가지고 있으며, 자세한 것은 실제로 보고 연구할 필요가 있습니다. 인상을 연구하자면 실제로 당해보는 것이 가장 귀중한 체험이란 것을 명심하시기 바랍니다.

그림 44와 같이 앞니 둘 중에 어느 하나가 뾰족한 사람은 한번은 어버이에게 불효할 상입니다. 또 결혼하고 나서도 처나 자식의 인연이 희박하여 고향에서 생활하는 일이 드물고, 더구나 사업에 실패하기 쉬운 것입니다. 이가 다만 희기만 하고 광택이 없는 사람은 반드시 잘 죽지를 못하거나 거지 팔자입니다.

그림 45와 같이 앞니 둘의 양쪽 이가 뾰족한 사람은 육친과 친척과의 사이가 나쁘고, 반드시 어버이를 계승하지 못합니다. 앞니 둘이 병풍을 세운 것처럼 안으로 오므라든 사람은 남의 시중을 잘 보아주고, 더구나 이 사람은 운세가 강하고 특별히 가난하지 않습니다.

앞니 둘 사이에 틈이 벌어진 사람은 무슨 일에도 끈기가 없습니다. 이것은 숨쉴 때 숨이 이에 부딪치므로, 이 이를 당문(當門)이라고 하여, 운기에 관계되는 것으로 봅니다. 이 운기에 관계가 있는 문이 언제나 닫혀지지 않는다면 자기의 운기를 상실하는 것 같아서 자연 끈기를 잃어버립니다.

또 앞니(當門)의 둘은 친척에 관계 있는 것으로 봅니다. 그러므로 이에 틈이 벌어진 사람은 육친과 친척과의 융화가 나쁘고, 집안 식구들과도 화목치 못합니다. 앞니(當門)의 좌우 이의 끝이 뾰족한 사람은 육친과 친척간에 칼을 휘두르는 형상으로 자연 교제가 없어집니다.

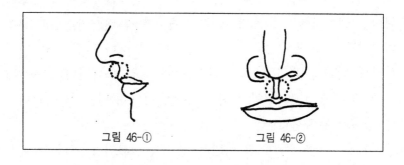

그림 46-①   그림 46-②

어버이와 오랫동안 함께 있으면서 이가 고르지 못한 사람을 데리고 들어온 자식처럼 다루는 것은, 이는 한번 났다가 다시 나는 것으로, 양친에게 너무 귀염을 받은 어린이는 필요 이상의 것을 베풀어 받은 편입니다. 그러므로 이가 고르지 못한 것입니다. 인중이란 윗입술에서 코밑으로 통하고 있는 세로줄입니다. ○표가 인중.(그림 46)

인중에는 운기의 강약, 수명의 장단, 혹은 자손운을 판단합니다.

인중이 짧은 사람은 무슨 일에나 참을성이 없고, 이상도 저급하며 눈물이 많고, 조그만 일에도 놀라기 잘하고 같은 사람과 오래 사귀지 못합니다. 인중이 정답게 보이며 소박하게 보이는 사람은 마음도 순진하고, 남에게 대하여도 상냥하고, 다정다감하고, 성격적으로 조그만 일에도 잘 놀랍니다. 인중이 꽉 째인 사람은 정신도 확고하고, 노력에 따라 성공합니다. 이에 반하여 인중이 째이지 못한 사람은 정신도 불안정하고, 성공하기도 어렵습니다.

얼굴 전체가 좋은 상을 하고 있어도 인중에 어쩐지 째인 맛이 없고 윗입술이 좀 말려 올라간 사람은 결코 좋은 상이라고 말할 수는 없습니다. 사업을 하는 경우에도 자기의 뜻대로 진행이 되지 않고, 고생이 많으며, 끈기가 부족하기 때문에, 무슨 일에 대해서도 참고 견디는 끈기가 없습니다. 그러나 이런 상을 가진 사람도 앞니가 빠질 나이가 되면 운이 점점 좋아집니다. 또 젊었을 때 인중이 꽉 째인 사람은 초년운이나 중년운이나, 만년에는 문제가 달라집니다.

인중에 수염이 많이 난 사람은 성공이 빠르다고 합니다. 이에 비하여 인중에 수염이 드문 사람은 성공이 더디고, 이로 말미암아 희망한 일이 만족한 결과를 가져오기 힘듭니다.

인중에 가로금이 있는 사람은 자손연이 희박하고, 비록 자손이 있다 하더라도 그 자식은 그리 힘이 되지 못합니다. 만약 자손이 많이 있다 하더라도 만년에 고생이 많을 상입니다.(그림 47)

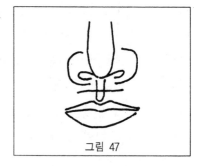
그림 47

인중에 수염이 드문 사람은 이해성이 있는 사람으로서, 상식가입니다. 이런 사람은 무슨 일에 대해서나 어느 정도의 지식을 가지고 있습니다. 인중에 수염이 많은 사람은 이상이 높은 편이나, 활발히 뛰어 다니는 편은 아닙니다.

인중이 길고 윗입술이 위로 말려 올라가지 않은 사람은 대단히 좋은 상으로, 두령운(頭領運)을 타고났습니다. 이런 사람은 남에게 고용되어도 성공합니다. 만약 가난한 사람에게 이런 상이 있다면 대단히 힘이 될 사람이 붙어 있는 증거입니다. 개중에는 우편배달이나 지배인으로써, 생활하는 사람도 있습니다. 인중의 홈이 깊은 동안은 좀처럼 운이 트이지 않고, 개운할 때는 깊은 홈이 얕아집니다. 이 때는 자기 마음도 안정이 되고, 아무 일이나 잘 됩니다.

인중으로 운세의 강약을 본다든지 자손운을 보는 것은, 인중은 입과 같아서 운기가 나타나는 것을 알 수 있는 부분이기 때문입니다. 그러므로 사람이 만족하여서 기쁨을 얼굴에 나타내었을 때는 그것이 웃음이 되어 나타나고, 인중은 자연 펴집니다. 즉 홈이 얕아지는 것입니다. 사람이 열중하여 일할 때는 인중도 자연 째여서 정신에 흔들림이 없는 것을 보여줍니다. 그러므로 인중에서는 운세의 강약을 판단하고, 수명의 장단을 알 수 있습니다.

인중에 긴장미가 있는 사람의 그 정신도 확고하다는 것은, 정신이 확고하면 눈, 귀, 코, 혀, 몸, 생각(이상을 六根이라 함)이 확고하여서 스스로 인중에 나타납니다. 그리고 인중은 입에 따라서 있는 것으로, 정신이 확고한 사람은 입에 자연 긴장미가 있습니다. 입이 긴장미가 없으면 눈, 귀, 코, 혀, 몸, 생각도 제

각기 동떨어져, 결국 자기 일을 스스로 판단 못하게 됩니다.

　인중에 수염이 많은 사람이 조그만 일에도 만족하기 쉽다는 것은 다음과 같은 점으로 말할 수 있습니다.

　인중의 좌우 부분을 식록(食祿)이라 합니다.(그림 48)

　이 식록이 꽉 차 있는 것과 같아서, 만약 가난한 사람인 경우라도 정신적으로 만족한 나날을 보냅니다. 이 상은 부자에게나 가난한 사람에게나 있으므로 깊이 연구하시기 바랍니다.

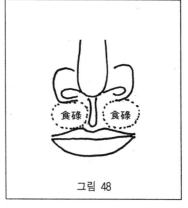

그림 48

　인중이 길고 입술이 이에 꽉 붙어 있는 사람이 대단히 길상이라는 것은, 이는 금성(金性)에 속하고, 입술은 수성(水性)에 속하는 것으로, 이와 입술이 착 맞는다는 것은, 이것은 입이 이에서 도움을 받는다는 의미이고(전문적으로 말하면 五行의 金生水로서, 입을 돕는 뜻) 대단히 좋은 상으로 봅니다. 입술과 이는 말할 때에 가장 귀중한 것으로서, 이들이 문(門)이 됩니다. 이 문이 상생(相生 : 힘이 있는 뜻)이면 웅변(雄辨)의 상(相)이고, 입은 대해(大海)이며, 인중은 홈이기 때문에, 수도(水道)가 됩니다. 그러므로 인중이 길고 착 이에 붙은 사람은 수도에서 대해에 통하는 부분이 대단히 좋다고 보이므로, 이 사람의 운세도 좋아서 사물에 주저하는 일이 없습니다.

　인중의 홈이 깊은 동안은 반드시 자기의 희망이 달성되지 못하고, 인중의 홈이 얕아지면서 자기의 희망하는 일이 성취되어

서 개운한다는 것은, 인중은 운기가 나타나는 곳으로서, 정신이
안정되면 인중도 반드시 째이고, 인중의 홈은 자연 얕아집니다.
마음이 안정되면 운이 자연 열린다는 것은 사물의 도리로서, 구
태여 설명할 것까지도 없습니다.

　얼굴 전체는 두툼한 복상(福相)으로 생겼는데, 인중 끝이 조
금 말려 오른 사람의 일이 제대로 안되는 것은, 얼굴은 몸의 부
분으로서는 꽃에 해당하기 때문입니다.

　입은 대해(大海)이고, 인중은 수도이며, 얼굴이 안정된 것은
꽃의 왕성한 상태인데, 인중이 조금 말려 오른 것은 수도에 막
힘이 있는 것 같아서, 꽃도 시들어 버린다는 뜻을 딴 것입니다.
이 이치에서도 인중 끝이 말려 오른 사람은 사물에 장애가 많
은 상이라고 봅니다. 그러나 앞니가 빠지는 만년기에는 인중이
자연적으로 쳐져서 수도도 저절로 열리므로, 이때부터 운이 좋
아진다고 봅니다.

◆ ■ 법령(法令)을 보는 법

법령이란 코뿌리의 옆에서부터 입의 양쪽으로 내려진 선으로, 그림 49의 선을 말합니다.

법령으로는 직업을 판단합니다. 법령이 양쪽으로 넓게 퍼져 있는 사람은 사업이 순조롭고, 살고 있는 집도 넓습니다.(그림 50)

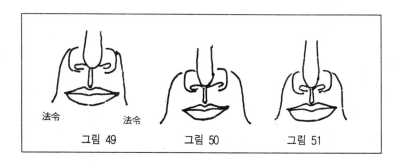

그림 49   그림 50   그림 51

손아래 사람을 많이 돌봐줍니다. 가령 가난한 사람이 이런 상이 있는 경우라도 사람을 시켜서 일을 하는 것이고, 고용을 당해도 성공합니다.

법령이 좁은 사람은 집도 좁고, 비록 넓은 집에 살고 있는 사람이라도 이와 같은 상을 가진 사람은 남에게 방을 세 주었거나 하여서 넓은 집도 좁게 쓰는 사람입니다. 상당한 부자로써 이런 상을 가진 사람은 대단한 검약가입니다.(그림 51)

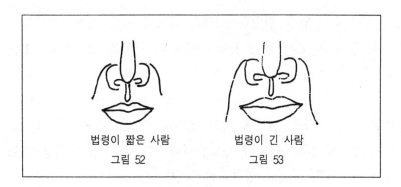

법령이 짧은 사람   법령이 긴 사람
그림 52   그림 53

법령이 짧은 사람은 수명도 짧고, 이와 반대로 법령이 긴 사람은 수명도 깁니다.(그림 52, 그림 53)

법령의 폭이 넓고 끝 쪽이 볼 부분으로 흐른 사람은 근로자로써 크게 성공할 것이고, 교제가 넓고 자기를 도와줄 사람이 많은 상이고, 수명도 길고, 어떠한 처지에 있는 사람이라도 이 상이 있으면 대단히 운세가 늘어날 것을 의미합니다.

법령 끝이 입으로 들어간 사람은 평생 먹을 것에 부자유를 겪는 일은 없습니다.(그림 54) 자기의 노력에 따르는 성공을 합니다. 물건을 낭비하지 않고 규

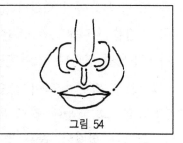

그림 54

모 있게 사용합니다. 법령의 폭이 넓고 형상이 좋은 사람은 사업도 대규모로 하고 상당히 번창합니다. 운세도 대단히 좋고, 두령운을 가지고 있습니다. 법령이 대단히 길고 턱(지각 : 地閣) 부분까지 닿고, 혹은 턱 가까이 있으면 80까지는 확실히 살 상입니다. 이로부터 판단하여 다른 법령에 대하여 수명을 생각해 보시기 바랍니다.

법령으로 직업을 판단하는 것은 다음과 같은 생각에서부터입니다. 법령은 코가 있는 곳에서부터 나와 있는 것으로서, 코는 얼굴의 중앙에 있고 이것을 천자(天子)로 봅니다. 천자는 아래의 만백성을 사랑하고, 각자에 법령을 나리는 것으로, 아래 만백성은 그 법령을 지키며 매일 생활하고, 근로자는 근로자, 장사는 장사로서의 하는 법이 있습니다. 그 하는 법이 법령의 도리에 어긋나면 생활이 성립되지 않습니다. 그러므로 법령으로써 직업을 판단하는 뜻이 이해될 것입니다.

법령의 폭이 넓고 긴 사람이 집도 넓고 사업도 번창한다는 것은, 법령이 넓다고 하는 것은 사업을 넓게 벌이고 있다는 뜻이고, 집(地閣)도 사용인(종, 노복)도 법령에 싸여 버립니다. 지각은 집을 의미하고, 노복은 손아래의 일을 봅니다.(그림 55)

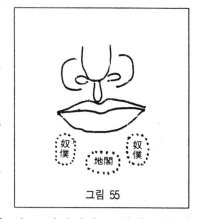

그림 55

그러므로 법령의 폭이 넓고 긴 때는 지각이나 노복의 부분이 넓어지고, 그 때문에 집도 넓고, 수하 사람도 많다고 판단합니다. 그러나 법령이 좁은 경우에는 지각(地閣)이나 노복(奴僕) 부분도 좁아져 자연히 집도 좁고 수하(手下)사람도 적어져서 궁상이 됩니다. 다시 말하며 궁상(窮相)인 사람은 법령이 좁은 것입니다. 그러나 집도 넓고 수하사람도 많은데, 법령이 좁은 사람도 있습니다만, 이것은 참다운 훌륭한 인격자라고 할 수 없습니다. 손아랫사람이 하는 일도 자기가 하고, 그로 인한 정신적으로 궁상으로서, 이 때문에 물건을 대단히 아낍니다. 그러므로 정신적으로 만족하지 못하여도 물질운(物質運=財運)에는 혜택받는 사람입니다. 또 이와는 반대로 집도 작고 손아랫사람도 없는데, 법령의 폭이 넓은 사람이 있습니다. 이것은 그 사람의 이상이 높고 또 용기도 있어, 가난한 것을 조금도 걱정하지 않고 해나가는 정신적으로 혜택을 입은 사람입니다. 이러한 사람의 운세는 다른 부분과 합쳐서 생각하여 판단합니다.

법령의 긴 사람의 수명이 긴 것은, 법령은 직업을 의미하고, 직업이 안정되면 생활은 보장되며, 의식주가 족하면 자연 수명이 길어진다고 하는 견해입니다.

젊은 사람들은 법령이 확실치 않고, 웃을 경우나 볼 수 있을 정도인데, 그러면 무엇을 법령으로 하느냐 하면, 젊었을 때는 얼굴에 살이 많기 때문에 법령이 나타나지 않는 것이고, 직업적으로도 좀처럼 안정되어 있지 않아서 법령이 뚜렷하지 않은 것입니다.

그 사람의 수명의 장단을 판단하는 경우, 입을 크게 벌리게 하고, 그 때는 확실히 법령이 나타나므로 그것에 의하여 깊고 얕음, 길고 짧음을 보고서 판단합니다.

지차로 태어난 사람의 법령이 확실치 않은 것은, 지차는 대체로 어버이를 계승하지 않는 것이고, 그 때문에 자연 법령이 얇게 됩니다. 장남으로 태어난 사람은 어버이의 뒤를 이을 것이므로, 법령도 깊고 바른 것입니다.

법령이 입(大海)으로 들어갈 경우에는 반드시 굶어 죽는다고 옛날 책에는 써 있는데, 법령은 직업을 의미하고, 직업에 의하여 생활이 안정되는 것입니다. 거기서 법령이 입으로 들어갈 때는 그 직업을 먹어버린다는 이치에서 굶어 죽을 상이라고 옛날 책에는 써있습니다. 그러나 굶어 죽는다는 판단은 맞지 않는 것 같습니다. 즉 그 상은 가난한 상으로서, 그 때문에 이 사람은 물건을 대단히 아낍니다. 자기가 먹고 싶은 것도 먹지 못하고 아껴두는 데서 굶는 것입니다. 그러나 물건을 낭비하지 않고 먹을 것을 사치하지 않으면 자연의 도리에 합당하므로, 비록 궁상이라도 일생 동안 먹을 것의 보증은 받고 있습니다.

인간은 마음가짐이 중요한 것이어서, 그것에 의하여서만 구원되는 것입니다.

◈ 귀의 상 보는 법

귀는 머리의 활동을 나타냅니다.

귀가 위쪽으로 뻗친 사람은 머리가 대단히 좋은 사람으로서, 재능도 있고 기억력도 있습니다.(그림 56)

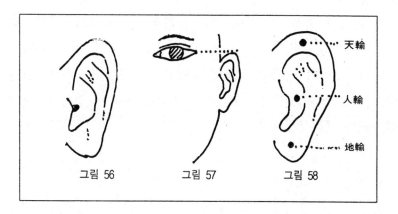

그림 56   그림 57   그림 58

귀 전체가 부드럽고 낮은 위치에 붙은 사람은 기억력도 희미하고, 무슨 일에 대해서나 끈기가 없는 것으로(그림 57) 귀가 낮고 제일 윗 부분의 천륜(天輪)이 오그라진 것 같은 꼴의 사람은 풍류에도 재능이 있고, 이 방면에서의 기억은 대단히 좋은 것입니다. 귀의 인륜(人倫)이 나와 있는 사람은 스스로 집을 나가 육친과는 함께 살 수 없습니다.(그림 58)

육친이 재산을 가지고 있어도 자기 것이 못되고, 그 때문에 아우의 상이라고 봅니다.

현대의 법률로서는 재산의 분배제도가 변화하여 있으므로, 이 점을 판단하지 않는 편이 좋을 것입니다.

귀 전체가 단단한 사람은 다른 부분이 궁상인 경우에도 가난한 판단을 하지 않고, 노력 여하에 따라서는 성공하는 상으로 봅니다. 평생 위험한 경우에 직면하여서도 거기서 피할 수가 있습니다. 귀가 작은 사람은 이상도 작고, 조그만 일에도 잘 놀랍니다. 그러나 귀가 작아도 시원시원한 귀의 사람은 지혜가 있는 사람입니다.

귀가 크고 위쪽으로 붙어 있는 사람은 반드시 자기 사업으로 성공하고, 남에게 고용되지 않고, 지혜나 재능도 있고 용기도 있어서, 운세가 강하고 상당히 성공합니다. 또 귀가 크고 단단한 사람은 남에게 친절하고, 자기 자신은 운세가 강하고, 저명한 사람이 될 상입니다.

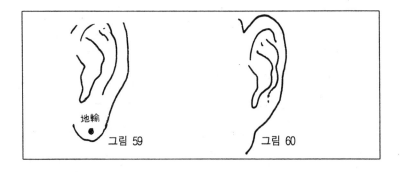

地輪
그림 59

그림 60

귓밥(地輪)이 큰 사람은 비록 인격은 원만하여도 크게 발전하지 못하고, 또 그다지 재능도 없습니다.(그림 59)

그러나 얼굴이 뚜렷하고 머리가 좋은 사람은 재능도 있고 크게 발전할 수가 있습니다.

귓밥이 없는 것 같은 사람은 재능은 갖고 있으나, 기분은 초조하기 쉽고 노하기 쉬운 사람입니다.(그림 60)

귀를 채청관(採聽官)이라고 하는 것은, 귀는 신장(腎臟) 활동의 강약을 나타내는 곳으로서, 모든 일을 듣는 곳이므로, 청사(廳事)를 캐낸다는 뜻은 채청관(採聽官)이라 하는 것이며, 귀가 안 들리면 상대의 이름을 알 수도 없는 것입니다. 사람이 나이 들어서 신장의 활동이 약해지면 귀도 멀어지고, 귀가 멀어지면 지혜의 활동도 둔해져서 우둔해집니다.

귀의 인륜이 나온 사람이 어버이의 계승을 못한다는 것은, 귀에 천인지(天人地)가 있어서, 천은 아버지, 지는 어머니, 인륜은 자기입니다. 또 귀에는 곽륜(廓輪)이 있어서 곽은 부모이고, 중륜(中輪)을 자기로 봅니다. 그러므로 중륜이 나온 사람은 부모의 성곽(城廓)을 뛰어 나가므로, 어버이로 계승되지도 않고, 어버이의 재산이 있어도 자기의 몫이 없는 상입니다.

귀가 단단한 사람은 궁상이라도 노력에 따라 성공하는 것은, 귀는 신장 활동의 표현으로서, 귀가 단단하다는 것은, 신장의 활동이 강한 것을 의미합니다. 신장이 충분히 활동하면 건강하고 크게 힘쓸 수 있으며, 인간이 일하고 있으면 운이 돌아오는 것은 당연하며, 그 때문에 전기와 같이 판단하는 것입니다. 또 귀가 수성(水性)에 속하고, 귀가 단단하다는 것은, 금속(金屬)에 속하는 데서 금생수(金生水)가 되어 서로 발생하여가는 이치에서 힘차게 되는 상으로 보이며, 이것을 가지고 보아도 좋은 상이라고 할 수 있습니다.

귓밥이 없는 것 같은 사람은 초조하고 성내기 쉽고, 귓밥이 통통하게 둥근 사람이 생각하는 것도 원만한 것은, 귀는 신장의 활동을 나타내는 부분으로서 물(水)로 봅니다. 그러므로 귓밥이 통통하게 둥근 사람은 신(腎)의 좋은 상태를 보이는 것이므로,

그렇게되면 마음의 부풀음을 누르고 초조감을 흘려 버린다는 데서 원만한 생각을 가지고 있는 사람이라고 봅니다.

그림을 그리는 사람이 인격자를 그릴 때 귓밥을 크게 그리는 것은 이런 이치가 있기 때문이고, 귓밥이 없는 사람은 원만히 보이지 않습니다.

귀가 크다 작다 하는 것은 이러한 기분으로 판단하여야 합니다.

삼국지에 나오는 촉나라 현덕은 귀가 어깨까지 늘어져 있었다고 합니다만, 이것은 거짓이고, 현덕의 귀는 푸짐했고, 혈색(血色)이 대단히 좋고, 머리를 지(智)로 보고, 왼쪽 귀를 인(仁)이라 보고, 오른쪽 귀를 용(勇)이라 볼 때, 지인용(智仁勇)의 삼덕(三德)을 갖춘 사람이라는 속설(俗說)이 있습니다. 귀가 어깨까지 늘어져 있으면 그것은 병신입니다. 귀가 단단하고 큰 것이 운세가 좋은 것이라고 한 것은, 귀는 지혜를 나타내므로, 귀가 크고 단단하면 지혜도 풍부하다고 봅니다. 귀는 신앙의 활동을 나타내고, 신장이 튼튼하면 건강하므로, 분투할 수 있고, 이것으로 운이 돌아오지 않는다면 이상할 정도입니다. 건강하게 일할 수 있는 사람이 가장 성공하기 쉬운 사람입니다.

반대로 귀가 작은 사람은 생각하는 것도 작고 조그만 일에도 놀래나, 남자는 양(陽)이고 큰 것이며, 여자는 음(陰)에 속하고 작은 것이라고 합니다. 그러므로 남자의 귀가 작으면 여자의 형상이 나타나 있는 것이므로, 기분도 작은 것입니다. 귀가 작으면 신장의 활동도 약하고, 건강에도 자신을 가질 수 없기 때문에, 자연 무엇을 하는 끈기가 없습니다. 무엇을 하나 끈기 없는 사람이 성공한 예는 없습니다.

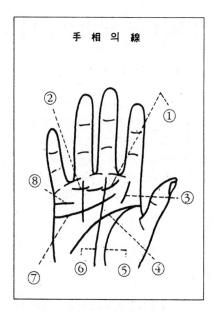

手 相 의 線

【 手相의 線 】

① 금성대(金星帶) - 성격, 본능, 애정 등 주로 정신면의 활동을 암시한다.
② 태양선(太陽線) - 명성과 일기의 강약성쇠인 신용도 등을 암시한다.
③ 희망선(希望線) - 운명선과 태양선의 고조적 역할을 암시한다.
④ 지능선(知能線) - 지능 정도, 두뇌의 강약, 성격 정신적 활동 능력 등을 암시한다.
⑤ 생명선(生命線) - 수명의 정도, 체력의 강약, 건강 상태, 활동력 상태 등을 암시한다.
⑥ 운명선(運命線) - 운명의 소장(消長), 운세의 길흉 사회적 생활 상태 등을 암시한다.
⑦ 감정선(感情線) - 감정의 작용, 가정운, 애정 상태 등을 암시한다.
⑧ 결혼선(結婚線) - 연애, 결혼 등 이성 간의 애정관계를 암시한다.

【 手相의 언덕(丘) 】

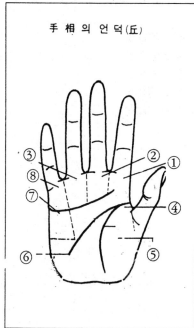

手 相 의 언 덕 (丘)

손의 언덕(丘)은 8개로 구분되며, 살이 붙은 정도에 따라 그 부분이 암시하는 의미를 강하게 하거나 약하게 한다. 또 그곳에 나타나는 선, 기호, 그 부분으로 향한 선 등에도 중요성이 있다.

① 木星丘 - 명예, 공명(功名), 권력, 지배욕, 자부심을 암시한다.
② 土星丘 - 침착, 냉정, 사려(思慮), 고독, 음기(陰氣)를 암시한다.
③ 太陽丘 - 명랑, 행복, 성취, 성공, 쾌화(快話) 예술을 암시한다.
④ 第一火星丘 - 원기(元氣), 공격, 난폭을 암시한다.
⑤ 金星丘 - 애정, 화합(和合), 동정(同情), 매력, 향락, 성욕, 물질운을 암시한다.
⑥ 月丘 - 공상, 상상력, 변덕, 영능(靈能)을 암시한다.
⑦ 第二火星丘 - 대담(大膽), 저항, 의사력을 암시한다.
⑧ 水星丘 - 지혜, 기지, 과학, 실업, 외교, 상재(商才), 사교성을 암시한다.

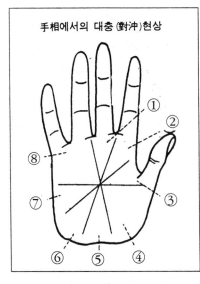

手相에서의 대충(對沖)현상

【 手相에서의 대충(對沖) 현상 】

① 自己 - 만년(晩年), 후천(後天)
② 精神性 - 희망(希望), 향상(向上)
③ 行動 - 적극(積極), 공격(攻擊)
④ 慾望 - 성욕(性慾), 부동산(不動産)
⑤ 自己 - 초년(初年), 선천(先天)
⑥ 精神性 - 로맨스, 공상(空想)
⑦ 行動 - 소극(消極), 수비(守備)
⑧ 慾望 - 명성(名聲), 동산(動産)

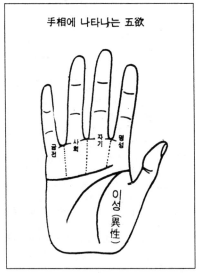

手相에 나타나는 五欲

【 手相에 나타나는 五欲 】

◆ 자기(自己)
◆ 명성(名聲)
◆ 이성(異性)
◆ 금전(金錢)
◆ 사회(社會)

手相과 장래 운세

◈ 성패(成敗)의 판단법

성패란 성공과 실패라는 뜻이며, 인생에 있어서 가장 관심이 많은 일이다. 성공에는 — 명성이 오르는 사람, 재산을 모으는 사람, 학문이나 예술 방면에서 대성하는 사람 등 — 여러 가지가 있다. 이것을 수상술로 판단하기 위해서는 다음의 점에 유의하여 종합적으로 보지 않으면 안된다.

우선, 제일 먼저 성공하기 쉬운 타이프는 수상에 있어서 어떠한 특징을 지니고 어떻게 나타나는가? — 라는 점에 주의하자.

그 다음에 자세히 보아 나가는데, 수상에서는 두 가지로 나눌
수 있다.

○ 사업 등 유형적(有形的)인 특징을 지니는 손의 형태를 지
   닌 사람은 근로형·실행형·활동형의 사람이다. 이러한 타
   이프의 사람은 일찍 성공할 가능성이 있으며, 물질적으로
   도 강한 운세를 지니고 있다.

○ 정신적인 면에서 무형적인 특징을 지닌 손의 형태를 갖춘
   사람은 예술형, 철학형, 공상형의 사람이라 할 수 있다.
   이런 타이프의 사람은 어떠한 찬스가 올 때까지 고생하지만,
   예를 들면 문화, 문예, 예능 방면의 세계에서 대성한다.
   대체로 이 손의 형태를 지닌 사람은 찬스만 오면 어느 시
   기에서부터 크게 발전한다고 하는 변화가 있을 운세를 걸
   어간다.

   다음으로 엄지손가락과 그 닿는 부분(금성구)이 좋은 상인지
아닌지 살의 팽팽한 상태를 본다. 그 다음에 손바닥의 언덕(丘)
의 발달 상태를 충분히 살핀다. 특히 집게손가락과 닿는 부분
(목성구)에 주의한다.
   이렇게 해서 대략 포인트를 파악한 후 다음의 점을 자세히 보
아나간다.

○ **손바닥의 빛깔, 선의 빛깔** : 이것은 운세를 보기 위해서
   매우 중요하다.

○ **지능선** : 이것은 그 사람의 일에 대한 재능이나 그 장점, 결점과 그러한 것이 어떠한 형태로 운명에 영향을 미치는가, 하는 점을 본다.

○ **생명선** : 이것은 그 사람의 체력을 알고 활동력이 어떠한 영향을 미치는가 하는 점을 본다.

○ **감정선** : 이것은 그 사람의 감정의 변화가 어떻게 운세에 영향을 미치는가 하는 점을 본다.

○ **운명선** : 이것은 그 사람의 운명의 상태 그 자체를 보는데 중요하다.

○ **태양선** : 이것은 그 사람의 운명을 보충해서 보는데 중요하다.

○ **희망선** : 이것은 그 사람의 목적이 이루어지는가 어떤가, 하는 점을 본다.

이상 예로 든 점을 온갖 각도에서 종합적으로 보아 그 사람의 성패(成敗)를 판단한다.

이 중에서 특히 중점적으로 보는 것은 운명선·태양선, 그것들의 선의 빛깔, 희망선이다. 이 네 가지 점을 주로 해서 앞서 말한 딴 여러 가지 점을 참고로 결론을 내린다.

■ 크게 성공하는 손

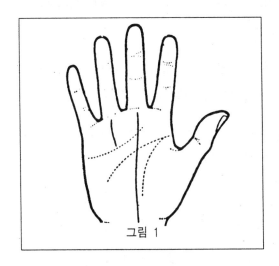

그림 1

운명선이 손목의 윗부분에서 손바닥의 한복판을 똑바로 지나 힘차게, 깊게 잘린 곳이나 장해선이 없이 가운뎃손가락과 닿는 부분(토성구)쪽으로 향한 상은 크게 성공한다는 것을 나타낸다. 또 태양선이 감정선 위에 힘차게 나타나 있으면, 명실공히 크게 성공하여 사회의 제1선에서 활약할 수 있는 사람이다.(그림 1 참조)

이 상은 노력과 근면에 의하여 제 혼자의 힘으로 크게 성공한다는 것을 암시한다. 이 상은 매우 성실하고 사물에 대하여 빈틈없이 꼼꼼한 타이프며, 건실한 생활을 한다는 것을 나타낸다.

※ 손의 형태가 근로형·실행형·활동형·예술형의 사람은, 특히 이 상의 뜻이 강해진다. 그러므로 약간 가느다란 지선(支線)이 있더라도 언젠가는 성공할 수 있다.

※ 공상형·철학형의 사람은 어지간히 이 상이 뚜렷하고 딴 지능선이나 감정선, 생명선 등이 좋은 상이 아니면 이 상의 의미가 약해진다.

※ 지능선이 굵고 선명하게 손바닥을 가로질러 있으면 성공의 가능성이 크다는 것을 뜻한다.

▣ 입신출세할 상

운명선이 손목 위로부터 힘차게 나타나 가운뎃손가락과 닿은 부분(토성구(土星丘))을 향하고 있는 상으로서, 그 선의 도중에서 갈라져 나온 지선이 집게손가락과 닿은 곳(목성구)으로 힘차게 올라간 상은 매우 발전성이 많은 사람이다.

만약, 이상 위에 태양선이 좋은 상태로 나타나 있으면, 중년부터 크게 발전한다는 것을 나타낸다.(그림 2 참조)

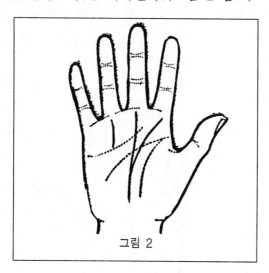

그림 2

이 상은 목성구(木星丘)의 좋은 의미가 강하게 나타난다는 것을 나타낸다. 즉, 지배력과 명성을 구하는 향상심이 강해서 노력을 아끼지 않고 일하여 입신출세한다는 뜻을 나타내고 있다.

※ 이 상은 대체로 손의 형태에 관계없이 위와 같이 말할 수 있다.

※ 이 경우, 운명선으로부터 갈라진 지선(支線)의 끝이 목성구(木星丘)에서 장해선에 의하여 차단되어 있으면, 도중에 어떤 사고를 당하여 발전이 막힌다는 뜻이 있다.

■ 서서히 성공하는 상

운명선이 힘차게 손바닥의 한복판까지 올라가 감정선의 윗부분에서 가느다랗게 갈라져 몇 가지의 가느다란 지선(支線)이 위쪽으로 뻗어나가 상을 지닌 사람은, 큰 성공을 급하게 바랄수는 없지만, 조금씩 좋아진다는 것을 나타낸다.

이 상은, 화려하게 발전해 간다는 것은 바랄 수 없지만, 노력과 고생의 보람이 있어서 서서히 성공해 나간다는 것을 암시하고 있다. 즉, 고생은 되지만 고생한 보람은 있다는 뜻이다.(그림 3 참조)

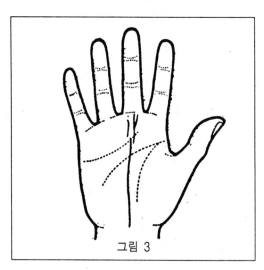

그림 3

※ 이 운명선의 끝의 선이 어떤 운명을 나타내고 있는가 하는 것은

감정선과 지능선에 의해 알 수 있다.

※ 이런 상을 지니고 있어도 지능선이 좋은 상을 나타내고 있으며, 태양선이 뚜렷이 나타나 있는 경우는 고생을 덜하게 된다.

※ 이런 상을 지녔을 경우 희망선의 유무와 그것이 나타난 시기, 빛깔에 주의하여, 너무 운명선만에 구애되어 판단해서는 안 된다.

■ 운세(運勢)가 강한 상

운명선이 힘차게 똑바로 가운뎃손가락과 닿은 부분(토성구(土星丘))으로 뻗어 있으며, 그 위에 또 한 가닥의 운명선이 집게손가락 쪽으로 뻗어 있는 상이 있다.(그림 4 참조)

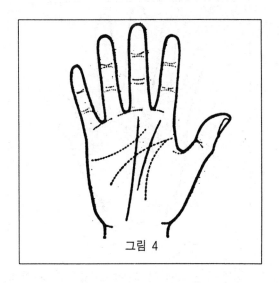

그림 4

이런 사람은 강한 발전운을 지닌 사람으로 강한 운세에 의하여 부귀와 명성을 동시에 손에 넣을 수 있는 큰 행운을 만난다는 뜻을 나타내고 있다.

남성은 사업에 대한 의욕이 강하며, 두세가지 일을 정력적으로 해내는 타입이다.

■ 중년기부터 성공하는 상

운명선이 손목의 윗부분으로부터 위로 향해 올라가는 것이 보통의 운명선이지만, 손바닥의 중앙부 근처에서 시작하여 가운뎃손가락과 만나는 부분 토성구(土星丘)쪽으로 향하는 상이 있다.(1)때로는 감정선으로부터 위로 향하는 운명선(2)도 있다.
(그림 5)

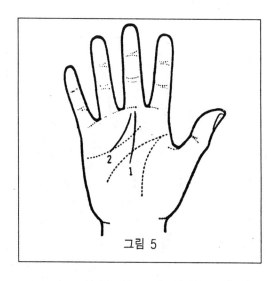

그림 5

이런 것은, 초년에는 고생이 되어도 쉽사리 자기의 뜻대로 되지 않다가 중년부터 운이 열리는 것을 나타낸다.
오랜 동안의 노력이 중년이 되어 결실을 맺는다는 뜻이다. 만약 이 상에 딴 장해의 상이 나와 있지 않으면 만년에까지 순조로운 운세이다.

■ 만년에 대성하는 상

운명선의 출발점이 손목의 윗부분이나 손바닥의 한복판으로부터가 아니라 감정선의 위로부터, 또는 감정선의 지선(支線)으로서 가운뎃손가락과 만나는 부분 쪽으로 올라가는 상이 있다.(그림 6 참조)

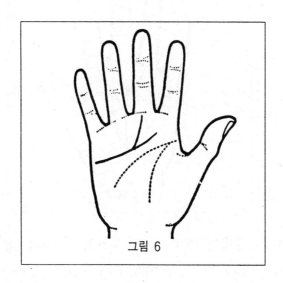

그림 6

이것은 만년의 끝에 가서 성공한다는 것을 나타낸다. 중년까지는 상당히 고생을 하지 않으면 안되지만, 중년부터 점차 좋아지는 사람이다.

※ 이런 상의 경우는 반드시 생명선의 좋고 나쁜 점을 보지 않으면 안되며, 태양선의 유무로 주의하지 않으면 안 된다.

▣ 크게 발전하는 상

운명선의 손목의 윗부분으로부터 가운뎃손가락과 닿은 부분을 향하여 힘차게 뚜렷이 올라가 있으며, 게다가 두 가닥의 지선 (支線)이 그 운명선으로부터 갈라져 위로 올라간 상이 있다.

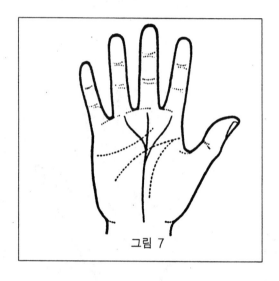

그림 7

한 가닥은 집게손가락과 닿은 부분인 목성구(木星丘)에, 또 한 가닥은 약손가락과 닿은 태양구(太陽丘)로 올라가는 지선이 다.(그림 7 참조)

이 상은 부(富)와 명성과 성공을 한꺼번에 차지하는 매우 강한 운을 지닌 사람을 나타내고 있다.

이런 사람은 지배력과 발전력의 해택을 입고 있으며, 그 위에 명성과 인기도 있어서 기지(機知)와 심려(深慮)에 의하여 크게 발전할 수 있다.

※ 이 상은 대체로 손의 형태에 관계없이 이렇게 말할 수 있다.

■ 행운으로 다가가는 상

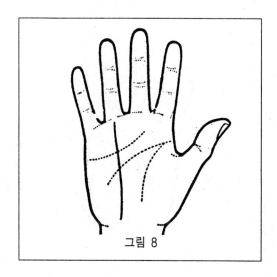

그림 8

태양선이 손목의 윗부분으로부터 출발하여 힘차게 약손가락과 닿은 부분(태양구)을 향하여 올라가는 상을 지닌 사람은 젊었을 때부터 인기와 신용에 의하여 주위의 사람들로부터 많은 도움을 받아 크게 성공하는 행운을 만나는 상이다.

이런 상을 가진 사람은 좋은 친구나 사회적인 명성 덕택에 화려한 인생을 즐길 수 있는 사람이다.(그림 8 참조)

※ 이런 상을 지녔을 경우, 운명선의 상태에 따라 행운의 크고 작음이 결정된다.

■ 갑자기 성공하는 상

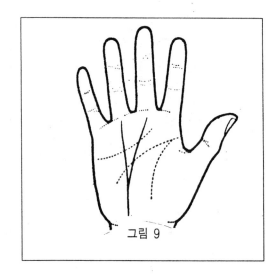

그림 9

　태양선이 손목의 윗부분으로부터 뚜렷이 나타나 그것이 약손
가락으로 향하고 있으며, 그 태양선의 도중에서 갈라진 지선이
가운뎃손가락 쪽으로 올라가는 상이 있다.(그림 9 참조)

　이런 사람은 특이한 재능이나 특수한 기술 등이 사회적으로
인정받아, 갑자기 크게 성공한다는 것을 나타내고 있다. 더욱이
특이한 발전을 하는 수가 많으며, 세상에 흔히 있는 성공이라기
보다 뜻밖의 행운이 찾아드는 일이 많은 것 같다.

　※ 대체로 이 발전은 오래 계속되지만 태양선으로부터 갈라진 가운
　　뎃손가락 쪽을 향하는 지선이 좋은 상이면 그것이 확실하지만,
　　흉상(凶相)이거나 장해선을 이루고 있으면 오래 가지 못한다.

◼ 견실한 운세의 상

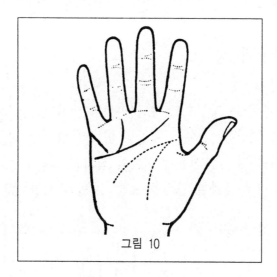

그림 10

감정선이 힘차게 집게손가락 쪽으로 길게 뻗어 있고 그 양상 (良相)의 감정선 위로부터 약손가락 쪽으로 힘차게 올라간 태양선이 있을 경우는, 그 사람의 인기와 사회적 지위가 확고하게 착실하게 살아간다는 것을 나타내고 있다.(그림 10 참조)

이런 상을 가진 사람은, 직장인이나 실업가라면 화려하지는 않으나 착실히 자기의 일이나 지위 등을 향상시켜 가며, 예능 방면이나 자유업에 종사하는 사람은 풍부한 감각과 예민한 감수성으로 말미암아 꽤 화려한 인기나 명성을 얻을 수 있다.

※ 이런 상을 가진 사람으로서 만일 손의 형태가 예술형이나 철학형, 공상형이면 대단히 화려한 명성과 재산으로 말미암아 크게 성공할 수 있다.

※ 근로형·실행형·활동형의 수형(手型)의 상은 견실한 성공을 거두지만, 그 성공에 명성을 겸하면 대단히 좋은 의미를 갖게 된다.

■ 행운의 상

태양선과 같은 방향으로 또 하나의 태양선보다는 짧거나 가느다란 선이 나란히 나와 있는 상이 있다.(그림 11 참조)

이런 상은 명성과 신용과 인기의 삼자를 겸비한 양상(良相)으로서 견실하고 행복한 인생을 보낼 수 있는 사람이다.

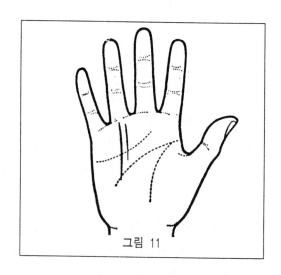

그림 11

※ 이런 상은 반드시 태양선이 확실한 상이 아니면 안 된다.

■ 재산과 지위를 얻는 상

운명선은 보통 손바닥의 중앙을 중지로 향하여 세로로 올라가고 있다. 그런데 생명선으로부터 나온 지선이 약손가락과 닿은 부분(태양구)으로 힘차게 올라가는 선도 있다.(그림 12 참조)

이것은 역시 운명선이다. 이 상은 딴 운명선보다도 특별히 크게 발전하는 뜻을 나타내고 있다. 사업도 순조롭게 발전하고 생활도 안정되며, 많은 재산과 높은 지위를 얻어 크게 성공한다는 것을 나타내고 있다.

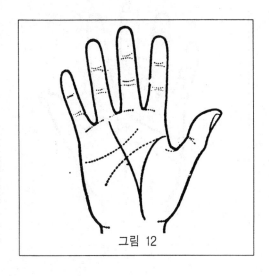

그림 12

※ 이런 상은 손의 형태에 관계없이 그렇게 말할 수 있다. 대체로 그 사람의 뛰어난 체력과 활동력으로 말미암아 행운을 잡는 사람이라고 말할 수 있다.

▣ 향상하는 상

생명선으로부터 갈라진 지선(支線)이 감정선의 끝을 감싸듯이 집게손가락과 닿은 부분(木星丘)이나, 가운뎃손가락과 닿은 부분(土星丘) 쪽으로 올라가는 상이 있다.(그림 13 참조)

이런 상을 지닌 사람은 향상, 발전의 기력(氣力)이 매우 강해서, 여러 가지 유혹을 이겨내고 항상 노력을 게을리 하지 않는 타입으로서, 그 때문에 마침내 목적을 달성하여 성공하는 사람이다.

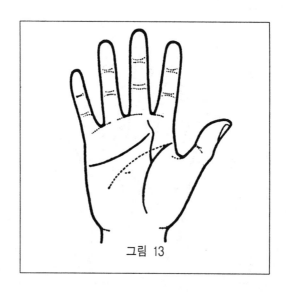

그림 13

▣ 발전성이 적은 상

운명선이 전혀 나타나 있지 않고 또한 태양선도 나와 있지 않은 상이 있다. 이런 사람은 일반적으로 평범한 생활을 하는 사람으로서, 야심도 희망도 없으며 발전성도 없기 때문에 특별한 실패도 별로 없다. 큰 회사나 관청의 중간층에 있는 사람에게서 흔히 볼 수 있는 상이다.(그림 14 참조)

어느 연령이 될 때까지 안일무사하게 근무하는 것을 평생의 목적으로 하는 마음이 태평스러운 성격을 지닌 사람이 많은 것 같다.

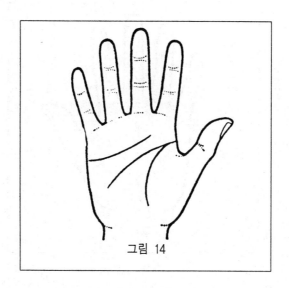

그림 14

※ 이런 수상일 때는 3대 주요선(생명선·지능선·감정선)이 어느 것이나 상이 좋으며 활동형·철학형의 사람은 사회적으로 크게 성공할 수 있다. 다만 운명이나 성격에 있어서 외곬으로 나가는 면이 있으며, 사소한 일 때문에 좌절하는 수가 있다.

※ 이런 상으로서 만약 희망선이 나타나 있을 경우는, 희망선을 운명선과 같은 정도의 뜻으로 해석하고, 생명선으로부터 위로 올라가는 지선에 주목해야 한다.

▣ 기복이 심한 상

운명선이 손바닥의 한복판에 나타나 있기는 하지만, 잘게 여러 조각으로 되어 있거나 새끼를 꼰 것처럼 되어 있는 것과 같은 상이 있다.(그림 15 참조)

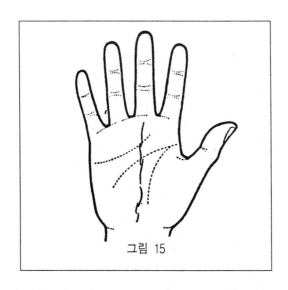

그림 15

이것은 그 사람의 운세에 변화가 많으며 부침(浮沈)이 심한 것을 나타내고 있다. 모든 일에 고생이 따른다. 직업이나 주소나 배우자가 잘 바뀌며, 일정한 운을 유지하기 힘드는 사람이다. 이런 사람은 되도록 확고한 직업을 택해서 착실하게 일해 나가는 것이 중요하다.

※ 이런 상으로서 근로형의 손은, 오히려 이러한 운명선이 나와 있지 않은 것이 좋다고 말할 수 있다.

※ 이 상은 지능선과 감정선의 상태에 따라 판단이 크게 달라지기 때문에 상당히 주의해서 보지 않으면 안 된다.

■ 도중에 실패하는 상

운명선이 손목의 윗부분으로부터 가운뎃손가락으로 향하여 힘차게 올라간 상으로서 한복판 근처에서 얇아져 있거나, 여러 조각으로 나와 있다가 또 위로 힘차게 뻗어나간 상이 있다.(그림 16 참조)

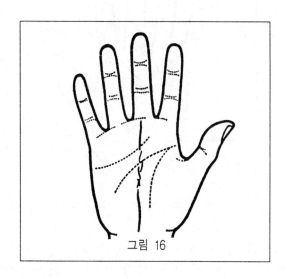

그림 16

이 상은 맨 처음엔 운세가 좋아서 모든 일이 순조롭게 진행되던 것이, 중년에 가서 쇠퇴한다는 뜻이 있으나, 만년에 가서 또 좋은 운을 만난다는 것을 나타내고 있다. 단, 이 경우는 반드시 운명선의 윗부분이 가운데의 약해져 있는 선보다 강력하지 않으면 안 된다.

▣ 운세의 상승이 멈추는 상

운명선이 손목의 윗부분으로부터 가운뎃손가락을 향하여 뻗어 있는 상으로서, 그 선이 딴 선(주로 주요선으로부터 갈라진 선)에 의하여 가로막혀 거기서 멈추어져 있을 때는, 여태까지 상승하던 운세가 바뀌어 실패한다는 것을 나타낸다.(그림 17 참조)

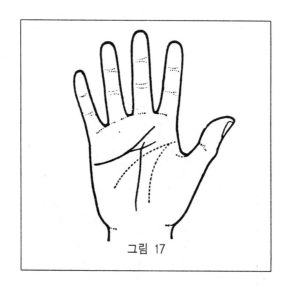

그림 17

※ 이 경우에 그 대부분은 타동적인 원인에 의한 것으로서, 자기의 부주의라기보다 타인이나 사회에 의하여 실패가 초래된다.
※ 이 상의 경우는 별로 희망선이나 태양선의 영향을 받지 않는다. 이 운명선을 가로막는 선의 영향력이 크다고 보지 않으면 안 된다.

■ 운세가 쇠퇴하는 상

운명선이 끊어져 버리고 그 끊어진 자리가 매우 약하게 보이는 상은 일신상의 변화가 크며 회복되지 않고 내려가는 운세를 만난다는 것을 나타내고 있다.(그림 18 참조)

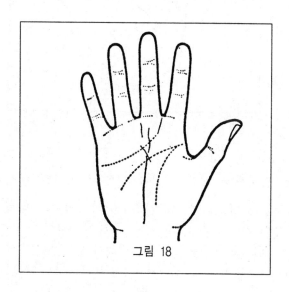

그림 18

■ 예상이 어긋나서 실패하는 상

운명선이 중지와 닿은 부분으로 향하여 위로 올라가다가 지능선에서 분명히 멈추어져 있는 상이 있다.(그림 19 참조)

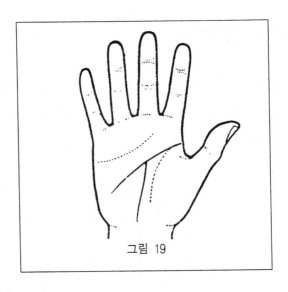

그림 19

　이것은 운세의 상승이 자기의 예상이 어긋나거나 자기의 경솔한 행동으로 말미암은 실패 때문에 환경에 커다란 변화가 있다는 것을 뜻하고 있다. 그 시기는 대체로 중년이라고 말할 수 있다.

　※ 이 뜻은 반드시 운명선이 지능선에서 멈추어져 있는 경우에 한한 것이 아니다. 지능선으로부터 갈라져 있는 지선과 부딪칠 때도 뜻은 꼭 같다. 그런 경우에 지능선에서 멈추어져 있을 때보다 환경의 변화가 복잡하게 나타나 있다고 생각해야 할 것이다.

■ 감정으로 인한 사고로 오는 실패의 상

　중지와 닿은 부분으로 향하여 올라간 운명선이, 그 끝 부분에서 가늘게 되어 감정선에서 끊어져 있거나 멈추어져 있는 상이 있다.(그림 20 참조)

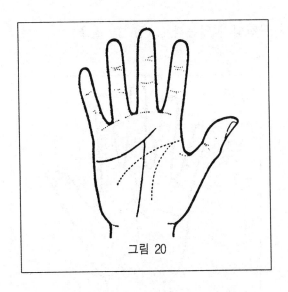

그림 20

이것은 자기의 감정 때문에 실패해서 운세에 변화가 생기는
뜻을 나타내고 있다. 이것도 먼저의 상과 같이 자기가 스스로,
초래하는 실패로서, 감정 때문에 오는 것이다. 젊은 사람은 이
성과의 애정 문제에 의한 감정적 파탄, 중년이나 노인은 가정
문제로 인한 고민 그리고 일에 있어서는 상사와의 감정적인 대
립을 뜻하고 있다.

■ 운세에 고통이 많은 상

가운뎃손가락으로 향하여 올라가는 운명선이 나타나 있어도,
여러 조각으로 되어 있거나 쇠사슬 모양으로 되어 있고, 매우
약하게 보이는 선이 있는 상은, 그 사람이 대단히 고생이 많은
운세를 지니고 있음을 보여 준다. 환경에 변화가 많으며 직업이

나 가정이 안정되지 않는다.(그림 21 참조)

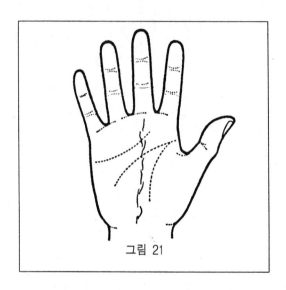

그림 21

※ 이러한 운명선이라면 오히려 없는 편이 나으며 3대 주요선의 상
   이 좋은 편이 좋은 운세를 만난다.
※ 살이 부드러운 손이나 예술형·공상형의 손에는 이러한 선이 나
   타나기 쉬우므로, 딴 선(태양선·희망선·지능선)을 충분히 본
   후 결론을 내려야 한다.

■ 쇠운의 상

운명선으로부터 밑으로 향하고 있는 가느다란 지선이 나와 있
는 상은, 그 운명선의 의미를 약하게 하는 것이다. 즉, 운세가
내리받이 고개가 되는 것을 나타내고 있다.(그림 22 참조)
이 운명선에 아래로 향한 지선이 나타났을 때부터, 왠지 모르

게 일이나 가정에 관련된 문제가 잘 돼 나가지 않게 되고, 여러 가지 문제가 잘 일어났다.

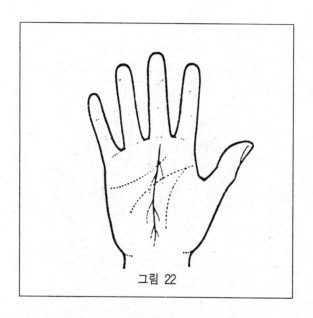

그림 22

※ 이런 상일 때는 이러한 운기(運氣) 쇠퇴의 원인이 무엇인지, 딴 선을 보고 잘 확인하지 않으면 안된다.

▣ 실패하는 상

약손가락으로 향하여 올라가는 태양선이 크게 끊어져 있든지 장해선에 의하여 끊어져 있을 때는, 그 사람이 실패하며 운기(運氣)에 변화가 생기는 것을 뜻하고 있다.(그림 23 참조)

※ 이런 상일 경우, 그 끊어진 자리가 크면 흉(凶)의 암시도 크며, 장해선이 강력하면 그 해도 크다는 것을 나타내고 있다.

※ 끊어진 자리 위로 올라가는 선, 장해선의 위로 올라가는 선이 좋은 상이거나 강력한 선이면, 그가 사람의 운기 원상대로 되돌아가는 것을 나타내고 있다.

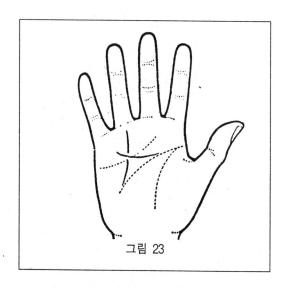

그림 23

■ 운기(運氣)에 장해가 있는 상

운명선을 가로지르는 가느다란 지선이나 끊어진 자리는, 그 사람의 일시적인 장해를 나타내고 있다. 그리고 운기의 정체와 생활상의 손실을 나타내고 있다.(그림 24) 또 운명선 위에 나타나는 반점은 병이나 체력 소모에 의한 배실을 나타내고 있다.

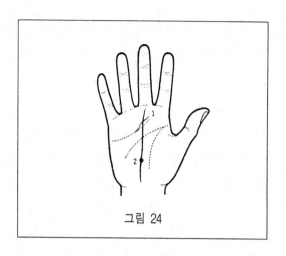

그림 24

◈ 명성운(名聲運)의 판단법

명성운이란 그 사람의 사회적인 인기와 신용, 대인 관계에 있어서의 인간적인 매력의 유무와, 그 교제 관계의 길흉을 가리킨다. 이 명성운을 보기 위하여 손의 형태와, 손가락의 발달 상태와, 언덕(丘)의 살이 붙은 상태를 잊으면 옳은 판단을 할 수 없다. 선만으로 판단하기는 도저히 무리이다.

우선 첫째로, 손의 형태가 중요시되지만, 그런 경우에 어떠한 손의 형태를 가진 사람이, 어떠한 직업에 종사하고 있는가 하는 것에 의하여 이 명성운의 판단이 달라진다. 즉, 이 명성운에 있어서는 적합한 직업이라는 문제와 많은 관련이 있다. 대체로 앞에서 말한 손의 형태에 적합한 직업에 종사하고 있는 사람은 명성운이 있다고 할 수 있다. 예술형의 사람은 예술적 방면에서, 철학형의 사람은 과학자나 학문적 방면에서, 실행형과 활동형의 사람은 실업 방면에서 명성을 얻을 가능성이 있다.

○ 손가락은 집게손가락, 약손가락, 엄지손가락의 상이 반드시 좋아야 하며, 손가락에 흠이 없을 것 등이 명성을 얻는 조건이다.

○ 언덕(丘)에 살이 붙은 상태는, 첫째 약손가락과 닿은 부분인 태양구(太陽丘)와, 엄지손가락과 닿은 부분인 금성구(金星丘)와, 집게손가락과 닿은 부분인 목성구(木星丘)의 양상(良相)과 적당한 발달이 명성운의 조건이다.

위에서 대체적인 포인트를 파악하고, 다음으로 손바닥의 세밀한 부분을 보아 나간다.

○ 손바닥의 색깔·선의 색깔 ― 이것은 운세를 보는데 매우 중요하다.

○ 감정선 ― 이것은 그 사람의 신용과 인기의 기본이 되는 대인 관계가 어떠한 영향을 받는가 하는 점을 본다.

○ 운명선 ― 이것은 그 사람의 명성운이 어느 정도의 운기(運氣)의 영향을 받고 있는가 하는 점을 본다.

○ 태양선 ― 이것은 그 사람의 명성운을 보는 중요한 선이다.

○ 희망선 ― 이것은 그 사람의 태양선의 보충적으로 보기 위한 것이다. 그러나 주로 사회적 명성운, 사업상의 신용 등으로써 명성에는 별로 사용하지 않는다.

위에서 말한 점을 종합적으로 보아, 그 사람의 명성운의 상태를 판단해 나간다.

■ 인기가 있는 상

운명선은 대개 손목의 윗부분으로부터 출발하여 가운뎃손가락과 닿은 부분(토성구)으로 올라가 있다. 그런데 이 운명선이 시작된 곳이 월구(月丘) 부근(새끼손가락의 제일 밑의 부분)으로부터 생겨서 가운뎃손가락과 닿은 부분으로 향해 가는 상이 있다.(그림 25 참조)

이런 손을 가진 사람은, 제3자로부터 여러 가지 도움을 받아서 명성을 얻는다는 것을 나타내고 있다. 이 상은 약간 공상적이지만 로맨틱한 성격 때문에 모든 사람으로부터 사랑받고, 남으로부터 정신적·물질적 도움을 받고 대성하는 사람이다. 사업가나 직장인은 상사(上司)의 도움을 받으며, 자유업에 종사하는 사람은 많은 사람으로부터 큰 인기를 얻는다.

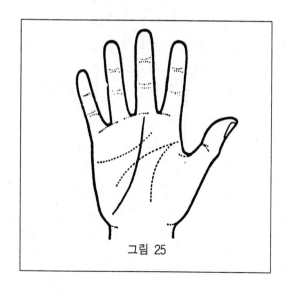

그림 25

※ 이 상은 반드시 지능성이 양상(良相)이어야 한다는 것이 조건이
  다. 만일 지능선이 극단적으로 길고 월구(月丘) 쪽으로 뻗은 상
  은, 가령 운명선이 이런 상일지라도 앞에 말한 바와 같은 판단
  은 하지 않는다.
※ 손의 형태가 공상형인 사람은 이 판단을 상당히 에누리해서 보
  지 않으면 안 된다.

▣ 명성이 오르는 상

태양선이 힘차게 올라가 있으며, 길게 월구(月丘)로부터 약손
가락과 닿은 부분(태양구)으로 올라가 있는 상은, 화려한 인기
와 명성이 따르는 성공을 나타내고 있다.(그림 26 참조)

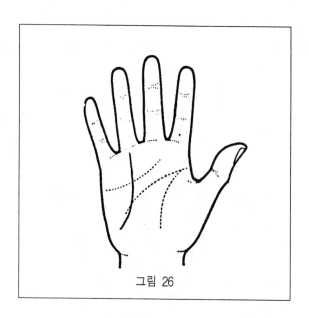

그림 26

이런 사람은 정신적으로나 물질적으로 혜택을 받을 좋은 운으로서, 자유업에 종사하면 남보다 앞서서 크게 활약할 수 있다.

※ 만약 이런 상으로서 운명선이 좋으면 크게 발전 할 것이다.
※ 이런 상일 경우 생명선과 금성구(金星丘)에 주목하여, 이 인기를 유지할 수 있는 체력이 있는지 없는지를 알아내지 않으면 안 된다.

▣ 권위를 얻는 상

태양선이 힘차게 뚜렷이 나타나서, 그 도중에서 갈라진 지선이 집게손가락 쪽으로 향해 가는 상이 있다. 별로 볼 수 없지만 가끔 있는 대길(大吉)의 상이다.(그림 27 참조)

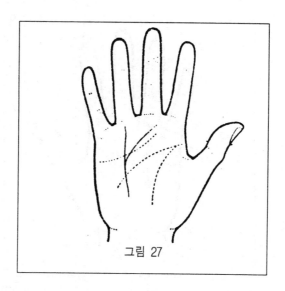

그림 27

이런 상은 운세가 대단히 좋은 것을 나타내고 있다.

사회적으로 크게 신용을 얻고, 그 위에 지배력도 있으므로 권위를 얻을 수 있는 대길상(大吉祥)의 상으로서, 부와 명성과 권위의 3자를 한 손에 잡을 수 있는 운세가 강한 사람이다.

■ 일시에 명성이 오르는 상

태양선의 위 또는 끝의 부분에 별 모양의 기호가 나타나는 수가 있다. 앞에서 말한 바와 같이 보통 별 모양의 기호는 흉변(凶變), 파멸 등의 돌발적인 흉사(凶事)를 나타내는 것이지만, 이 태양선의 위 또는 끝 부분, 또는 약손가락과 닿은 부분(太陽丘)에 나타나는 경우에 한하여 좋은 뜻으로 해석한다.(그림 28 참조)

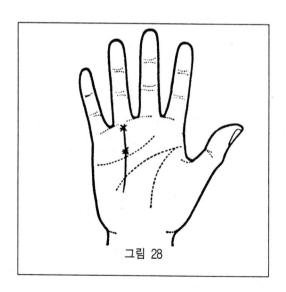

그림 28

이 별 모양은 매우 좋은 의미로서 운세가 일시에 좋아지는 것을 나타내고 있다. 상인이면 신용을 얻어서 크게 발전하며, 샐러리맨이면 상사의 도움으로 승진이 있으며, 동시에 아랫사람도 따른다. 또 자유업에 종사하는 사람은 한 번에 인기가 오르며, 대중의 인기를 독차지한다.

◼ 지배욕이 강한 상

지능선은 대개 집게손가락의 아랫부분으로부터 생명선과 함께, 또는 조금 떨어진 곳에서 출발하고 있다. 그런데 이 지능선이 집게손가락과 닿은 부분인 목성구(木星丘)로부터 출발하고 있는 상이 있다. 이 상은 출발점인 목성구의 의미를 강화시키는 것이다.(그림 29 참조)

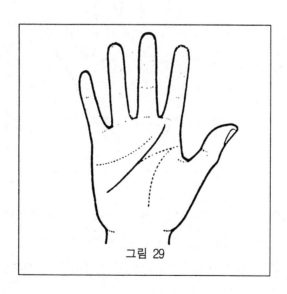

그림 29

이런 사람은 지배욕이 대단히 강하며 향상심이 풍부한 사람으로서 명성을 얻으려고 정력적으로 활동하는 타입이다. 만약 이선이 흐트러져 있지 않고, 출발한 부분(木星丘)를 가로지르는 장해선이 없으면, 많은 사람들을 지배해 나갈 수 있는 사람으로서, 크게 성공한 것을 나타내고 있다. 이런 상을 가진 사람의 직업은 정치가·실업가가 적합하다.

■ 대중으로부터 명성을 얻는 상

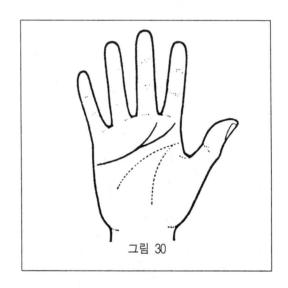

그림 30

감정선이 집게손가락과 가운뎃손가락 사이에서 갈라지고, 한 가닥의 지선은 가운뎃손가락과 집게손가락 사이로 뻗어나가고 있으며, 또 한 가닥은 집게손가락과 닿은 부분 쪽으로 향해 있는 상이 있다.(그림 30 참조)

이런 상은 진실성이 있는 사람으로서, 성실하고 명랑한 성격과 청순한 애정을 가졌기 때문에 누구나 좋아하는 타입이다. 상사의 도움을 받을 수 있으며, 아랫사람이 따르고 모든 사람으로부터 사랑 받아 명성을 얻을 수 있다.

■ 정신적 활동으로 명성을 얻는 상

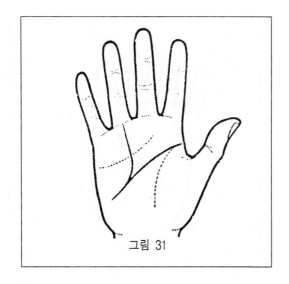

그림 31

태양선이 지능선으로부터 출발하여 힘차게 그리고, 분명하게 약손가락으로 향하고 있는 상은, 그 사람의 명석한 두뇌로 말미암아 성공해서 명성을 얻게 된다는 것을 나타내고 있다(그림 31 참조)

이런 상을 가진 사람은 대개 중년부터 명성을 떨치고 대성하는 암시로서, 특히 문학·예술·예능 방면에서 크게 명성을 떨칠 것을 나타내고 있다.

▣ 명성욕 때문에 실패하는 상

지능선으로부터 갈라진 가느다란 지선이 집게손가락과 닿은 부분(목성구)으로 올라가 있는 상은 그 사람이 권력이나 지배욕·명성에 보통 사람보다 강하게 집착하고 있다는 것을 나타내고 있다.(그림 32 참조)

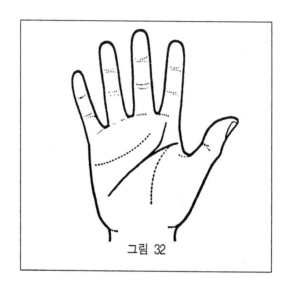

그림 32

이런 상을 지닌 사람은 남에게 잘 보이고 싶어하며, 약간 남을 깔보는 거만한 성격의 소유자이다. 그러나 이런 자기의 소원을 이루기 위하여 노력을 아끼지 않고 일하기 때문에 일단 성공하지만, 아무래도 남의 미움을 받거나 때로는 불상사가 생겨서 또 실패하거나 하기 쉽다.

■ 인기가 불안전한 상

태양선이 여러 조각으로 되어 있거나 쇠사슬 모양으로 되어
아주 약하게 나와 있는 상은, 그 사람의 지위나 환경이 가끔 변
화하는 일로 해서 인기나 신용이 일정하지 않은 것을 나타내고
있다.(그림 33 참조)

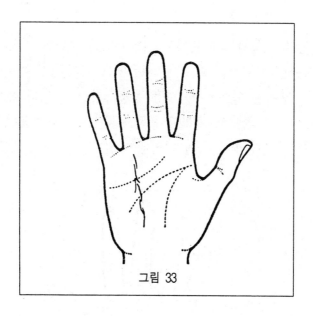

그림 33

이런 상을 가진 사람은 기복이 심하여, 항상 안정되지 않은
생활을 하기 쉽다. 특히 그 사람의 명성적인 면, 즉 인기나 사
회적 신용 상태가 좋지 않다.

※ 이런 상이 있어도 운명선과 지능선과 감정선이 좋으면, 단지 남
　과의 관계에 있어서만 운세가 흉하며, 그 사람의 운기(運氣)의

대세에는 그다지 영향이 없다고 할 수 있다.

※ 반대로 운명선도, 지능선도, 감정선도 나쁜 상으로서 이 상을 지니고 있으면 나쁜 것이 확정적이다.

※ 다만 이 태양선은 딴 선에 비하여 대단히 변화하기 쉬운 것이 특정이므로, 이 선이 가령 여러 조각으로 돼 있어도, 그 변화에 주의하지 않으면 안 된다. 이 여러 조각의 선이 똑바로 되거나 짧아도 힘차게 뻗어 나오게 되면 그 좋은 점이 회복되었다고 본다.

▣ 명성이 떨어지는 상

태양선이 손목의 윗부분에서 시작하여 지능선까지 와서 멈추어 버리는 상이 있다. 이 상은 처음에는 화려한 인기와 명성을 얻고, 또 신용을 얻어서 한 때는 성공하지만, 자기의 예상이 어긋나거나 판단 착오로 말미암아 사고 때문에 그 성공이 허물어져서 명성이 떨어지는 것을 나타내고 있다.(그림 34 참조)

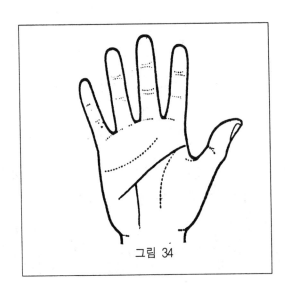

그림 34

※ 이런 상일 경우는 만일 운명선이 아주 좋은 상이면 전과 같은 명성이 없을 뿐이며, 내리받이라고는 판단하지 않는다.

※ 동시에 희망선이나 운명선의 상이 좋고 희망선의 색깔이 좋은 경우는 내리받이의 인기라고는 보지 않는다.

※ 지능선까지 와서 끊어진 태양선이 다시 나타나 있을 경우에는 자유나 인기나 명성이 회복한다는 것을 나타내고 있다. 그러나 그런 경우에 반드시 나타난 태양선(즉 윗부분의 태양선)이 멈추고 있는 태양선(즉 아랫부분의 태양선)보다 좋은 상이 아니면 그렇게 말할 수 없다. 아주 약하게 보이는 선이나, 여러 조각의 가느다란 선이 뻗어 있어도 인기가 회복된다고 보지 않으므로 주의가 필요하다.

■ 심로(心勞)가 많은 상

태양선의 위에 나타나는 십자형의 기호는 어디에 나타나도 그 사람의 명예나 지위·신용·인기 등에 일시적인 장해가 생겨서 고민하게 되는 것을 뜻한다.(그림 35 참조)

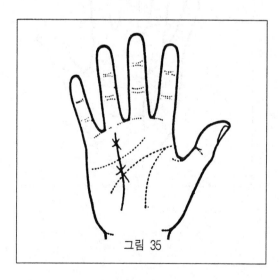

그림 35

인기 직업인에게 이 상이 나타나면 스캔들로 말미암아 명성이
나 인기가 떨어지게 된다.

▣ 인기가 떨어지는 상

태양선을 가로지르는 상은 어디에 나타나도 나쁜 뜻을 나타낸
다. 그 장해선이 굵으면 굵을수록, 길면 길수록 그 사람의 명성이나
신용이 크게 떨어지며, 불행을 나타내고 있다.(그림 36 참조)
특히 이 태양선을 가로지르는 선이 생명선의 안쪽(금성구)에서
온 선에 가까이 있을 때는 제3자에 의한 파멸을 나타내고 있다.

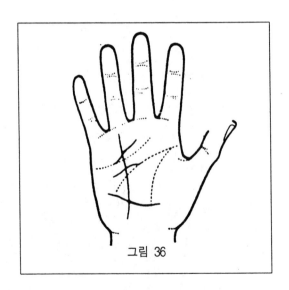

그림 36

■ 신용이 낮아지는 상

태양선 위에 나타나는 섬 모양의 기호는 매우 나쁜 뜻을 나타낸다. 곤란·실패·불안 등의 뜻을 지닌 섬 모양의 기호가 태양선에 나타나는 경우는 그 사람의 운세는 막혀 있으며, 인기나 신용·명성이 낮아진다.(그림 37 참조)

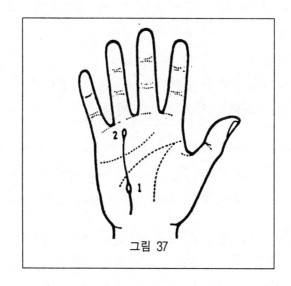

그림 37

태양선의 도중에 나타나는 섬 모양의 기호는 곤란한 사태를 만나서 운세가 쇠퇴하는 것을 나타내고 있지만, 그 섬 모양의 기호 앞에 뻗어 나가는 선이 뚜렷하고, 힘차게 위로 나와 있으면 얼마 안 가서 명성이 회복되는 것을 가리키고 있다.(그림 37-1참고)

이와는 반대로 이 태양선이 섬 모양이 있는 곳에서 멈추고 있거나, 태양선의 끝에 섬 모양이 나타나든지 하는 상은 그 쇠운 이전의 상태로 되돌아가지 않는 것을 나타내고 있다.(그림 37-2참조)

◈ 금전운의 판단법

수상에 의하여 그 사람의 물질운을 알려면 손의 형태, 엄지손가락의 상태, 언덕(丘 : 살이 붙은 상태)의 발달 상태, 그리고 손바닥에 나타나는 여러 가지 선을 보아야 한다. 선만으로 금전운의 유무를 보려고 하는 것은 무리이며 어디까지나 종합적으로 대체적인 물질운의 유무의 경향을 판단하고, 그 다음에 선을 보지 않으면 옳은 판단을 할 수 없다.

손의 형태로 말하면 실행형과 예술형·활동형의 세 가지 타입은 물질운의 혜택을 입는 경향이 있다.

○ 엄지손가락은 굵고 크며 힘이 센 상을 가진 사람은 금전운이 있는 사람이지만, 흠이 있거나 굽었거나 하면 금전의 출입이 심하며 마지막에는 남는 것이 없게 된다.

○ 언덕(丘)의 발달 상태는 금전운에 매우 관계가 많다. 아무리 좋은 선이 있더라도 손바닥의 언덕이 들어갔거나, 색깔이 나쁘거나 한 경우는 일시적으로는 금전이 들어와도, 또 금새 나가버려 가지고 있을 수가 없다.

○ 언덕(丘)에서 가장 주의하는 곳은 엄지손가락과 닿은 부분(금성구), 약지와 닿은 부분(太陽丘), 새끼손가락과 닿은 부분(수성구) 등이며 이 부분의 살이 붙은 상태가 좋은 상, 색깔이 좋은 상은 금전운이 있는 사람이다.

다음으로 중요시하는 점은 다음과 같다.

○ 언덕(丘)과 선의 색깔 — 이것은 힘찬 모양을 보기 위한 것이다.

○ 운명선 — 이것은 그 사람의 운명의 상태와 물질운과의 관계를 보기 위한 것이며, 특히 지선(支線)과 그 방향을 중요시한다.

○ 태양선 — 인기나 명성과는 별도로 운명선에 대한 보조 작용의 정도를 본다.

○ 희망선 — 태양선과 같다.

○ 지능선 — 이것은 금전을 벌어들이는 원동력이 되는, 그 재능 상태를 보기 위한 중요한 근거가 되는 것이다.

앞의 것 이외에 그 사람의 운 자체가 조화를 이루고 있는지 어떤지에 따라 물질운의 유무를 보기 위하여 3대 주요선(생명선·지능선·감정선)을 2차적으로 본다.

■ 재운(財運)이 있는 상

운명선이 힘차게, 그리고 뚜렷이 나타나 있고 가운뎃손가락으로 향하여 올라가고, 손바닥의 한복판 근처에서 그 운명선으로부터 갈라진 지선이 힘차게 태양구로 올라간 상이 있다. 이것은 매우 물질운이 강한 사람이다.(그림 38 참조)

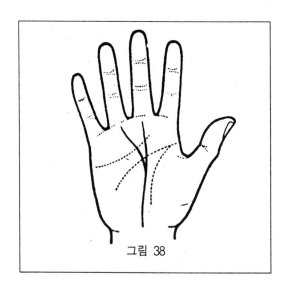

그림 38

이 상은 하는 일이 모두 성공으로 이어져서, 재물이 재물을 낳는다고 하는 순조로운 발전을 이루는 사람으로서, 실업계나 예능계에서 부와 명성을 함께 얻는 상이다.

이런 상을 지닌 사람으로서 손의 형태가 근로형이나 실행형이나 활동형의 사람이면 그 물질의 정도도 한층 커진다.

※ 이런 상일 때는 금성구의 색깔의 상태, 살이 붙은 상태에 따라, 그 얻은 재산이 영구적으로 보존할 수 있는지 어떤지를 판단한다.

■ 상재(商材)가 뛰어난 상

운명선이 가운뎃손가락과 닿은 부분으로 향하여 똑바로 올라가서 손바닥의 중앙보다 약간 아랫부분 근처에서 갈라진 선이 새끼손가락과 닿은 부분(수성구)으로 향하여 힘차게 올라가는 상이 있다(그림 39 참조).

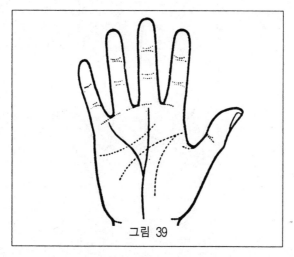

그림 39

이런 상은 뛰어난 상재를 타고나서 기회를 보는 데
재빠르며 앞을 내다볼 줄 알기 때문에 사업이나 장사
등에서 성공하며, 재산을 모을 수 있다.

※ 이런 상을 가졌어도 손의 형태가 예술형이나 공상형·철학형의 사람
   일 때는 물질보다는 그 뛰어난 두뇌의 기획력으로 말미암은 성과
   에 의하여 명성을 얻는다고 말할 수 있다.

■ 재운(財運)이 강한 상

생명선의 도중에서 위로 향하고 있는 지선(支線)으로서, 그
지선이 가운뎃손가락과 닿은 부분(토성구)으로 향하는 상이 있
는데, 이것은 대단히 행운의 혜택을 받는 상으로서 재산을 상당
히 모을 수 있는 사람이다. 만약 이 상으로서 약손가락과 닿은
부분(태양구)에 좋은 상의 태양선이 나와 있으면 한층 더 재운
이 있음을 가리키고 있다(그림 40 참조).

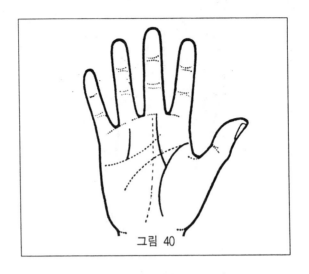

그림 40

※ 대체로 가운뎃손가락으로 향하여 올라간 선은 운명선이라고 하는
   데, 여기서 말하는 선은 운명선과는 구별해서 본 것이 좋은 선
   이다. 여기서는, 사실은 손목의 윗부분으로부터 가운뎃손가락으
   로 향해서 올라간 운명선이 있고, 그것과는 별도로 생명선으로
   부터 갈라진 지선이 있는 경우를 말하는 것이다.

■ 큰 재물을 얻을 상

　손목의 윗부분 근처의 생명선, 즉 생명선의 말단에 가까
운 부분으로부터 갈라진 지선이 새끼손가락 쪽으로 힘차게
올라가는 상이 있다. 이것은 사업이나 장사 등에서 큰 재산
을 손에 넣으며, 부와 명성을 얻는 것을 나타내고 있다(그림
41 참조).

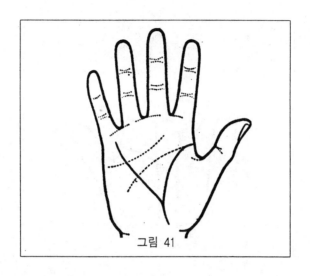

그림 41

이 새끼손가락과 닿은 부분(수성구)이 나타내는 상재(商才) · 과학(科學) · 기지(機知) 등 뛰어난 재능에 의하여 큰 성공을 거두게 되는 것을 가리키고 있다.

■ 투기적인 상재에 의한 재운

지능선이 좋으며 커브를 그리면서 손바닥을 비스듬히 가로질러 월구(月丘) 쪽으로 향해간 상이 있다. 그리고 가운뎃손가락으로 향하는 운명선과 약손가락으로 향하는 태양선이 분명하면 투기적인 재능에 의하여 자기의 운명을 개척하여 큰 재산을 손에 넣는 사람이다(그림 42 참조).

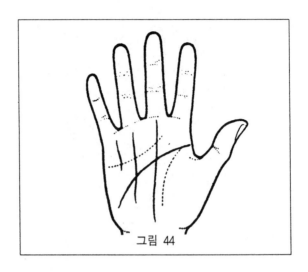

그림 44

※ 이 상을 지니고 그 투기적인 재능에 의하여 얻은 재산을 잘 이용하고, 또한 보존할 수 있는지 어떤지는 언덕(丘)의 상태에 달려 있다.
※ 공상형·철학형·예술형의 손을 가진 사람은 이 상일 때는 한 번이나 두 번은 큰 돈을 손에 넣지만, 유지하기 어려운 암시가 있다. 이 세 가지 손의 형태를 가졌을 경우, 금성구와 태양구와 수성수의 살이 좋지 않으면, 얻은 큰 돈을 곧 잃게 된다.

■ 이재가(理財家)의 상

지능선이 손바닥을 가로지를 경우, 커브를 그리지 않고 비스듬이 똑바로 가다가 그 끝이 새끼손가락의 아랫부분 쪽으로 굽어진 상이 있다(그림 43 참조).

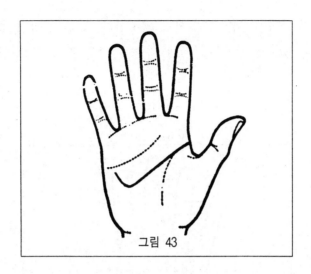

그림 43

　이 상은 매우 경제 관념이 발달해 있으며, 사교성이 있어서 기지(機智)와 민첩한 활동력에 의하여 재산을 모으는 것을 나타내고 있다. 다만 이 상을 가진 사람은 너무나 이재의 면에 치우쳐서 인간적인 정의 면에서는 부족하기 때문에 남으로부터 좋은 말을 못 듣는 경향이 있다.

　※ 이런 상은 지능선의 말단뿐만 아니라 지능선으로부터 갈라진 지선이 이런 상일 때도 그와 같이 말할 수 있다.
　※ 이런 상일 경우, 감정선의 상태에 따라 상당히 이 의미의 좋고 나쁜 것이 달라진다. 즉 감정선이 좋지 않으면 인색한 사람이라고 남들이 싫어하게 된다.

▣ 물질운이 강한 상

　지능선에서 갈라진 지선이 약손가락과 닿은 부분(태양구)으로 향하여 올라가는 상은 태양선의 일종이다. 이런 상이 있고 새끼손가락과 닿은 부분(수성구)에 바늘을 세운 것과 같은 힘차 선이 있으면 그 뛰어난 지혜로 말미암아 큰 재산을 이룩하는 것을 나타내고 있다(그림 44 참조).

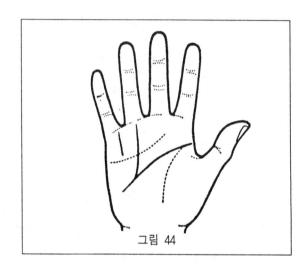

그림 44

※ 이 상은 반드시 새끼손가락 밑의 가느다란 선이 위세가 없으면 안된다. 길이에는 별로 관계가 없으며 힘있는 선이라야만 된다는 것이 조건이다.

■ 실업 방면에서 성공하는 상

태양선이 손목의 윗부분, 또는 손바닥의 한복판에서 나와 약손가락으로 올라간 상으로, 그곳에서 갈라진 새끼손가락과 닿은 부분(수성구)으로 향하는 선이 있다(그림 45 참조).

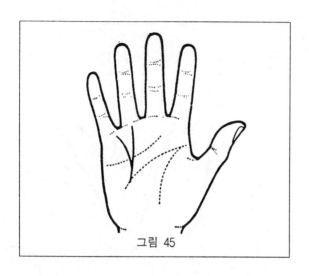

그림 45

　이런 사람은 수성구가 좋은 의미를 강하게 하며, 그 때문에 명성과 부를 손에 넣을 수 있다. 주로 상업·사업 방면으로 발전할 수 있다. 그 눈치 빠른 실행력과 대중으로부터 신용과 인기를 얻는 기지(機智)가 이런 사람을 성공시키는 원인이 된다.

■ 육친의 원조로 큰 돈을 잡는 상

　운명선은 대개 손목의 윗부분, 즉 손바닥의 한복판으로부터 위로 올라가는 것이 보통이다. 그런데 이 운명선이 생명선과 가까운 부분으로부터 가운뎃손가락을 향하여 뻗어 있으며, 태양선도 운명선과 가까운 부분으로부터 뻗어나간 상이 있다(그림 46 참조).

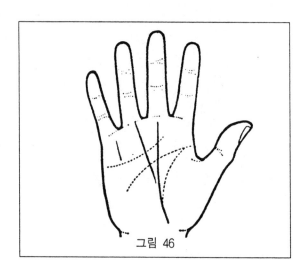

그림 46

이것은 육친의 혜택에 의한 물질운이 있는 것을 가리킨다. 즉 부모의 유산이나 처의 재산, 형제나 친척 등의 원조에 의하여 큰 돈을 잡을 수 있는 사람이다.

  ※ 남자가 이런 상을 가지고 있고, 그밖에 집게손가락과 약손가락 밑의 관절 부분에 옆으로 반달형의 호(弧)를 그리는 물결 모양의 선이 있으면 상당한 재산이 친척으로부터 들어오는 것을 가리킨다.

■ 돈에 집착하는 상

지능선이 손바닥을 가로로 커브를 그리며 뻗어나가는 것이 보통이지만, 그런 상이 아니고 손바닥의 한복판 부근에서 약손가락 쪽으로 끝이 올라가 감정선을 끊고 있는 상이 있다. 이것은 돈에 대단히 집착하는 성격의 사람이다(그림 47 참조).

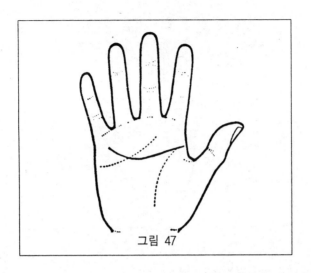

그림 47

이 상은 사물에 대한 생각이 난폭한 동시에 모든 면에서 자기 본위의 행동을 취하기 때문에 남을 희생하면서 돈을 버는 사람이다.

※ 이 상은 웬만큼 딴 선(감정선·운명선·태양선)이 좋은 상이 아니면 파탄을 초래한다.

■ 물질욕이 강한 사람

지능선이 극단적으로 짧고 가운뎃손가락과 닿은 부분에서 끝나고 있는 상이 있다. 이 상은 대체로 짧고 일직선으로 되어 있다(그림 48 참조).

이 상은 사물을 생각하는 데 있어서 한쪽으로 치우치는 면이 있으며, 공상력이나 상상력·이해력이 없고 단순한 사고 방식을 취하는 사람이다. 그 때문에 너무 물질적이며, 모든 일을 돈으로 계산하는 인간미가 없는 성격을 지닌 사람이다.

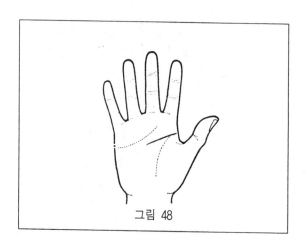

그림 48

■ 욕망에 사로잡힌 상

감정선이 새끼손가락과 닿은 부분으로부터 출발하지 않고 새끼손가락의 바로 밑의 부분으로부터 집게손가락과 닿은 부분으로 호(弧)를 그리며 뻗어나간 상이 있다. 이것은 극단적으로 물질욕에 사로잡힌 성격의 소유자이다(그림 49 참조)

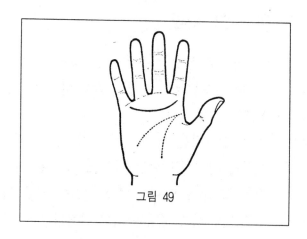

그림 49

장사나 사업 등에는 재능을 발휘하여 큰 재산을 얻을 수
있으나, 가정 생활이나 대인 관계에 있어서의 원만하지 못하
다. 이 상은 물질을 위해서 모든 일을 희생시키는 극단적인
사람이다.

※ 이 상을 지닌 사람은 어지간히 지능선이 좋지 않으면 그 성공이
　　오래 지속되지 않는다.

※ 또 이 상은 태양선의 빛깔과 운명선의 장해선에 주의해서 보지
　　않으면 안된다.

■ 손실이 있는 상

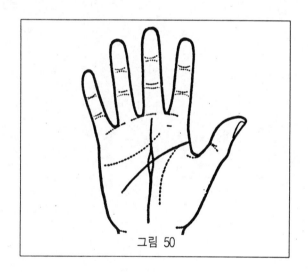

그림 50

운명선과 지능선이 교차된 부분에 섬 모양이 나타나 있는 상은
그 사람이 예기치 않는 손실을 초래하는 것을 뜻한다. 만약
이 섬 모양이 있는 곳에서 운명선이 사라져 있으면 그 손실

때문에 원래 상태로 되돌아갈 수 없다는 것을 뜻한다(그림 50 참조).

   ※ 이 섬 모양이 있을 경우에 새끼손가락의 아래 부분(수성구)의 빛깔을 반드시 보지 않으면 안된다. 이 곳의 빛깔이 나쁘지 않을 때는 금전상의 손실보다는 운세상의 결함이나 장해를 나타내고 있다고 보아야 한다.

   ※ 섬 모양이 잘 나오는 사람과 잘 나오지 않는 사람이 있으므로 빨리 그것을 분간하도록 해야 한다.

수상(手相)과 결혼(結婚)

결혼은 남성에게나 여성에게나 인생의 일대 변화다. 이 대사 (大事)를 수상으로 보기 위해서는 역시 결혼선만으로는 절대 안 된다. 이 결혼에 대해서는 손의 형태나 언덕(丘)의 상태에 따라 결혼의 대체적인 경향을 알아내고 다음에 자세히 보는 수단으로 서 결혼선·운명선 그리고 그러한 것들의 빛깔을 주로 본다.

손의 형태는 그 사람의 본질적인 것이므로 그 사람의 성격이 나 결혼에 있어서의 궁합면을 보는 데 주목한다. 즉,

○ 되도록이면 남녀 다 손의 형태가 다른 사람을 선택해야 한다. 같은 손의 형태의 다른 사람은 좋은 면과 나쁜 면이 양극단 으로 나오기 쉽게 짜여지므로 될 수 있으면 피해야 한다.

○ 언덕도 그 사람의 장점과 결점이나 경향을 알기 위해 본다. 되도록이면 그 언덕의 장점을 발전시키고 결점을 억제할 수 있는 언덕(丘)을 지닌 이성과 맺어지도록 해야 한다.

○ 결혼선 - 그 사람의 이성과의 관계 일체를 보기 위하여 주목한다.

○ 감정선 - 그 사람의 애정면과 이성운을 본다.

○ 생명선 - 이성과의 교제 관계의 변화, 결혼·연애에 대한 행동면에 대한 행동면의 작용이 나타난다.

이상과 같은 점을 종합적으로 보아서 결혼의 좋고 나쁨을 본 다. 앞에서 말한 바와 같이 금성대(金星帶)와 이 결혼선 보는

법이 수상술에서는 대단히 어려운 것으로 되어 있기 때문에 결혼선만으로는 쉽사리 옳은 판단을 할 수 없다.

그리고 옛날과는 달라서 이혼이라는 것을 그다지 죄악시하지 않게 되어서인지, 이별이라는 형태가 수상에 있어서도 그다지 분명히 나오기 어렵게 된 것 같다.

▣ 훌륭한 결혼의 상

결혼선이 위쪽을 향해서 약지쪽으로 올라가 그 말단에 별모양의 기호가 나타나 있는 상은 대단히 훌륭한 결혼을 하는 상이다. 좋은 남편 좋은 아내를 얻어 행복한 가정을 이룰 수 있다. (그림 1 참조)

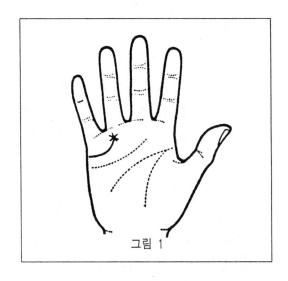

그림 1

※ 운명선과 태양선의 상태에 따라 그 행운의 정도를 잴 수

있다. 여성은 대체로 귀인이나 부자에게 시집간다고 말할
수 있다.

■ 축복받은 결혼의 상

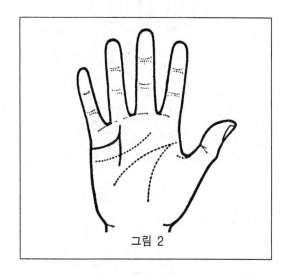

그림 2

결혼선이 분명히 나타나 있으며, 그 끝이 굽어들어 태양선에
들어가 있는 상은, 축복 받은 좋은 연분에 의하여 좋은 가정을
이루는 것을 나타내고 있다.(그림 2 참조)

■ 연분이 좋은 상

결혼선이 깊고 선명하게 나타나 있으며, 좌우의 손에 수평으
로 모양이 좋고 힘차게 뻗친 상은 좋은 연분을 얻어 행복한 가

정을 이룰 수 있다.(그림 3참조)

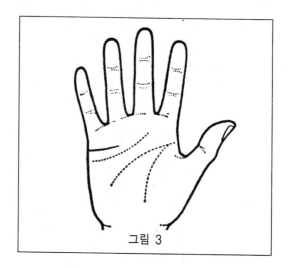

그림 3

■ 만혼의 상

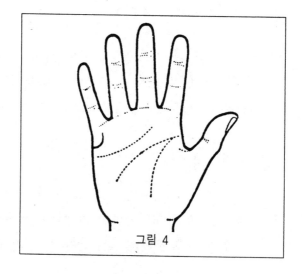

그림 4

결혼선이 짧고 그 끝이 심하게 굽어져서 새끼손가락 쪽을 향하고 있는 상은 결혼을 하지 않던가, 매우 늦게 하든가 둘 중의 하나를 뜻하고 있다.(그림 4 참조)

※ 이 구부러진 끝이 약손가락의 태양선과 만나고 있는 경우는 그렇게 판단하지 않는다. 이러한 상일 때는 좋은 결혼을 하게 되며 정반대로 된다.

※ 결혼선은 짧고 수평으로 나와 있으며 거기서 갈라진 지선이 새끼손가락 쪽 또는 약손가락쪽으로 올라가는 상이 있다. 이 상은 앞의 만혼의 상과 비슷하지만, 뜻은 전혀 다르다. 이 상은 좋은 결혼을 하는 상이다.

■ 방탕한 결혼생활의 상

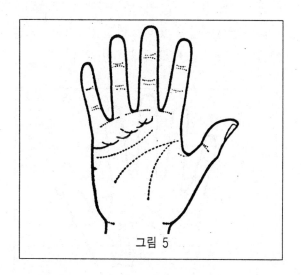

그림 5

금성대(金星帶)가 나타나 있으며, 거기서 번져나가는 선이 결혼선을 가로지르거나 이어지거나 하는 상은, 제멋대로의 생활,

애정 관계에서 방종한 생활을 하는 사람이다. 결혼생활, 특히 성생활 면에서 방탕한 행동을 한다.(그림 5 참조)

   ※ 이 상은 지능선과 감정선이 똑같이 흉상(凶相)을 이루고 있을 경우에만 이렇게 말할 수 있다. 만일 이 두 선이 좋은 일 때는 다소 결혼생활에서 문제가 있는 정도로, 그다지 방종한 생활이라고는 말할 수 없다.
   ※ 이 상은 손이 부드러운 사람, 예술형, 공상형의 사람에게는 나오기 쉬운 상이므로, 이 손의 형태를 지녔을 때는 반드시 지능선과 감정선을 충분히 주의해서 보지 않으면 안된다.

▣ 바람기가 많은 결혼의 상

결혼전에 한 가닥, 또는 두 가닥이 아니라, 가늘고 짧은 선이 무수하게 나타나 있는 상이 있다. 이것은, 미혼, 결혼에 관계없이 이성관계가 문란한 것을 나타내고 있다.(그림 6 참조)

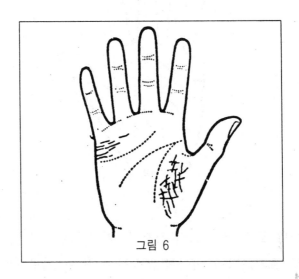

그림 6

※ 이 상도 전과 같아서 반드시 지능선과 감정선을 보지 않으면 안된다. 이런 상일 때는 특히 감정선의 상태에 따라 달라진다.
※ 단지 이 상일 때 금성구의 살이 두텁고 붉은 색깔이며 잔금이 나타나 있으면, 감정선이나 지능선이 좋아도 본능에 져서 바람기가 많은 면이 나타나는 사람이다.

▣ 불행한 결혼의 상

결혼선이 수평으로 모양 좋게 나타나 있어도 도중에서 뚜렷이 끊어져 있으면, 한 때 별거하는 것을 나타낸다. 또는 부부간의 트러블을 나타내고도 있다.(그림 7-1 참조)

결혼선의 도중에 섬 모양이 나타나 있는 상은 불행한 결혼을 나타낸다.

뜻에 맞지 않는 결혼, 성격의 불일치, 배우자의 병약한 체질 등을 나타내고 있다.(그림 7-2 참조)

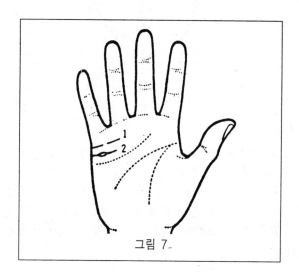

그림 7-

▣ 별거의 상

결혼선의 끝이 두 갈래로 갈라진 상은 여러 가지 원인으로 별거하는 것을 나타내고 있다. 이 두 갈래 중에서 밑의 것이 밑으로 늘어지면 늘어질수록 별거는 오래 가며, 마침내는 이혼하게 되는 일도 있다.(그림 8 참조)

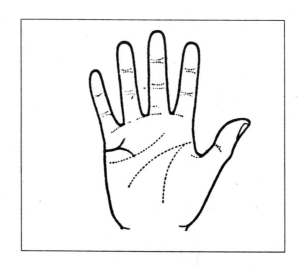

※ 이 상은 반드시 부부 사이가 좋지 않기 때문에만 별거한다고 할 수 없다.

※ 이 상을 지니고 감정선이 흉상(凶相)일 때는 제멋대로 하는 것이 원인이 되어 이혼하게 된다.

※ 감정선이나 지능선이 흉상이 아니고 이 두 갈래의 금이 있으면, 일이나 생활과 관련된 문제로 인한 별거라고 할 수 있다. 그런 경우, 반드시 두 갈래의 결혼선의 빛깔이 나쁘지 않은 것이 조건이다.

▣ 이혼의 상

결혼선으로부터 갈라진 지선이 길게 밑으로 늘어져 감정선이나 지능선을 가로지르고 다시 생명선을 끊고 금성구로 들어 가는 상이 있다.

이것은 여러 가지 원인 때문에 이혼을 하지 않으면 안 되게 되는 것을 나타내고 있다.(그림 9 참조)

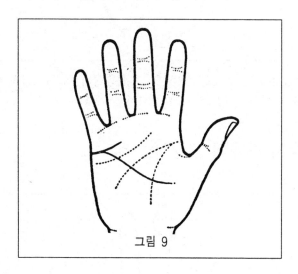

그림 9

▣ 사별(死別)의 상

결혼선은 가로로 나타나는 것이 좋은 상이다. 아래로 향한 것은 흉상(凶相)이다. 아래로 향한 결혼선이 감정선을 잘라버리는 상은 부부의 이별을 나타내며, 그 대부분은 사별(死別)을 뜻하고 있다.(그림 10 참고)

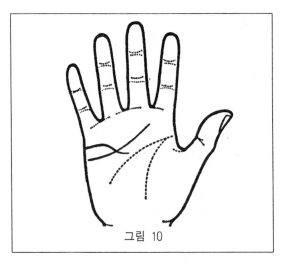

그림 10

※ 이 상일 때는 반드시 생명선이나 운명선에 어떠한 선이 나타나는
것이기 때문에 참고로 보지 않으면 안된다.

■ 배우자 때문에 고생하는 상

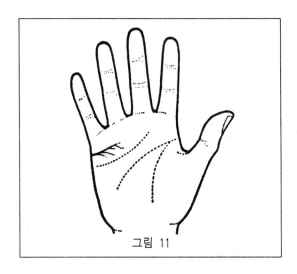

그림 11

결혼선으로부터 많은 아래로 향한 잔지선이 나와 있는 상은, 배우자로 인한 고생이 많으며 별로 축복 받은 결혼 생활이라고는 할 수 없다.(그림 11 참조)

이 고생이란 배우자가 병에 잘 걸리거나 생활능력이 없어서, 물질적으로 고통받거나 하는 상태이다.

※ 이 상을 지녔을 때는, 감정선에 흉상이 있으면 배우자에 한정되지 않고 이성관계로 여러 가지 고생이 있음을 가리키고 있다.

※ 이 잔 지선은 부드러운 손을 가진 사람에게 나타나기 쉬우므로, 반드시 다른 선과 맞춰보아야 한다.

손금에 의한
질병의 자기진단

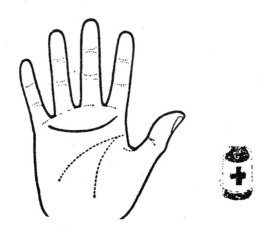

　의학의 시조 히포크라테스는 『자연이 낫게 하고, 의사가 처치한다』고 말했다.
　그러나 상업주의의 대두로 의사에게로 비중이 옮아가서, 의료만능의 현실이 되어 가고 있다. 그러나 잘 듣는 약일수록 부작용도 강하다.
　여기서 손금에 의한 병의 자기 진단법과 무약무도(無藥無刀)의 효과가 뛰어난 대책을 소개한다.

■ 심장병-붉은 빛 도는 손바닥은 심장의 고장

붉은 빛을 띤 손바닥은 심장의 고장이며, 자주빛의 손바닥은 순환기장애이다.

심장병의 경우는 손가락 끝까지 피가 잘 순환하지 않기 때문에 손바닥 끝이 마비되기 쉬우며 그 때문에 감정선이 폭넓게 푸른 빛이 돋아 온다.

감정선이 가닥가닥 흩어지거나, 쇠사슬 모양이나 물결모양이 되는 일도 있다. 생명선의 끝이 가늘게 되고, 젊은 나이에 심근경색 등으로 사망하는 경우에는 생명선의 사망 연령의 부분이 갈라져 있다.

우심비대증은 가정선 아래 전면에 종선(縱線)이 나오며, 감정선과 생명선과의 사이에 몇 개의 접합점이 있는 사람은 심장 기능이 온전하지 못하다. 담배를 너무 많이 피웠거나, 연탄불로 인한 일산화탄소 중독등에 기인하는 심장병은 감정선이 흐트러지고 손바닥 전면에 거무스레하게 흐린 것이 보인다.

새로 생기는 병변은 선보다도 빛깔과 점, 더욱 미묘한 몸과 마음의 변화는 기색(氣色)에 의해서 나타난다.

북을 치는 북채모양이 된 손가락(히포크라테스의 손톱)도 또한 심장병의 유력한 증후인 것이다.

◼ 간장병　　　　　◼ 심장병

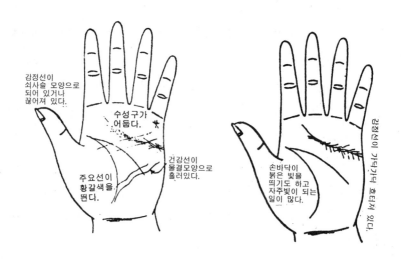

감정선이
쇠사슬 모양으로
되어 있거나
끊어져 있다.

수성구가
어둡다.

건강선이
물결모양으로
흘러있다.

주요선이
황갈색을
띤다.

손바닥이
붉은 빛을
띠기도 하고
자주빛이 되는
일이 많다.

감정선이 가닥가닥 흐트러져 있다.

　감정선이 쇠사슬모양이 되거나 소지(小指) 아래에서 끊어지고, 많은 장애선이 감정선과 교차하여 손톱이 바둑알처럼 둥글고 광택이 나며 건강선이 꾸불꾸불하게 구부러져 있거나 선명하지 못한 것은 간장병을 나타낸다.

　수성구(水星丘)가 어둡고 잡선으로 둘러싸여 있는 것은 담즙성 장애나 황달 등을 나타내며, 주요선(생명선·지능선·감정선)도 황갈색을 띤다.

　또한 손바닥의 빛깔이 고르지 못하며 붉거나 흰빛·자주빛이 색맹 검사표를 열게 한 것처럼 뒤섞여 있는 것은 간장 질환을 나타내는 것이다.

　위장이 나쁘다고 호소하는 사람도 간장에 고장을 일으키고 있

을 때가 있다. 위장이냐 간장이냐의 식별은 위장병을 설명하는
부분에서 말하겠지만, 위하수형인가 담낭형인가를 보면 되며,
담낭형이 간장 장애를 받기 쉬운 것이다.

손으로 볼 때 오른손의 집게손가락이 왼손의 집게손가락보다
도 빛깔이 거무스레하여졌을 경우에는 간장이 나쁘며, 그 반대
의 경우는 위에 장애가 있다.

▨ 당뇨병 – 당뇨병을 말하는 붉은 반점

생명선의 말단이 여행선과 같이 열려 있으며, 월구(月丘) 위
에 단독의 가로지르는 금이 있는 것, 월구나 금성구 위에 밝은
반점이나 그물 모양의 혈관이 보이는 것, 월구가 부풀어오르고
지능선이 옆으로 뻗어 나가게 되는 것 등에 의해서 나타난다.

다리가 약한 것, 수분이나 생야채의 부족, 영양의 과잉에 기
인한다.

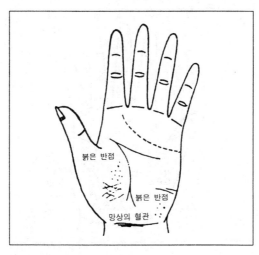

손톱이 독수리의 부리와 같이 구부러지는 것은 체내의 칼슘이 당분에 의해서 빼앗기기 때문이며, 당뇨병성 괴저의 경우는 발가락이 검어지며 손발톱이 빠지는 일이 있다.

■ 위장병 – 쇠사슬 모양의 생명선은 소화기가 약하다

생명선이 물결 모양인 경우에는 순환기 계통이 약하고 쇠사슬 모양인 경우에는 소화기 계통에 약점이 있다.

지능선이 짧고 선명하지 못하며, 건강선이 토막토막인 것은 만성 소화불량이다.

위장병인 사람은 손바닥의 중앙부(火星平原)가 어두운 청색을 지니고 있으나, 이것은 정맥이 불건전해서 긴장하고 있는 것을 나타내며, 장(腸)의 정맥도 부어 있기 때문에 그 기능도 활발하지 못하다는 것을 의미하고 있다.

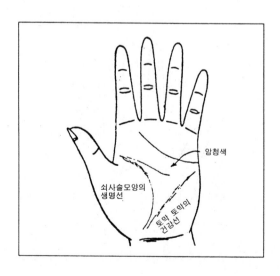

암청색

쇠사슬모양의
생명선

토막 토막의
건강선

제2화성구에서 월구에 걸쳐서 창문살 모양이나 복잡한 선이 나타나면 장의 장애를 가리킨다. 설사를 하면 타격연(打擊緣)이나 월구의 살이 빠져서 둥근 모양이 없어진다. 위가 탈난 사람은 손가락이 새끼손가락 쪽으로 구부러지는 것이다.

손바닥의 피부가 말라 있는 것은 수분의 부족이며, 위암은 손가락의 빛깔이 검푸르게 되어 있거나 누렇게 되기도 하고, 독특한 광택이 나기도 한다. 깡마른 깡깡한 손은 소화기 계통이 불건전한 것을 나타내는 것이다.

생명선을 따라서 그 안쪽이 푸른빛이 도는 것은 오른손이면 회맹부(회장·맹장의 주변 부위), 왼손이면 결장(結腸)에 숙변이 있다는 것이며 그 비율은 3대 7이다.

그리고 오른손에 나타나는 숙변 정체(停滯)는 위나 췌장·비장에, 왼손에 나타나는 것은 간장이나 담낭에 장애를 끼친다.

위하수인 사람은 앞뒤로 얇고 가늘고 긴 얼굴이며, 손도 가늘고 길다. 담낭염이나 담석증인 사람은 폭이 넓고 실팍진 얼굴에 손의 폭도 넓고 손가락도 짧은 사람에 많다.

■ 신장병과 방광 질환—목욕한 후 손에 주름이 생기는 것은 부어 있다는 증거

가운뎃손가락이 부어 있고 토성구가 빈약한 것, 금성구에서 월구로 향해서 생기는 여행선 비슷한 하수선(下垂線), 방종선(放縱線), 월구 아래에 교차한 종횡의 선이 있는 것 등에 의해서 나타나는 것이다.

제2화성구가 풍만한 것은 투쟁적인 사람이고 이것이 풍만한 사람은 웅변가라고 하지만 실은 가벼운 신장병으로 부어 있는 것이며 목구멍에 물기가 고여 있어서 목이 쉬지 않기 때문인 것이다.

참고로 말하면 턱이 빠진 사람은 위병, 얼굴 윤곽의 아래쪽이 살찐 사람은 신장병의 경향이 있다. 전자는 소금 부족, 후자는 소금 과잉인 것이다.

다섯 손가락을 가지런히 하였을 때 손가락 사이에 빈틈이 생기는 사람은 약간 마른 편이지만 손가락이나 손바닥이 부어 있는 것도 좋지 못하다. 목욕하고 나면 손에 주름이 생기는 사람은 부어 있으며, 신장에 지나친 부담이 걸려 있는 것을 나타내고 있다.

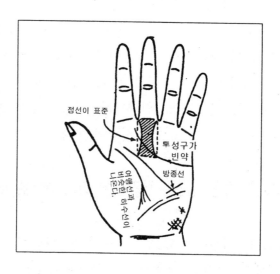

엎드려서 자는 사람은 신장에 고장이 있다. 서 있는 동안 신장은 등쪽의 늑골편으로 기울어 있지만, 잘 때에는 평상(단단한 베드)을 사용해서 신장의 늑골에 파고드는 것을 막지 않으면

신장은 수축해서 기능이 나빠진다. 요를 깔고, 높은 베개를 쓰면 자세가 무너지고 손으로 가는 신경이 마비돼서 손의 선이 정상을 잃는다. 따라서 손의 선은 건강 문제가 커다란 요인이 되어 있는 것이다.

구두나 신발이 닳는 것으로 방광 질환을 알 수가 있다.

짧은 생명선에 쇠사슬 모양의 감정선이 있고 월구로 내려오는 토막토막 지능선의 말단에 되나 창문살 모양의 선이 많이 보이는 것은 방광결석이다.

아랫쪽으로 수그러진 지능선이 있고, 수성구에 많은 세로줄기가 새겨져 있는 사람에는 방광의 장애가 많다.

참고로 말하면 구두나 신발이 닳는 상태로도 체내의 약점을 지적할 수가 있다.

즉 오른쪽 발을 보았을 경우, 발뿌리의 오른편이 닳는 사람은 심장의 오른쪽에 고장이 있고 발뿌리, 왼쪽이 닳는 사람은 심장의 오른쪽에 고장이 있고, 발뿌리 왼쪽이 닳는 사람은 간장이 나쁘며, 뒤꿈치의 오른쪽은 오른쪽 신장에 약점이 있고 뒷꿈치의 왼쪽이 닳는 사람은 방광이 약하다.

이와 같이 왼쪽 발을 보았을 때 오른쪽의 반대편에 약점이 있다. 즉 발뿌리의 엄지발가락 쪽이 닳는 사람은 간장이 약하고, 발뿌리의 작은 발가락 쪽이 닳는 사람은 심장의 왼쪽이 약하며, 발뒤꿈치 안쪽이 닳는 사람은 방광을 해치고 있다는 것과, 뒤꿈치의 바깥쪽이 닳는 사람은 왼쪽의 신장이 나빠지는 것이다.

이것은 족각역학에서 본 결론이며, 발의 고장을 고치면 신바닥도 구두의 뒷축도 평균적으로 고르게 닳게 마련이다.

▶ 체내에 결석을 만드는 조건

생수(生水)를 너무 마시지 않는 사람은 방광이 나빠지거나 결석을 만들기도 한다. 물로 방광을 잘 씻지 않으면 오줌도 진해져서 침전물도 많아진다. 수세식 변소에서 물로 잘 씻지 않으면 변기가 더러워지는 것과 같은 것이다.

시금치와 같은 수산 성분이 많은 식품을 삶으면 살아 있던 수산이 죽어버려서 이런 것을 많이 계속해서 먹게 되면 수산이 칼슘과 결합해서 수산석회가 신장결석이나 방광결석, 담석 등의 결석을 만들게 되므로 주의하지 않으면 안된다.

■ 두통과 불면증 - 지능선의 흐트러짐과 푸른빛 도는 손

지능선이 쇠사슬 모양으로 되어 있는 것, 손바닥 전체가 푸른 빛깔이 돌고 그을어 있는 것, 지능선이 여러 가지로 흐트러진 것, 지능선에 장해선이 엇갈려 있는 것들에 의해서 나타난다.

지능선의 흐트러진 것은 흐트러진 곳이나 모양에 의해서 머리의 상해가 뇌종양 등을 나타내지만, 근본적인 원인은 숙변인 것이다.

이것은 체질에 따라서 천차만별이며 두통이 되기도 하고 불면증을 호소하기도 하며, 암이나 뇌일혈이 되기도 한다. 숙변은 석탄의 건류와 같이 일산화탄소를 발생시키고, 그것 때문에 머리가 아프게 되므로 주의해야 한다.

▶ 두통을 지닌 사람은 약지의 운동을

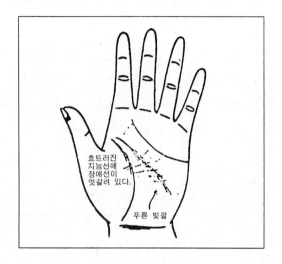

흐트러진
지능선에
장애선이
엇갈려 있다.

푸른 빛깔

　약지는 모든 신경 계통을 관장하며, 두통을 항상 지니고 다니는 사람들 가운데에는 약지를 잘 못 움직이는 사람이 많다. 다섯 손가락을 펴서 책상 위에 대고 약지만 책상에서 떼어서 그것이 높이 올라갈수록 좋은 것이다.

　다른 손가락은 제법 높이 올라가도 약지가 올라가지 않는 사람은 상상외로 많은데, 따라서 약지를 잘 움직이도록 하는 것이 눈의 피로를 없애고 신경 계통을 잘 조정하는 하나의 방법인 것이다.

■ 시력 장애 - 감정선과 태양선이 교차하는 곳에 흑점이 나타난다.

 기능선이 태양구의 아래에서 끊어져 있는 것, 감정선이 약지의
위치에서 터져 있는 것, 태양선과 감정선과 교차는 하는 곳에
검은 점이 있는 것, 태양구에 동그라미가 있고 태양선이 빈약한
것, 화성평원(손바닥 중앙 부분의 움푹 들어간 곳)에 별이나
「4」자 모양이 있는 것 등에 의해서 나타난다.

▶ 시축 고정법

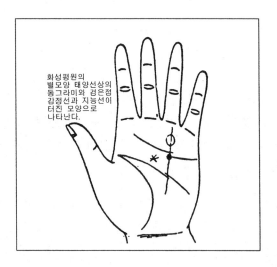

화성평원의
별모양 태양선상의
동그라미와 검은점
감정선과 지능선이
터진 모양으로
나타난다.

 눈이 피곤하거나 난시 또는 근시 같은 것은 시축(눈의 위치)
이 맞지 않는데서 기인하는 것이 많으며, 시축이 반듯하게 고르
지 못한 것은 근본적으로는 발의 고장과 고르지 못한 것에 원
인이 있다.

이것은 하지 유연법과 발목을 위 아래로 움직이는 것, 선형 운동과 모관 운동으로 해소되는 것이다. 시험하여 보기 바란다.

당뇨병 등으로 인한 실명은 원인이 되었던 원발의 병을 고치지 않으면 시력은 회복되지 않으며 손금도 개선되지 않는다.

시축을 바로 잡는 비법에는 다음과 같은 것이 있다.

즉, 멀리 있는 한 점을 정해서 이것을 두 눈으로 똑바로 쳐다본 채, 한쪽 손의 집게손가락 또는 연필을 앞쪽으로 내밀면 손가락(연필)이 두 개로 보이게 된다. 여기서 주시하고 있던 점을 두 개로 보이는 손가락 연필의 복판에서 보이도록 하고, 재빨리 손가락을 앞뒤로 20번 정도 움직이는 것이다.

이 방법으로 1시간에 한 번 정도씩 시축 교정을 하면 독서나 집필을 하고 있어도 피로하지 않으면 눈이나 코의 병도 낫는다.

■ 중이염 · 난청 · 축농증 ─ 손바닥에 푸른 빛깔이 도는 것을 주의

미소지어 웃을 정도에도 60개 이상의 근육이 참가한다고 하지만, 교묘한 활동을 나타내는 손에 신경의 복잡한 배치가 되어 있다고 하는 것은 당연한 일이다. 엄지손가락과 집게손가락에는 경추 7번 위에서부터의 신경이 관여하고 있고 중지, 약지, 그리고 새끼손가락의 반절에는 목등뼈 7번 아래에서부터의 신경이 관여하고 있으며, 새끼손가락의 남은 반절에는 흉추 1번의 신경이 관여하고 있다고 한다.

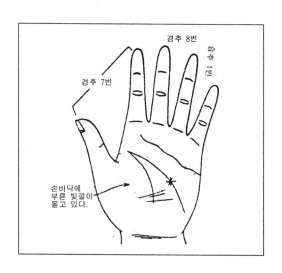

경추 8번

경추 1번

경추 7번

손바닥에
부른 빛깔이
돌고 있다.

중이염은 이 경추 7번(목을 앞으로 숙였을 때 툭 튀어나온 등뼈)을 두드리면 유효할 때가 많다. 귀의 충혈·이명·난청도 이것으로 좋아지고, 축농증도 또한 좋아지는 방향으로 나간다.

이들 세 가지의 증상은 어느 것이나 손바닥에 푸른 빛깔이 돌고, 감정선이 물결 모양을 이루고 있으며, 지능선에 별이 생기고, 생명선은 장애선에 의해서 차단되는 일이 많다.

근본적으로 아침밥의 해(害), 영양 과잉(어린이의 중이염은 태반이 설탕과 달걀을 너무 많이 먹인데서 오는 것)이며, 생수·생채소의 부족, 비타민 C의 부족, 수산의 퇴적 등에서 오는 것으로 이러한 것들에 착안하면 단시일에 회복한다.

▣ 부인병-월구의 흐림과 소지의 굴곡으로 안다

월구가 흐려져서 나타나는 것이 자궁의 질환인 것이다. 언제 병이 나느냐 하는 것은 생명선의 꼬인 고리 모양을 유년법으로 나누어 나가면 알 수 있게 된다.

새끼손가락이 작은 부인은 생식기 관계에 고장이 있다는 말을 듣고 있지만, 새끼손가락이 작아도 열 명의 아기를 낳은 실례도 있기 때문에 반드시 그렇다고만 할 수도 없다.(다만 새끼손가락이 작은 부인은 일반적으로 아기를 적게 낳거나, 허약하거나, 좋은 아기를 낳았더라도 떨어져 살게 되는 운명에 있다)

새끼손가락이 구부러진 여성은 자궁이나 난소에 약점을 가지고 있다.

생명선이 금성구를 에워싸지 않고 월구쪽에 흘러가는 것은 불임증·자궁근종·난소농종 등 생식기 관계의 병에 걸리기 쉽다.

자궁암은 남편이 정력질륜인데 아내가 거기 따라갈 수 없고, 비타민 C가 부족하면 걸리기 쉽다고 한다.

▶ 순산에 특효있는 합장척법

손바닥을 맞추는 합장에 발바닥을 맞추는 합척을 보탠 것. 발의 길이의 1.5배의 거리를 발바닥을 맞춘 채, 앞뒤로 10번 정도 움직이고 나서 두 발을 충분히 끌어당기고 2~3분간 그대로 있는 방법인데, 이는 독일의 리벤쉬타인 박사가 하였던 운동의 개량형이며 거꾸로 들어 있는 역아는 간단히 바꾸어진다.

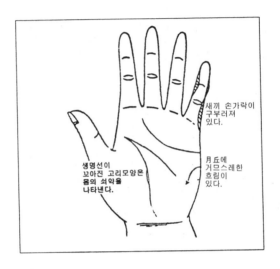

임신부가 이것을 아침저녁으로 하면 순산은 확실하다. 남성도 고·저혈압의 예방에 좋다.

■ 정력 감퇴와 임포텐스-금성구는 애정의 언덕, 스테미너의 샘

금성구는 별명을 『사랑의 언덕』 또는 『비너스의 언덕』이라고 불리우고 있는 것과 같이 자애와 더불어서 성애까지 나타내며, 이 언덕이 불룩 솟아 있는 사람은 섹스도 강하다. 반대로 금성구가 작고 시들어 있는 사람은 정력 감퇴를 의미하며, 이것이 심해지면 임포텐스가 된다.

이렇게 되면 수성구에도 어두운 오점이 나타나기도 하며, 손금도 변화를 나타내는 것이다.

쭉 곧아 흐트러진 곳이 없는 결혼선을 가진 사람은 원만하고 행복한 결혼생활을 보낼 수 있다는 것을 가리키며 결혼선이 흐트러진 것은 이혼이나 사별 등의 불행을 말하는 것이다.

이 결혼선이 흐트러진 것은 운명선인 파경을 의미하는 것 이외에 임포텐스의 상태를 표시하는 일이 많다. 결혼선에 꼬인 꼬리모양이나, 아래로 향해서 모선이 나오는 것은 체력을 벗어난 성적인 낭비에 의해서 정력의 감퇴를 가져온 것을 나타내는 것이다. 또 방종선이 깊이 새겨져 있거나, 생명선의 말단에 사슬 모양의선이 나오는 것도 정력 감퇴의 징조인 것이다. 따라서 이와 같은사람은 국부적인 강정을 써서 그 자리만 넘기는 식으로 하지 말고, 근본적으로 체력의 회복과 증강을 위해 노력할 필요가 있다.

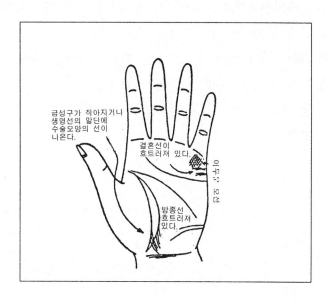

이혼의 원인으로서도, 흔히 성격이 서로 맞지 않는다는 것을 들고 있지만, 임포텐스가 불감증 혹은 섹스의 언밸런스 등에 기인하는 부분도 크다.

성적 불가능자에는 당뇨병 체질의 사람이 많으며, 글로뮤가 소실되어 있기 때문인 것이다.

생식기를 표시하는 새끼손가락이 잘 구부러지면 결혼선은 뚜렷하게 새겨진다.

▶ 스태미너 배중법

정력 증강 속성법의 하나는 새끼손가락에 무게 있는 물건을 매달아서 새끼손가락을 단련하는 방법이다. 팔을 옆으로 쭉 곧게 펴고, 새끼손가락으로 펴서 두 손의 새끼손가락에 400그램 정도의 무게(보자기에 싼 물건도 좋고 책을 끈으로 묶는 것도 좋다)를 매어 달고 2분 동안 들고 있는 것이다. 이때 좌우의 손을 동시에 하도록 하며 무게를 100그램씩 늘려서 4키로 그램에 달할 때까지 하면 결혼선이 선명하게 되고, 정력이 놀라울 만큼 강해진다.

초년운(初年運)

※ **쥐띠(子生)　四月 초나흘날 인시생(寅時生) 보는 법**

여기는 초년이니 자기(自己) 띠만 찾아본다.

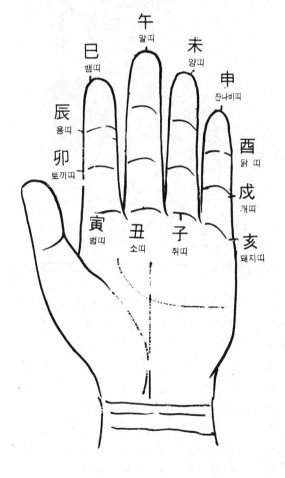

- 午 말띠
- 巳 뱀띠
- 未 양띠
- 辰 용띠
- 申 잔나비띠
- 卯 토끼띠
- 酉 닭띠
- 戌 개띠
- 寅 범띠
- 丑 소띠
- 子 쥐띠
- 亥 돼지띠

자년천귀성(子年天貴星)

才藝出衆　재주가 뭇사람에 뛰어나니
少年登科　소년에 벼슬을 하게 되리라.
言辯出衆　언변이 출중한 사람이니
到處春風　가는 곳마다 봄바람을 일으킨다.
心性柔順　마음과 성질이 부드럽고 순하나
固執多分　고집이 다소 있는 사람이다.
務於農商　농사나 상업에 힘을 쓰게 되면
衣食自足　옷과 밥이 스스로 만족하게 되리라.
殺星照命　살성이 몸에 비치게 되면
反爲賤貧　도리어 천하고 가난하게 될 것이다.

축년천액성(丑年天厄星)

初中多厄	초년에 모든 액이 많으나
末年小富	말년에 가서 적은 부자는 되리라.
病厄不絶	병액이 끝나는 날이 없으니
諸事多滯	모든 일은 안되는 일이 많으며
東西奔走	동서로 분주하게 다니나
食少事煩	먹을 것은 적고 일만 많도다.
天上仙官	천상에 선관으로 있다가
謫下人間	인간이 귀향살이를 온 격이다.
吉星照命	좋은 별이 운명에 비치면
富貴隨身	부귀가 몸에 따라오게 될 것이다.

인년천권성(寅年天權星)

功名出衆　공과 이름이 출중하게 되니
官祿大開　관록이 크게 열리리라.
土局金體　토국 금체로 되어 있으니
爲人俊秀　사람된 모습이 준수하더라.
有智多能　지혜도 많고 능력도 있으니
任意用權　뜻대로 권세를 부리게 된다.
桃花殺臨　도화살이 비쳐 왔으니
女色愼之　여색을 조심하여야 한다.
凶星人門　흉한 별이 문에 들어오게 되면
反成賤人　도리어 천한 사람으로 되리라.

묘년천파성(卯年天破星)

荊宮犯殺	처궁에 살성이 범하였으니
兩妻之命	양처를 가질 운명이로다.
若無此厄	만일 이러한 액이 없게 되면
叩益難免	상처 수를 면하기 어려우리라.
東西奔走	동과 서쪽으로 분주하게 다니나
虛送歲月	공연이 세월만 보내게 된다.
千金家産	천금이나 되는 살림살이를
一朝見散	하루 아침에 다 버리게 된다.
吉星照命	좋은 별이 운명에 비쳐주면
轉禍爲福	재앙이 변하여 복으로 되느니라.

진년천간성(辰年天奸星)

琴瑟有調	처자의 운수가 좋지 못하여
妻妾滿堂	처와 첩들이 집안에 가득찼다.
能小能大	능소능대하는 수단이 있으니
才藝過人	재주와 예술이 지나치게 뛰어난다.
名聞四海	이름을 사해에 떨치게 되니
爲人出衆	위인이 출중하게 되었다.
前後露積	앞과 뒤로 노력을 쌓아놓고
金玉滿堂	금과 옥이 집에 가득 찼다.
凶吉入門	흉성이 문으로 들어오게 되면
難免乞人	걸인을 면하기 어렵게 되리라.

사년천문성(巳年天文星)

文星照命	글 잘할 별이 운명에 비치니
玉堂淸貴	옥당에 좋은 벼슬을 하게 된다.
聞一知十	하나를 듣고 열을 알게 되니
爲人聰明	위인이 총명하도다.
琴瑟和樂	부부 운은 화락하다 하겠으나
膝下多憂	자손으로 인하여 눈물이 많도다.
容貌端正	얼굴과 모양이 단정하니
平生貴人	평생에 귀인이라 한다.
凶星照命	흉성이 운면에 비치게 되면
反爲昏濁	도리어 어리석게 될 것이다.

오년천복성(午年天福星)

前後露積	앞뒤로 노적을 쌓아놓고
高官大爵	고관 대작할 운명이다.
身兼土體	몸이 흙으로 되어 있으니
財源綿棉	재원이 한없이 좋더라.
德高名高	덕도 높고 이름도 높으니
錦衣玉食	금의 옥식하고 살겠다.
到處春風	가는곳마다 춘풍이라 하겠으니
意氣洋洋	의기 양양하리라.
若照殺星	만일 살성이 비치게 된다면
削髮爲僧	머리 깎고 중이 될 운명이니라

미년천역성(未年天驛星)

驛馬照命	역마성이 운명에 비치니
東西奔走	동서로 분주하게 돌아다닌다.
食小事煩	실속 없이 일만 번잡하니
多困之人	어려운 액이 많은 사람이리라.
在家有憂	집에 있으면 근심만 생기나
出外心閒	밖에 나가면 마음이 편하리라.
心性固執	마음과 성질은 고집스러우나
又有奇才	남보다 뛰어난 재주가 있도다.
吉星入命	좋은 별이 운명에 비쳐주면
反爲富貴	도리어 부귀하게 될 것이다.

신년천고성(申年天孤星)

年入天孤	출생한 해에 천고가 들었으니
孤獨之人	고독한 사람이라 하겠다.
雖有食祿	비록 식록이 있다 하여도
膝下多敗	자손에 대한 패수가 많을 것이다.
莫近酒色	술이나 여자를 조심하지 않으면
損財口舌	손재 구설수가 있게 되리라
初年之運	소년시절의 운수를 보면
累經病厄	여러 차례 병액을 지내겠다.
吉星來照	좋은 별이 비쳐주게 되면
多子多妻	자식도 많고 처도 많을 것이다.

유년천인성(酉年天刃星)

年入天刃	천인성이 년주에 들어 있으니
夫婦不和	부부간에 사이가 좋지 않게 된다.
身有傷欠	몸에 흉터가 많이 있으면
諸厄消滅	모든 액운이 소멸하게 되리라.
家産多敗	살림살이에 패수가 많으니
難免困苦	곤고를 면하기 어렵게 되리라.
與人和之	여러 사람들과 화합함은 좋고
固執敗家	고집부림은 패가할 징조니라.
吉星照命	좋은 별이 운명에 비쳐 주면
名振四海	이름이 사해에 날리게 되리라.

술년천예성(戌年天藝星)

年入藝星	년주에 천예성이 들어있으니
畵家得名	화가로 이름을 얻게 되리라.
一聞千悟	하나를 들으면 천 가지나 깨치니
才藝出衆	제예가 출중한 사람이 되리라.
演藝歌曲	연예와 노래를 잘하니
萬人驚嘆	만인들이 놀라며 경탄한다.
衣食自足	옷과 먹을 것이 스스로 족하니
一生大吉	일생이 크게 길하리라.
凶星照命	흉성이 운명에 비쳐오면
難免賤人	천한 사람을 면키 어렵게 되리라.

해년천수성(亥年天壽星)

壽星照命	오래사는 별이 운명에 비치니
鶴髮老人	백발이 되도록 장수하게 되리라.
食祿難多	옷과 밥이 비록 많다 하여도
中年傷妻	중년에는 상처수가 있으리라.
積小大成	조금씩 쌓아올려서 크게 이루어 놓으니
年年增産	해마다 살림이 늘어 나게 된다.
爲月漁業	만일 고기잡이를 하게 되면
一握千金	일확천금을 하게 되리라.
凶星入命	흉성이 운명에 비치게 되면
乞食之人	걸인이 될 운명이라 한다.

초중년운(初中年運)

※ **쥐띠(子生) 四月 초나흗날 인시생(寅時生) 보는 법**

여기는 초년운의 쥐띠이니 子에서 순으로 자기 출생월까지 세어 가는데(쥐띠의 子에서 정월, 丑에서 二月, 寅에서 三月, 卯에서 四月) 사월생이므로 卯가(卯天破) 사월생의 초중년운이다.

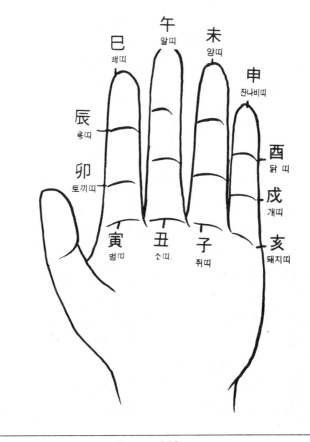

※ 생월(生月) 빨리 찾는 법(早見表) ①

월천성 (月天星) 생년(生年)	월천귀성 (月天貴星)	월천액성 (月天厄星)	월천권성 (月天權星)	월천파성 (月天破星)	월천간성 (月天奸星)	월천문성 (月天文星)
자 (子)	正 月	二 月	三 月	四 月	五 月	六 月
축 (丑)	十二 月	正 月	二 月	三 月	四 月	五 月
인 (寅)	十一 月	十二 月	正 月	二 月	三 月	四 月
묘 (卯)	十 月	十一 月	十二 月	正 月	二 月	三 月
진 (辰)	九 月	十 月	十一 月	十二 月	正 月	二 月
사 (巳)	八 月	九 月	十 月	十一 月	十二 月	正 月
오 (午)	七 月	八 月	九 月	十 月	十一 月	十二 月
미 (未)	六 月	七 月	八 月	九 月	十 月	十一 月
신 (申)	五 月	六 月	七 月	八 月	九 月	十 月
유 (酉)	四 月	五 月	六 月	七 月	八 月	九 月
술 (戌)	三 月	四 月	五 月	六 月	七 月	八 月
해 (亥)	二 月	三 月	四 月	五 月	六 月	七 月

월천성 (月天星) 생년(生年)	월천복성 (月天福星)	월천역성 (月天驛星)	월천고성 (月天孤星)	월천인성 (月天刃星)	월천예성 (月天藝星)	월천수성 (月天壽星)
자 (子)	七 月	八 月	九 月	十 月	十一 月	十二 月
축 (丑)	六 月	七 月	八 月	九 月	十 月	十一 月
인 (寅)	五 月	六 月	七 月	八 月	九 月	十 月
묘 (卯)	四 月	五 月	六 月	七 月	八 月	九 月
진 (辰)	三 月	四 月	五 月	六 月	七 月	八 月
사 (巳)	二 月	三 月	四 月	五 月	六 月	七 月
오 (午)	正 月	二 月	三 月	四 月	五 月	六 月
미 (未)	十二 月	正 月	二 月	三 月	四 月	五 月
신 (申)	十一 月	十二 月	正 月	二 月	三 月	四 月
유 (酉)	十 月	十一 月	十二 月	正 月	二 月	三 月
술 (戌)	九 月	十 月	十一 月	十二 月	正 月	二 月
해 (亥)	八 月	九 月	十 月	十一 月	十二 月	正 月

월천귀성(月天貴星)

承受祖業	선조의 많은 재산을 받았으니
前後露積	앞에도 뒤에도 노적이로다.
陰陽和合	음과 양이 화합하였으니
子孫滿堂	자손들이 집에 가득 찼다.
中年之時	중년시절이 되어가면서
破家亡身	파가 망신수가 있게 되니
七星有功	칠성에 공을 드리게 되면
可免其厄	이 액을 면하게 될 것이다.
一時困苦	일시적 고통이 있다 하여도
末年治富	말년에는 더 큰 부자가 되리라.

월천액성(月天厄星)

初年之時	초년 운은 어렸을 때에
病厄不離	병액이 떠나지 아니한다.
中年之運	중년의 운수를 보게 되면
寒谷回春	추운 골짜기에 봄이 왔도다.
産業漸增	살림살이가 차차 나아가니
一時生光	일시적이나마 빛을 보게 되나
因人被害	남으로 인하여 해를 입으니
一朝被産	하루 아침에 파산수가 있도다.
正心修道	마음을 바르게 하여 수도를 하면
末年安樂	말년에 안락을 불러 오리라.

월천권성(月天權星)

將星入命	장수될 별이 운명에 비치니
統率萬人	만인을 통솔하게 되리라.
向自有功	가는 곳마다 공이 있게 되니
名聲大振	이름과 소리가 크게 떨친다.
十年大權	십년이나 큰 권세를 가졌는데
何可長久	어찌 오래 갈 수가 있겠는가.
一入衰運	한번 쇠한 운수가 들어오니
每事挫折	매사가 좌절하게 되더라.
六親無德	육친에 덕이 없으니
移去他鄉	타향으로 옮겨 가야 하리라.

월천파성(月天破星)

破星入命	파성이 운명에 비치니
破家離鄕	파가하고 고향을 떠나 가리라.
千里他鄕	천리나 되는 타향 땅에서
幸逢貴人	다행히 귀인을 만나게 된다.
自手成家	자수로 살림을 일으키게 되니
家産饒足	살림이 넉넉하게 되어 간다.
愼之固執	고집을 부리지 말라.
不意灾厄	고집하면 뜻밖에 재액이
如此之命	이와 같은 운명이라면
獻功金石	부처님에게 공을 드림이 좋으리라.

월천간성(月天奸星)

奸星入命	천간성이 운명에 들어 있으니
酒商大吉	술장사를 하면 크게 좋으리라.
紹介爲業	소개업도 하면 좋으니
手弄千金	손에서 천금이 놀게 되리라.
每事多謨	만사를 꾀있게 잘하고 있으나
自取禍厄	스스로 화액을 불러 오리라.
信斧割足	믿는 도끼에 발을 찍히게 되니
莫信他人	남을 믿지 말아야 한다.
掘地得金	땅을 파서 금을 얻을 상이니
勞力成功	노력으로 성공을 하게 되리라.

월천문성(月天文星)

醫業之命	의사를 할 운명이니
可活萬人	만인을 살리게 되리라.
爲人淸秀	위인이 청수한 상이니
萬人尊敬	만인에게 존경을 받으며
可宜官祿	관직생활도 좋다 하겠으니
一生安過	일생을 편하게 지내리라.
中年之數	중년시절 운수를 보면
一時破敗	일시적 패해수가 있다.
五十未滿	오십이 미처 되지 못하여
名利更新	이름과 재물이 다시 오게 된다.

월천복성(月天福星)

鼠入倉庫	쥐가 창고 속에 들어 있으니
食祿有餘	먹을 것이 한없이 많더라
莫嘆初困	처음 고난을 한탄하지 말라.
中後發福	중년 후에 발복하게 되리라.
以羊易牛	양으로써 소와 바꾸게 되니
一時得財	일시에 재물을 얻게 된다.
心特正直	마음을 정직하게 가지면
子孫餘慶	자손에까지 경사가 남아있게 되리라.
若逢殺星	만일 살성을 만나게 되면
平生孤貧	평생이 고독하고 가난하다.

월천역성(月天驛星)

驛馬照命	역마가 운명에 비쳐 있으니
坐卜之人	무복을 할 팔자라 한다.
花間蝶舞	꽃 사이에서 나비가 춤을 추니
衣食有餘	옷과 밥이 남아 돌아간다.
在家不安	집에 있으면 편하지 못하고
出外心活	밖에 나가면 마음이 활발하다.
移鄕得財	고향을 떠나 재물을 얻으니
赤手成家	빈주먹으로 집을 이르킨다.
吉星暗照	좋은 별이 운명에 비치면
大官可期	대관을 하게 될 사람이다.

월천고성(月天孤星)

日暮西天	해가 서산에 저물어가는데
獨坐嘆息	혼자 앉아 탄식을 하고 있다.
早失父母	일찍 부모를 잃어버리니
四顧無親	이리보나 저리보나 친척이 없다.
之東之西	동으로 가고 서로 가다가
意外得財	뜻밖에 재물을 얻었다.
初年有恨	초년에 한이 많더니
中末發福	중년 말년에 발복을 한다.
吉星照命	좋은 별이 운명에 비치면
平生安樂	평생을 안락하게 지내리라.

월천인성(月天刃星)

殺星照命	살성이 운명에 비치었으니
獻功七星	칠성에다 공을 드려야 한다.
諸厄自消	모든 액이 스스로 소멸하니
向者有功	가는 곳마다 공이 있게 된다.
落馬之殺	낙마살이 운명에 있으니
身上傷痕	몸에 상한 흉터가 있게 된다.
平生所愼	평생에 조심할 것이 있으니
蛇狗之物	뱀과 개를 조심하여라.
風霜已過	풍상은 이미 다 지냈으며
晩年太平	말년에 태평하게 되리라

월천예성(月天藝星)

藝星照來	예성이 운명에 비치었으니
歌手得名	노래로서 이름을 얻게 되었다.
若不如此	만일 그렇지 아니하게 되면
技術爲業	기술사업 하는 것이 좋다.
重逢此星	예성을 두 번이나 만나게 되면
漁夫之命	어부를 하는 것이 좋으리라.
中年一敗	중년에 한번 패수가 있으나
末年成功	말년에 성공을 하게 된다.
吉星照命	좋은 별이 운명에 비치게 되면
以官成名	관록으로써 이름을 얻는다

월천수성(月天壽星)

月照天壽	생월에 천수성이 비쳤으니
頭揷御花	머리에 어사꽃을 꼽았다.
初年有疾	초년에 질병이 많으나
中年發展	중년에 발전을 하리라.
末年之數	말년의 운수를 보게 되면
一經大厄	한번은 큰 액을 지낸다.
心臟虛弱	심장이 허하고 약한 편이니
胃腹有疾	위장에 병이 있게 되리라.
吉星並照	길성이 아울러 비쳐주면
屋上加屋	집위에 집을 더 짓게 된다.

말년운(末年運)

※ **자생(子生) 사월(四月) 사일(四日) 인시생(寅時生) 보는 법**

여기는 생일(生日)이 오일천복(午日天福)에서 끝났으니 끝난 자리 오(午)에서부터 순으로 자기 난 시(時)까지 세어간다. 午에서 子時, 末에서 丑時, 申로에서 寅時니 申에 해당하므로 申이 시천고(時天孤)이며 시천고(時天孤)가 자기의 말년(末年)운이다.

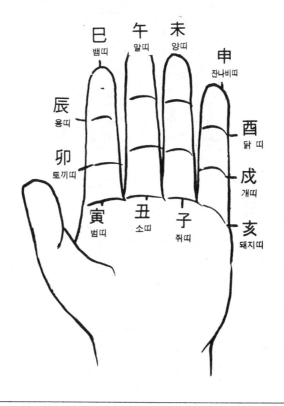

※ 시간(時間) 빨리 찾아 보는 법(早見表) ③

성천시생 (星天時生) 생일천성 (生日天星)	시천귀성 (時天貴星)	시천액성 (時天厄星)	시천권성 (時天權星)	시천파성 (時天破星)	시천간성 (時天奸星)	시천문성 (時天文星)
자 (子)	자시 子	축시 丑	인시 寅	묘시 卯	진시 辰	사시 巳
축 (丑)	해시 亥	자시 子	축시 丑	인시 寅	묘시 卯	진사 辰
인 (寅)	술시 戌	해시 亥	자시 子	축시 丑	인시 寅	묘시 卯
묘 (卯)	유시 酉	술시 戌	해시 亥	자시 子	축시 丑	인시 寅
진 (辰)	신시 申	유시 酉	술시 戌	해시 亥	자시 子	축시 丑
사 (巳)	미시 未	신시 申	유시 酉	술시 戌	해시 亥	자시 子
오 (午)	오시 午	미시 未	신시 申	유시 酉	술시 戌	해시 亥
미 (未)	사시 巳	오시 午	미시 未	신시 申	유시 酉	술시 戌
신 (申)	진시 辰	사시 巳	오시 午	미시 未	신시 申	유시 酉
유 (酉)	묘시 卯	진시 辰	사시 巳	오시 午	미시 未	신시 申
술 (戌)	인시 寅	묘시 卯	진시 辰	사시 巳	오시 午	미시 未
해 (亥)	축시 丑	인시 寅	묘시 卯	진시 辰	사시 巳	오시 午

성천시생 (星天時生) 생일천성 (生日天星)	시천복성 (時天福星)	시천역성 (時天驛星)	시천고성 (時天孤星)	시천인성 (時天刃星)	시천예성 (時天藝星)	시천문성 (時天 壽星)
자 (子)	오시 午	미시 未	신시 申	유시 酉	술시 戌	해시 亥
축 (丑)	사시 巳	오시 午	미시 未	신시 申	유시 酉	술시 戌
인 (寅)	진시 辰	사시 巳	오시 午	미시 未	신시 申	유시 酉
묘 (卯)	묘시 卯	진시 辰	사시 巳	오시 午	미시 未	신시 申
진 (辰)	인시 寅	묘시 卯	진시 辰	사시 巳	오시 午	미시 未
사 (巳)	축시 丑	인시 寅	묘시 卯	진시 辰	사시 巳	오시 午
오 (午)	자시 子	축시 丑	인시 寅	묘시 卯	진시 辰	사시 巳
미 (未)	해시 亥	자시 子	축시 丑	인시 寅	묘시 卯	진시 辰
신 (申)	술시 戌	해시 亥	자시 子	축시 丑	인시 寅	묘시 卯
유 (酉)	유시 酉	술시 戌	해시 亥	자시 子	축시 丑	인시 寅
술 (戌)	신시 申	유시 酉	술시 戌	해시 亥	자시 子	축시 丑
해 (亥)	미시 未	신시 申	유시 酉	술시 戌	해시 亥	자시 子

시천귀성(時天貴星)

堂山四晧	상산에 노인들이 있는데
圍碁消日	바둑을 가지고 날을 보내드라
春回南國	봄이 남쪽 나라에 돌아오니
百花爭發	백가지 꽃이 다투어 피게 된다.
上下和睦	위와 아래가 화목하게 되니
家宅安樂	가택이 안락하게 되어 가드라.
入海求球	바다에 들어 구슬을 구하니
開花結子	꽃이 피어 열매를 맺게 되드라
凶星入門	흉한 별이 문에 들어 오게 되면
下賤之人	하천한 사람이 되리라.

시천액성(時天厄星)

後海前山	뒤에는 바다요 앞은 산이니
大厄當頭	큰 액이 앞에 당도하였으니
浮雲蔽日	뜬 구름이 해를 가리우게 되니
陰陽不交	음과 양이 화합하지 못하였으니
苦盡甘來	쓴 것이 다하고 단 것이 오게 된다.
先損後益	먼저 손해가 있고 뒤에 이익이 있다.
一生如流	일생이 흐르는 물과 같은데
一悲一喜	한번은 슬프고 한번은 기쁘더라.
吉星入命	길한 별이 운명에 비치게 되면
轉禍爲福	화가 굴러 복이 되리라 하겠다.

시천권성(時天權星)

鷹踞樹枝	큰 매가 나무 가지에 걸터앉았으니
群雉皆伏	떼 꿩이 다 엎드리게 되었다.
擇居吉地	좋은 땅을 가리어 살게 되면
福祿自來	복과 녹이 스스로 오게 되리라.
七年大旱	칠년이나 큰 가뭄이 있었는데
喜逢甘雨	기쁘게 단비를 만나게 되었다.
事多如意	일이 뜻과 같은 것이 많으니
豈不美哉	어찌 아름답지 않겠는가.
凶星入門	흉한 별이 문에 들어오게 되면
天拘作害	천구살이 해를 짓게 되드라.

시천파성(時天破星)

男負女戴	남자는 지고 여자는 이고서
移去他鄕	타향으로 옮겨가게 되더라.
山程水程	산길도 있고 물길도 있는데
去去泰山	가고 갈수록 태산이 있드라.
有志未成	뜻은 있으나 이루어지지 못하니
仰天大笑	하늘을 쳐다보고 크게 웃겠다.
偶逢貴人	우연히 귀인을 만나게 되니
晩時生光	늦게야 빛이 나게 되리라.
吉星入門	길한 별이 문에 들어 오면
魚龍得水	고기와 용이 물을 얻는 것과 같다.

시천간성(時天奸星)

猿在樹下　　잔나비가 나무 아래에 있으며
變化無窮　　온갖 재주를 다부리고 있더라.
興敗多端　　흥하고 패하는 것이 많고 많으니
平生不安　　평생 편안하지 못하더라.
兩手執餠　　두 손에 떡을 쥔 현상이나
自意未定　　자기가 자기 뜻을 결정하지 못한다.
莫近酒色　　술과 여자를 즐기면 좋지 못하니
破家亡身　　패가 망신 수가 있게 되리라.
吉星照來　　길한 별이 비춰주게 되면
財錦盈箱　　재물과 비단이 상자에 가득찬다.

시천문성(時天文星)

十年讀書	십년이나 글을 읽어 가지고
男兒遂志	남자가 뜻을 이루게 되었더라.
意外成功	뜻밖에 성공을 하게 되었으니
錢財陳陳	돈과 재물이 진진하게 되더라.
千里他鄕	천리 길이나 되는 타향에서
喜逢故人	기쁘게 친구를 만날 형상이다.
太乙照命	태을이 운명에 비치게 되면
衣食豊足	의식이 풍족하게 되어 가리라.
一入凶星	한번 흉한 별이 들어오게 되면
萬事歸虛	만사가 허망한대로 돌아간다.

시천복성(時天福星)

金榜掛名	금방에 이름을 걸게 되니
錦衣還鄕	비단 옷을 입고 고향에 돌아온다.
寶劍出匣	보검이 밖으로 나오니
光射斗牛	빛이 휘황찬란하며
魚得大海	고기가 큰 바다물을 얻은 격이니
任意往來	만사가 뜻대로 잘 되리라
端光照來	상서 빛이 비쳐오게 되니
慶事盈門	경사가 문으로 들어오게 된다.
凶星入門	흉한 별이 운명에 비쳐오면
風前燈火	바람 앞에 등불과 같으리라

시천역성(時天驛星)

馬立城頭	말이 성머리에 서 있는데
雙路之格	길이 두 갈래로다.
欲速不達	속히 하고저 하나 되지 않으니
可嘆可嘆	가히 탄식하고 탄식하게 되리라.
十生九死	열번 살고 아홉번 죽게 되니
何多困厄	어찌 곤액이 이렇게 많은가.
二女同居	두 여자가 동거하게 되었으니
其志不合	그 뜻이 합하지 못하게 되리라.
吉星入門	길한 별이 문에 들어오게 되면
轉禍爲福	화가 굴러 복으로 되게 될 것이다.

시천고성(時天孤星)

雪滿窮巷	눈이 깊은 골짜기에 가득 찼는데
孤松獨立	외로운 소나무가 홀로 서 있는 격이다.
五鬼侵入	오귀가 침입하여 들어오니
事多魔害	모든 일이 잘 되지 않는다.
無后奉祀	자손 없는 사람 제사를 지내면
可免此厄	가히 이 액을 면하게 되리라.
運轉東方	운이 동방으로 회전하게 되면
小得平安	조금 편안한 것을 얻으리라.
吉星照命	길한 별이 운명에 비치게 되면
寒谷回春	추운 골짜기에 봄이 온 형상이다.

시천인성(時天刃星)

羝羊觸藩	염소가 울타리를 들이받으니
自取其禍	스스로 그 화를 취하게 되더라.
廣大天地	넓고 큰 하늘과 땅 사이에서
納履何去	짚신을 매고 어디로 가야 좋은가.
枯木無春	고목이 봄을 만나지 못하니
開花難望	꽃이 피는 것을 바라기 어렵다.
名山大川	명산 대천을 찾아가서
祈禱則吉	기도를 드리면 길하게 되리라.
吉星入命	길한 별이 운명에 비치게 되면
福祿振振	복과 녹이 진하게 되리라.

시천예성(時天藝星)

頭揮桂花	머리에 계수나무 꽃을 꽂았으니
名播四海	이름이 사해에 떨치게 되더라.
渴者飮水	목마른 사람이 물을 마시고
飢者得食	굶주린 사람이 밥을 얻었다.
身運通泰	몸운수가 통태하게 되어가니
所願成就	소원이 성취되어 가게 되리라.
初中大富	초년 중년에 큰 부자가 되나
末年見敗	말년에 패수를 보게 되리라.
凶星入門	흉한 별이 문에 들어오게 되면
虎入陷井	호랑이가 함정에 빠진 형상이리라.

시천수성(時天壽星)

千年壽龜	천년이나 사는 거북이가
出於大野	큰 들로 나오는 형상이다.
和風吹來	화한 바람이 불어 오게 되니
花發千山	꽃이 산마다 피어 난다.
遇逢貴人	우연히 귀인을 만나게 되니
千金自來	천금이 스스로 오게 되리라.
猛虎出林	사나운 호랑이가 숲속에서 나오니
其勢堂堂	그 세력이 당당하게 되더라.
凶星入門	흉한 별이 문에 들어오게 되면
刑厄難免	형액수를 면하기 어렵게 된다.

부부궁(夫婦宮)

    이 부부궁은 부부(夫婦)가 일생을 화락하게 살 것인가, 불행할 것인가 생사 이별할 것인가를 본다.

    이 부부궁은 부부 보는 법은 생년과 생월을 대조하여 보면 위에 써있는 세 글자는 출생년이요, 아래 열두 자는 자기의 출생월이니 이것을 찾아 첫줄에 있는 제목을 옆줄로 찾아보면 된다.

년(年) 월(月)	자(子)	축(丑)	인(寅)	묘(卯)	진(辰)	사(巳)	오(午)	미(未)	신(申)	유(酉)	술(戌)	해(亥)
화합(和合)	7	4	1	10	7	4	1	10	7	4	1	10
상량(商量)	8	5	2	11	8	5	2	11	8	5	2	11
오역(忤逆)	9	6	3	12	9	6	3	12	9	6	3	12
보수(保守)	10	7	4	1	10	7	4	1	10	7	4	1
입사(入舍)	11	8	5	2	11	8	5	2	11	8	5	2
이처(離妻)	12	9	6	3	12	9	6	3	12	9	6	3
중부(重夫)	1	10	7	4	1	10	7	4	1	10	7	4
중처(重妻)	2	11	8	5	2	11	8	5	2	11	8	5
극자(剋子)	3	12	9	6	3	12	9	6	3	12	9	6
상혐(相嫌)	4	1	10	7	4	1	10	7	4	1	10	7
격산(隔山)	5	2	11	8	5	2	11	8	5	2	11	8
구자(求子)	6	3	12	9	6	3	12	9	6	3	12	9

화 합 (和合)

夫唱婦隨	남자가 노래하니 부인이 따른다.
百年琴瑟	백년의 좋은 배필이라 하겠다.
家庭和樂	가정이 화락하게 되니
安樂生活	안락한 생활을 하고 있으며
人和家和	사람이 화하고 집이 화하게 되니
萬事和平	만 가지 일이 화평하게 된다.
人生如流	인생이 흐르는 물과 같은데
幸福可期	행복한 것을 가히 기약한다.
凶星入門	흉한 별이 문에 들어오게 되면
貧困之命	빈곤하게 될 운명이라 한다.

상 량 (商量)

前妻死別	전처 부인이 죽어 이별하니
新妻結錄	새로운 부인으로 결연을 한다.
早年不利	조년 때에 이롭지 못하더니
晚年偕老	만년에 들어 해로하게 된다.
老年之運	노년의 운수를 보게 되면
安樂太平	안락태평하게 되어 있더라.
家産增進	집안 살림이 더 나아가게 되니
去去榮華	가고 갈수록 영화스럽게 된다.
凶星入命	흉한 별이 운명에 들게 되면
三妻八字	세 번 장가갈 운수라 하겠다.

오 역 (忤逆)

獨宿空房	홀로 공방살이를 하고 있으니
浮萍身勢	부평같은 신세라 하겠더라..
事事不成	모든 일이 이루어지지 아니하니
難成家業	가업을 이루기가 어렵게 된다.
浮雲弊日	뜬구름이 날을 가리우니
陰陽不友	음과 양이 사귀지 못하였다.
入海求兎	바다에 들어가 토끼를 구하니
事多虛亡	일이 허망하게 됨이 많더라.
吉星照臨	길한 별이 비쳐주게 되면
富貴在前	부와 귀가 앞에 있다고 한다.

보 수 (保守)

夫婦偕老	부부가 해로하게 되었으니
子孫滿堂	자손들이 집에 가득 찼더라.
家勢漸潤	집안 형편이 차차 윤택하니
錢財有餘	돈과 재물이 남아 돌아 가더라.
天定配匹	하늘이 정하여 준 배필이니
百年同樂	백년을 동락하게 되리라.
寒谷回春	추운 골짜기에 봄이 돌아오니
萬國太平	만국이 태평한 상이 되더라.
凶星入門	흉한 별이 문에 들어오면
畵中之餠	그림에 떡과 같다 하겠다.

입　사 (入舍)

流離他鄕	타향에 유리 분산하게 되니
夫婦各分	부부가 서로 갈라지게 된다.
勞而無功	수고만 하고 공이 없게 되니
困若何多	곤하고 괴로운 것이 어찌 많은가.
之東之西	동쪽으로 가고 서쪽으로 가나
一無好事	하나도 좋은 일이 없더라.
虛往虛來	허망하게 가고 허망하게 오니
老年之恨	늙어가며 한이 많게 되더라.
吉星並照	길한 별이 아울러 비치면
轉禍爲福	화가 변하여 복으로 되리라.

이　　처 (離妻)

離妻離子	자식과 처를 이별하고서
入山修道	산에 들어가 도를 닦더라.
白雲深處	흰구름 깊이 낀 곳에서
麋鹿爲友	사슴들과 벗을 하고 있으며.
功名分外	공명을 분수밖으로 생각하며
安貧樂道	가난한 것을 좋게 여기고 도를 즐긴다.
一讀仙書	한차례 신선의 글을 읽고
又飮淸水	또 맑은 물을 마시고 있더라.
吉星照臨	길한 별이 비쳐주게 되면
威振萬里	위엄이 만리에 떨치게 되리라.

중 부 (重夫)

日落西天	날이 서천에 떨어져 가는데
獨坐流淚	혼자 앉아서 눈물을 흘리더라.
數次結綠	두어 차례 인연을 맺었으니
難存其夫	그 남편을 보존하기 어렵더라.
子孫無德	자손에 덕이 없게 되었으니
悲淚難禁	슬픈 눈물을 금하지 못하겠더라.
在家心亂	집에 있으면 마음이 어지러우니
出外心閑	밖으로 나가면 마음이 한가하다.
吉星並照	길한 별이 아울러 비쳐주면
福壽可期	수와 복을 가히 기약한다.

중 처 (重妻)

妻宮犯殺	처궁에 살이 범하였으니
重重妻妾	거듭 거듭 처첩을 두게 되리라.
桃花入命	도화살이 운명에 비치니
酒色不利	술과 여자가 이롭지 못하다.
頻頻破家	자주 자주 집을 파하게 되니
十生九死	열번 살고 아홉번 죽게 되더라.
七星獻功	칠성에 공을 드리게 된다면
凶厄盡滅	흉한 액이 다 없어지게 되리라.
吉星照來	길한 별이 비쳐오게 되면
幸福之人	행복한 사람이라 하겠더라.

극 자 (尅子)

子女極貴	자식들이 하나도 없게 되니
妻妾多多	처와 첩들이 많고 많더라.
多見尅子	많은 자손을 실패하게 되니
悲淚難禁	슬픈 눈물을 금하기 어렵더라.
衣食豊足	옷과 먹을 것이 풍족하게 되나
敗數連綿	패수가 자주 연달아 오더라.
名山祈壽	이름난 산에 기도를 하면
可免此厄	가히 이 액을 면하리라.
吉星並照	길한 별이 아울러 비치게 되면
子孫滿堂	자손이 집에 가득차게 된다.

상 혐 (相嫌)

夫婦反目	부부가 서로 싸우게 되니
家庭不和	가정이 불화하여 가더라.
若不死別	만일 죽어 이별이 없으면
生離可畏	생이별을 할까 두렵도다.
其志不合	그 뜻이 합하지 못하였으니
日日舌戰	날마다 입으로 싸우더라. .
七星有功	칠성에 공을 드리게 되면
可免此厄	가히 이액을 면하게 되리라.
吉星並照	길한 별이 아울러 비치게 되면
人和家和	사람이 화하고 집안이 화한다.

격 산 (隔山)

夫婦隔山	부부가 산을 등지고 있으니
消息杳然	소식을 듣기가 묘연하게 되리라.
獨守空房	홀로 공방을 지키고 있으니
無味歲月	맛없는 세월을 보내게 된다.
四十平生	사십 평생을 지내도록
虛送歲月	허송세월만 하였더라.
禱厄則吉	액을 빌게 되면 길하여지니
諸事亨通	모든 일이 형통하게 되리라.
吉星入門	길한 별이 문에 들어오게 되면
百年偕老	백년을 해로하게 되리라.

구　자 (求子)

欲求子息	자식을 두고저 하기에
妻妾重重	처와 첩을 많이 두었다.
衣祿有餘	옷과 녹이 남아 돌아가니
悲淚難禁	슬픈 눈물을 금하지 못하더라.
惡殺作害	악한 살이 해를 끼치게 되니
獻功七星	칠성에 공을 드려야 좋게 된다.
晩得一字	늦게 자식을 하나 얻으니
家道泰平	집안이 태평하게 되어 가리라.
吉星並照	길한 별이 아울러 비치게 되면
五福俱全	오복이 구전하게 되어 간다.

성질(性質) 및 건강(健康)

성질은 자기의 출생년(出生年)과 출생월(出生月)을 대조하여 보게 된다.

첫줄은 자기의 생년이고 옆줄(橫線) 숫자는 자기의 생월이니 무슨 짐승에 해당되는가 보면 된다.

生年 生月	쥐 (鼠)	소 (牛)	호랑이 (虎)	토끼 (兎)	용 (龍)	뱀 (蛇)	말 (馬)	염소 (羊)	잔나비 (猿)	닭 (鷄)	개 (狗)	돼지 (猪)
자(子)	1	2	3	4	5	6	7	8	9	10	11	12
축(丑)	2	3	4	5	6	7	8	9	10	11	12	1
인(寅)	3	4	5	6	7	8	9	10	11	12	1	2
묘(卯)	4	5	6	7	8	9	10	11	12	1	2	3
진(辰)	5	6	7	8	9	10	11	12	1	2	3	4
사(巳)	6	7	8	9	10	11	12	1	2	3	4	5
오(午)	7	8	9	10	11	12	1	2	3	4	5	6
미(未)	8	9	10	11	12	1	2	3	4	5	6	7
신(申)	9	10	11	12	1	2	3	4	5	6	7	8
유(酉)	10	11	12	1	2	3	4	5	6	7	8	9
술(戌)	11	12	1	2	3	4	5	6	7	8	9	10
해(亥)	12	1	2	3	4	5	6	7	8	9	10	11

자년생인 자궁(子年生人 滋宮)

　이럴까 저럴까 갈피를 못 잡으면서도 표면(表面)은 온후(溫厚)하며 대륙성(大陸性)과 같은 성격을 가진 듯 하나 내심은 오기가 있다. 그리고 인내심이 강하므로 미개간지(未開墾地)의 평야와 같으니 용이하게 그 본심을 알아내기 어렵다.

　때로는 민첩(敏捷)한 것도 같으나 변화가 있으며 인자한 마음이 있는 반면에 질투와 시기 태만성도 있다. 그러나 보편적으로 관후(寬厚)한 성격이라 하겠다. 그러나 고립(孤立)적인 염려(念慮)가 있다.

　직업은 관리(官吏), 상업(商業) 또는 농업(農業), 교육가(敎育家)도 적당하다. 일신상의 건강(健康)은 소화기(消化器)와 요하(腰下)의 질병에 주의함이 좋겠다.

　나와 인연 있는 띠는 신(申), 묘(卯), 인(寅) 해년생인(亥年生人)이다.

축년생인 결궁(丑年生人 結宮)

　정직(正直)하고 인자(仁慈)하니 타인(他人)으로부터
신용(信用)을 얻을 수가 있다.

　특히 인내적이며 인정도 있다. 그러나 그다지 활동
적이 못 되면서도 매사에 당하여 꾸준한 노력성이 있
으며 온후하고 조심성도 있다 하겠다

　때로는 변굴적(變屈的)인 성질이 내포되었으므로 한
번 노기가 나면 수화(水火)를 가리지 않고 기관총 쏘
듯 한다.

　직업은 공업가(工業家), 토건업(土建業), 경찰관(警
察官), 목축업(牧畜業)에 적당하다.

　일신상의 건강은 소화기병(消化器病), 종물(腫物),
성병(性病)에 주의함이 좋겠다.

　나와 인연이 있는 띠는 사(巳), 오(午), 해(亥), 신
(申), 유(酉), 진(辰) 미년생인(未年生人)이다.

인년생인 연궁(寅年生人 演宮)

　이 성질은 삼국 시대의 장비처럼 불꽃같이 급함으로 매사를 즉각 처리하는 편이며, 활동력이 왕성한 반면에 감성이 예민하고 지혜와 재주가 우수하며 과단성도 있다. 그러기에 사물처리를 능하게 하며 지도적이고 통솔할만한 자격을 구비하고 있다.

　혹은 과격(過激)한 급진성이 있기에 경솔한 인원(因原)으로 실책(失策)하기 쉽다.

　인내성이 부족함이 결점이라 하겠으니 이 점을 주의하라.

　직업은 청부업, 광업, 증권업, 항해사, 비행사, 공무원, 정치가가 좋겠으며,

　일신상(一身上)의 건강(健康)은 담병(膽病), 각기(脚氣), 호흡기(呼吸器) 계통의 질환에 주의함이 좋겠다.

　나와 인연 있는 띠는 해(亥), 자(子), 묘(卯), 오(午) 사년생인(巳年生人)이다.

묘년생인 풍궁(卯年生人 豊宮)

　무슨 일이든지 할까 말까 하여 재(척도)는 성질이 있기에 박력이 적다.
　더욱 더한 것은 변굴성(變屈性)이 있으므로 마음에 하고 싶은 일이 있으면 잠을 자지 못하고 급하게 추진(推進)하나 하고자 아니할 때는 벼락이 친다 해도 꼼짝도 아니한다.
　그리고 평소에 농을 잘 하는 성격이 있기에 혹 실수가 있으니 이점을 주의하여야 한다.
　직업으로는 교육가(敎育家), 의사(醫師), 예술가(藝術家), 상업(商業), 미술가와 같은 방면이 좋겠으며,
　일신상의 건강은 결핵(結核), 각기병(脚氣病), 간장(肝臟), 위장(胃腸) 등의 제(諸)병에 주의하기 바란다.
　나와 인연 있는 띠는 묘(卯), 해(亥), 자(子), 사(巳), 오년생인(午年生人)이다.

진년생인 분궁(辰年生人 奮宮)

　기질(氣質)이 활달(活達)하고 자제력이 강하며 일단
마음에 결정한 일은 변동하지 않으며 능(能)히 맺고
끝는다. 백곡(百穀)을 자양(滋養)하는 경토(耕土)와 같
이 매사처리에 있어 아량이 풍부하며 자중성(自重性)이
강대하다. 독특한 노력성과 특질도 구비하고 있으나 그 이
면에는 상당한 고집과 자존심이 내재(內在)하며 강한 반발
력이 있다. 그밖에 명예심을 좋아하는 것이 특점이다.
　직업은 관인(官人), 토건업(土建業), 운반업(運搬
業), 무역업(貿易業), 관광업(觀光業), 실업(實業) 등
이 좋으며, 일신상의 건강은 견병(肩病), 신경병(神經
病), 관절염(關節炎), 성병(性病), 안질(眼疾) 등에
주의함이 좋겠다.
　나와 인연 있는 띠는 사(巳), 오(午), 신(申), 유
(酉), 술(戌), 축년생인(丑年生人)이다.

사년생인 지궁(巳年生人 止宮)

　신경이 섬세하여 문학, 기술을 즐기고 박학 다재하여 민첩한 성질이 있다. 외견(外見)은 정온하여 침묵하나, 그 반면에는 강한 활기와 폭발적인 성품이 내포되어 자기가 자기의 정력을 소모하게 된다.

　지력이 깊고 민첩함을 구비하고 있으나 매사에 실행력이 부족함이 결점이니 이것을 주의하여야 하고 신중할 때는 과도하기에 번잡하게 되니 편굴적(偏屈的)인 허망한 성질을 조심함이 좋겠다.

　직업은 작가(作家), 시인(詩人), 학자(學者), 교육가(教育家), 언론(言論), 관리(官吏) 등이 적당하며,

　일신상의 건강은 소화기(消化器), 신경계통의 질병(疾病)에 주의하고

　인연 있는 띠는 인(寅), 묘(卯), 축(丑), 진(辰) 술년생인(戌年生人)이다.

오년생인 합궁(午年生人 合宮)

　거센 기운과 정력(精力)이 강하고 금전의 수입도 많아서 경제적으로 두각(頭角)을 나타낼 수 있다. 그러나 금전을 사용하는데 대단히 기복(起伏)이 많다.

　활동력이 왕성하여 촌시도 정지하지 않는다.

　그리고 지모와 임기응변의 재능이 있어도 사교성이 담백하고 일면으로는 격정적이며, 완급성이 있으나 조폭하는 데서 흐르기 쉬우니 조심하여야 한다.

　또는 색정을 삼가할 필요도 있다.

　직업은 은행가(銀行家), 회사원(會社員), 실업가(實業家), 목장(牧場), 농장(農場), 토건업(土建業)이 적당하다. 일신상의 건강은 심장병, 성병, 고혈압, 각기병 등의 질환에 주의한다.

　나와 인연이 있는 띠는 인(寅), 해(亥), 미(未) 술년생인(戌年生人)이다.

미년생인 노궁(未年生人 老宮)

천성이 일견온후하고 침착하며 지능과 사고력(思考力)이 있으니 점진적(漸進的)인 견실성이 있고 노력가라 하겠다. 표면은 쾌활하고 사교성도 좋으며 친절도 하나 일방으로는 자존심과 타산적인 성격도 내포하고 있다.

또 의기(義氣)주의를 주장하면서도 다소 이기심(利忌心)도 포함된 것이 결점이다.

금전에 대하여 다정한 친구 사이에 주고받는 것을 주의하라. 불연이면 실패한다.

직업은 법률가(法律家), 저술가, 의사(醫師), 미술가(美術家), 표구사 등에 적당하다.

일신상의 건강은 신경계통(神經系統), 폐결핵(肺結核) 등의 질환에 주의함이 좋겠다.

나와 인연이 있는 띠는 해(亥), 오(午), 축(丑), 진(辰), 술년생인(戌年生人)이다.

신년생인 원궁(申年生人 緩宮)

　　인내심이 약하고 일거 일동이 경솔하며, 모든 일을 처리하는데 용두사미격이 된다.
　　직업 변동을 잘하고 또는 이랬다 저랬다 하기에 그 본심을 알아 낼 도리가 없다.
　　때로는 강건민첩하기도 하고 혹은 노둔우열(駑鈍優劣)한 변화가 있으며 강의인엽한 반면에 질투와 시기심과 태만성이 있기에 고립하게 된다.
　　직업은 공무원(公務員), 운동가(運動家), 소매상(小賣商), 중개업(仲介業), 변호사(辯護士), 배우(俳優), 음악가(音樂家) 등이 적당하다.
　　일신상의 건강은 호흡기(呼吸器)병에 주의하여야 한다.
　　나와 인연 있는 띠는 축(丑), 진(辰), 미(未), 유(酉), 해(亥), 자(子) 술년생인(戌年生人)이다.

유년생인 수궁(酉年生人 隨宮)

재능(才能)과 기술이 비범(非凡)하며 화려(華麗)한 생활(生活)을 즐기며 부자유한 일을 싫어한다.

그러나 여자(女子)를 좋아하면 여난(女難)을 받는 사람이 많다. 지능적(知能的)인 성격이 있으며 실행력이 강하고 세밀한 수완가로서 인내력이 강한 성질이기에 명예와 지위를 중히 여기는 성품이다.

직업은 성악가(聲樂家), 배우(俳優), 변호사(辯護士), 종교가(宗敎家), 문사(文士), 화가(畵家) 등이 적당하다.

일신상의 건강은 신경쇠약(神經衰弱), 결핵(結核), 안병(眼病), 성병(性病), 위장병(胃腸病) 등을 조심함이 좋겠다.

나와 인연이 있는 띠는 묘(卯), 미(未), 술(戌), 진(辰), 해(亥) 자년생인(子年生人)이다.

술년생인 연궁(戌年生人 煉宮)

　　정직하고 의지가 철석(鐵石) 같아 분투적인 동시에
허식이 없는 성질이며 남의 일을 도와주기를 좋아한다.
　　따라서 용단력도 있기에 사무처리에는 위대한 특장
력이 있다. 한편 강하고 고집이 세기에 동화력이 부족
한 점이 있어 쟁론(爭論)을 일으키기 쉽다. 그런 점은
미연마(未硏磨)된 광석과 같이 규격이 일정치 못한
까닭이니 이점을 온유하게 하며 수양하면 이상적인
성격이 될 것이다.
　　직업은 법관(法官), 경찰관(警察官), 탐색가(探索
家), 공무원(公務員), 저술가(著述家) 등이 좋다.
　　일신상의 건강은 신경과민(神經過敏), 신경병(神經
病), 위장병(胃腸病) 등에 주의함이 좋다.
　　나와 인연이 있는 띠는 미(未), 사(巳), 오(午), 자
(子), 신(申), 축(丑), 진년생인(辰年生人)이다.

해년생인 실궁(亥年生人 實宮)

　비교하면 흐르는 물이 못에 담겨 있는 것 같기에 극히 불활발한 모양과 같다. 그러나 지력(智力)과 사고력(思考力)이 심히 깊고 모든 일을 주밀(周密)하게 하니 심원한 성질이 있다. 화순하면서도 냉정한 성질이 있기에 감정이 폭발하면 호수가 변하여 대해의 파도로 변한다. 그러기에 그 성질을 추측키 어려운 정도가 된다.

　실행력과 과단성이 부족한 것이 결점이니 이점만 주의하여 고치게 되면 위대한 인물이 되리라 하겠다.

　직업은 광산업(鑛山業), 무역업(貿易業), 창고업(倉庫業), 무력(武力), 군인(軍人) 등이 적당하리라.

　일생의 건강은 장수자가 많고 심장염, 부인병, 성병 등에 주의함이 좋겠다.

　나와 인연이 있는 띠는 신(申), 묘(卯), 유(酉), 인(寅) 자년생인(子年生人)이다.

궁 합 법

2013 癸巳 1歲	1998 戊寅 16歲	1983 癸亥 31歲	1968 戊申 46歲
2012 壬辰 2歲	1997 丁丑 17歲	1982 壬戌 32歲	1967 丁未 47歲
2011 辛卯 3歲	1996 丙子 18歲	1981 辛酉 33歲	1966 丙午 48歲
2010 庚寅 4歲	1995 乙亥 19歲	1980 庚申 34歲	1965 乙巳 49歲
2009 己丑 5歲	1994 甲戌 20歲	1979 己未 35歲	1964 甲辰 50歲
2008 戊子 6歲	1993 癸酉 21歲	1978 戊午 36歲	1963 癸卯 51歲
2007 丁亥 7歲	1992 壬申 22歲	1977 丁巳 37歲	1962 壬寅 52歲
2006 丙戌 8歲	1991 辛未 23歲	1976 丙辰 38歲	1961 辛丑 53歲
2005 乙酉 9歲	1990 庚午 24歲	1975 乙卯 39歲	1960 庚子 54歲
2004 甲申 10歲	1989 己巳 25歲	1974 甲寅 40歲	1959 己亥 55歲
2003 癸未 11歲	1988 戊辰 26歲	1973 癸丑 41歲	1958 戊戌 56歲
2002 壬午 12歲	1987 丁卯 27歲	1972 壬子 42歲	1957 丁酉 57歲
2001 辛巳 13歲	1986 丙寅 28歲	1971 辛亥 43歲	1956 丙申 58歲
2000 庚辰 14歲	1985 乙丑 29歲	1970 庚戌 44歲	1955 乙未 59歲
1999 己卯 15歲	1984 甲子 30歲	1969 己酉 45歲	1954 甲午 60歲

甲子(갑자) 乙丑(을축)	海中金(해중금)	戊辰(무진) 己巳(기사)	大林木(대림목)
丙寅(병인) 丁卯(정묘)	爐中火(노중화)	庚午(경오) 辛未(신미)	路傍土(노방토)
壬申(임신) 癸酉(계유)	劍鋒金(검봉금)	丙申(병신) 丁酉(정유)	山下火(산하화)
甲戌(갑술) 乙亥(을해)	山頭火(산두화)	戊戌(무술) 己亥(을해)	平地木(평지목)
丙子(병자) 丁丑(정축)	澗下水(간하수)	庚子(경자) 辛丑(신축)	壁上土(벽상토)
戊寅(무인) 己卯(기묘)	城頭土(성두토)	壬寅(임인) 癸卯(계묘)	金箔金(금박금)
庚辰(경진) 辛巳(신사)	白蠟金(백랍금)	甲辰(갑진) 乙巳(을사)	覆燈火(복등화)
壬午(임오) 癸未(계미)	楊柳木(양류목)	丙午(병오) 丁未(정미)	天河水(천하수)

甲申(갑신) 乙酉(을유)	泉中水(천중수)	戊申(무신) 己酉(기유)	大驛土(대역토)
丙戌(병술) 丁亥(정해)	屋上土(옥상토)	庚戌(경술) 辛亥(신해)	叙釧金(차천금)
戊子(무자) 己丑(기축)	霹靂火(벽력화)	壬子(임자) 癸丑(계축)	桑石木(상석목)
庚寅(경인) 辛卯(신묘)	訟栢木(송백목)	甲寅(갑인) 乙卯(을묘)	大溪水(대계수)
壬辰(임진) 癸巳(계사)	長流水(장류수)	丙辰(병진) 丁巳(정사)	沙中土(사중토)
甲午(갑오) 乙未(을미)	沙中金(사중금)	戊午(무오) 己未(기미)	天上火(천상화)
庚申(경신) 辛酉(신유)	石榴木(석류목)	壬戌(임술) 癸亥(계해)	大海水(대해수)

남녀궁합해설

男金女金=龍變化魚(용이 고기로 변한 격)

남녀가 같이 거한즉 불길하니 평생을 무익하게 지내고 우마와 재물이 자연히 없어지고 관재수와 재앙이 많이 생기리라.

男金女木=游魚失水(고기가 물을 잃은 격)

금극목하니 관재와 재난이 있으며 가내가 화목치 못할 것이요. 우마와 재산이 사라지고 부부 이별하여 독수공방 할 운이로다.

男金女水=駟馬得馱(사마가 짐을 얻은 격)

금생수하니 부부 화목하고 가도가 넉넉하며 겨울을 지나 초목하니 자손이 만당하여 효도하고 영화가 무궁하리라.

男金女火=瘦馬重馱 (병든 말의 무거운 짐)

화극금이니 백년을 조심 할 격이니라, 재물이 자연히 패할 것이요. 이별 수가 있고 혹 자손을 두었으나 기르기 어려우리라.

男金女土=仙得土木(신선이 토목을 얻은 격)

토생금이니 부귀 공명 할 격이로다. 자손이 번성하고 노비 전답이 많으며 거룩한 이름을 세상에 떨치니 평생 근심이 없으리라.

男木女金=臥牛負草(누운 소가 풀을 진 격)

금극목하니 불길하도다. 부부간에 오래 동거치 못할
것이요. 재산이 풍족하지 못하며 자손의 근심이 있
으며 재익이 많으리라.

男木女木=主失鷄太(닭과 개를 잃은 격)

평생에 길흉을 상반하리라. 부부 화목하여 생남 생
녀할 것이요. 재산이 풍족치는 못하나 일생 굶주리
지 아니하리라.

男木女木=鳥變成鷹(새가 매로 변하는 격)

수생목하니 부부 금슬이 지극하고 자손이 효성하며
친척 화목하고 복록이 가득할 것이요. 이름도 떨치
게 되리라.

男木女火=三夏逢扇(여름에 부채를 얻은 격)

목생화하니 자손이 만당하고 복록이 찬성할 격이리
라. 평생을 금의옥식으로 부러울 것이 없으며 복이
오고 재앙은 사라지리라.

男木女土=入冬裁衣(겨울에 옷을 만드는 격)

목극토하니 부부 금실이 불합할 것이요. 친척과 화목
치 못하고 자손이 불효하며 패가망신하기 쉬우리라.

男水女金=三客逢弟(삼객이 동생을 만난 격)

금생수하니 부귀할 격이라 자손이 장성하며 생애가 점
점 족해지고 친척이 화목하며 노비 전답이 많으리라.

男水女木=鮫變爲龍(상어가 용이 된 격)

수생목하니 재산이 흥왕하며 영화가 무궁하고 공명이 또한 겸비하여 자손이 만당하니 평생에 기쁜 일 뿐이로다.

男水女水=病馬逢針(병든 말이 침을 만난 격)

수산합하니 부귀할 격이요. 부부 금실이 중하고 일가가 화순하며 전답이 사면에 가득하고 자손이 장성하여 일생 안락하리라.

男水女火=花落逢暑(꽃이 떨어지고 여름을 만난 격)

수화 상극하니 부부 불순하고 자손이 불효하며 일가친척이 화목치 못하며 자연히 재액이 이르매 패가하리라.

男水女土=萬物逢霜(만물이 서리를 만난 격)

수도가 상극하니 금이 화목치 못하고 자손이 불효하여 가도가 자연히 패하고 재물이 없고 상부(喪夫)할 격이로다.

男火女金=龍失明珠(용이 여의주를 잃은 격)

화극금하니 불 가운데 눈같이 사라지고 믿을 것이 없도다. 자손이 극귀하고 일류이 어지러워 재앙이 많고 재물이 사라지리라.

男火女木=鳥變成鶴(새가 변하여 학이 되는 격)

목생화하니 만사대길하고 부부화합하여 자손이 효행하고 사방에 이름을 떨치어 석숭같은 부자에 고관의 벼슬을 얻으리라.

男火女水=老脚渡橋(늙은이가 다리를 건너는 격)

수극화하니 만사 대흉하여 상처할 격이요. 일가 친척이 불화하고 재물이 없으리라.

男火女火=龍變爲魚(용이 변하여 고기가 된 격)

양화가 서로 만나니 길한 것이 적고 흉액이 많도 다. 재물이 흩어지고 부부 불화하고 자손이 없으 며 화재로 패를 보리라.

男火女土=人變成仙(사람이 신선으로 변하는 격)

화생토하니 재물이 풍족하고 자손이 창성하며 일 생 근심이 없고 부귀 복록이 자연히 이르며 도처 에 이름을 떨치니라.

男土女金=鳥變成鷹(새가 변하여 매가 된격)

토생금하니 부부 해로하여 자손이 창성하고 부 귀공영이 겸전하여 재물이 산과 같고 노비가 집 안에 가득하니 태평하리라.

男土女木=枯木逢秋(마른 나무가 가을을 만난 격)

목극토하니 부부가 서로 불화하고 관재 구설이 빈번하게 이르며 겉은 비록 부유하나 안으로 가 난할 것이요 백년을 근심하리라.

男土女水=飮酒悲歌(술마시며 슬픈 노래를 부르는 격)

토극수하니 자손이 비록 있어도 동서로 흩어질 것이요. 부부지간에 생이별하고 가산도 탕진하 리라.

男土女火=魚變成龍(고기가 용이 된 격)

화생토하니 부부간의 금실이 중하고 자연히 부귀
할 것이요. 효자 효부를 두어 즐거움도 누리고 노
비 전답이 즐비하리라.

男土女土=開花滿枝(가지마다 꽃이 핀 격)

양토가 상합하니 자손이 창성할 격이요. 부귀할지로
다. 금의 옥식에 풍류객이 되어 고루 거각에 앉아 영
화를 누리리라.

相生	金生水 水生木 木生火 火生土 土生金
相克	金克木 木克土 土克水 水克火 火克金

◈ 三災法

- 巳酉丑生 = 亥子丑年   • 申子辰生 = 寅卯辰生
- 亥卯未生 = 巳午未年   • 寅午戌生 = 申酉戌年

◈ 宮合相克中 相生之命

- 沙中金 劍鋒金은 逢喜 形成하고
- 霹靂火 天上火 山下火는 復水福祿榮하고
- 平地一秀木은 無金이면 不就榮하고
- 天河水 大海水는 遇土 自然享하고
- 路傍上 大驛土 沙中土는 非木이면 誤平生이라.

◈ 이사 방위 보는 법

이사 방위를 보는 방법은 이사를 할 사람의 나이가 몇인 가를 안 후 아래표에서 나이 아래로 내려와 숫자가 나오면 그 숫자의 해석을 보고 흉(凶)일인 경우는 피하면 된다.

① 천록방(天祿方)으로 이사하면 하늘에서 녹을 주 니 관록을 얻는다.

② 안손방(眼損方)으로 이사하면 눈이 멀게 된다.

③ 식신방(食神方)으로 이사하면 재물이 생기고 만 사가 잘 된다.

④ 징파방(徵破方)으로 이사하면 재물이 흩어지고 도난을 당한다.

⑤ 오귀방(五鬼方)으로 이사하면 가택이 편하지 못 하고 병을 얻는다.

⑥ 합식방(合食方)으로 이사하면 재물이 절로 들어 와 부귀를 얻는다.

⑦ 친귀방(親鬼方)으로 이사를 하면 관(官)으로부터 재앙과 불상사가 일어난다.

⑧ 관인방(官印方)으로 이사하면 관록과 운수가 좋다.

⑨ 퇴식방(退食方)으로 이사하면 재물이 줄어든다.

방향	성별	10	11	12	13	14	15	16	17	18	19	20	21	22	23	24	25	26	27
동	남							7											
	여							6											
동남	남								8	1									
	여								8	8									
남	남										7								
	여										6								
남서	남											1	2						
	여											9	1						
서	남	5												8					
	여													7					
서북	남		5	6											8	9			
	여		4	5											7	8			
북	남				2												5		
	여				1												4		
북동	남					1	2											11	5
	여					9	1											3	4

방향	성별	28	29	30	31	32	33	34	35	36	37	38	39	40	41	42	43	44	45
동	남	1												4					
	여	9												3					
동남	남		3	4											6	7			
	여		2	3											5	6			
남	남				1														
	여				9												3		
남서	남					4	5										6	7	8
	여					3	4											6	7
서	남							2											
	여							1											
서북	남								2										
	여								1	2									
북	남									3	8								
	여										7								
북동	남											7	8						
	여											6	7	9					

방향	성별	46	47	48	49	50	51	52	53	54	55	56	57	58	59	60	61	62	63
동	남							7											
동	여			-				6											
동남	남									1									
동남	여								8	8									
남	남										7								
남	여										6								
남서	남											1	2						
남서	여											9	1						
서	남	5												8					
서	여	4												7					
서북	남		5	6											8	9			
서북	여		4	5											7	8			
북	남				2												5		
북	여				1												4		
북동	남					1	2											4	5
북동	여					9	1		8									3	4

방향	성별	64	65	66	67	68	69	70	71	72	73	74	75	76	77	78	79
동	남	1												4			
동	여	9												3			
동남	남		3	4											6	7	
동남	여		2	3	3										5	6	
남	남				1												4
남	여				9												3
남서	남					4	5										
남서	여					3	4										
서	남							2									
서	여							1									
서북	남								2								
서북	여	5							1	2							
북	남									3	8						
북	여										7						
북동	남											7	8				
북동	여											6	7				

◈ 혼인할 때 주당보는 법

이것은 신부가 신랑집으로 신행해 올 그 순간에 보지 않거나 피해야 할 것은 그 순간만 피하거나 보지 않으면 된다.

그 보는법은 혼인하는 달이 클 때는 큰 달의 것을 보고 작을 때는 작은 것을 보는데 혼인하는 날짜가 정해졌을 때 그 날짜를 아래표에서 그 날짜 맨 밑을 봐서 주당이 어디에 걸리는가를 봐 신랑이나 신부가 걸리면 안되니 一. 九, 十七, 二五, 七, 十五, 二三, 十九, 二七. 一, 九, 十七, 二五, 三, 十一, 十九. 二七. 日등의 날은 신행하면 안되고 부엌이나 아궁 이나 처마 밑이나 봉당이 걸리면 그 곳만 그날 신행와서 보지 않거나 들어가지 않으면 된다.

※ 큰 달인 경우

날		짜		주 당
1	9	17	25	신 랑
2	10	18	26	시어머니 시 누 이
3	11	19	27	봉 당
4	12	20	28	시아버지
5	13	21	29	처 마 밑
6	14	22	30	아 궁 이
7	15	23		신 부
8	16	24		부 엌

※ 작은 달인 경우

날		짜		주 당
1	9	17	25	신 랑
2	10	18	26	부 엌
3	11	19	27	신 부
4	12	20	28	아 궁 이
5	13	21	29	처 마 밑
6	14	22		시아버지
7	15	23		봉 당
8	16	24		시어머니 시 누 이

◈ 안장(安葬)주당 보는 법

※ 큰 달인 경우

날 짜				주 당	길 흉
1	9	17	25	父(부)	아버지가 피한다
2	10	18	26	男(남)	남편이 피한다
3	11	19	27	孫(손)	손자가 피한다
4	12	20	28	死(사)	피해야 할 날
5	13	21	29	女(여)	아내가 피한다
6	14	22	30	母(모)	어머니가 피한다
7	15	23		婦(부)	며느리가 피한다
8	16	24		客(객)	손님이 피한다

※ 작은 달인 경우

날 짜				주 당	길 흉
1	9	17	25	母(모)	어머니가 피한다
2	10	18	26	女(여)	아내가 피한다
3	11	19	27	死(사)	피해야 할 날
4	12	20	28	孫(손)	손자가 피한다
5	13	21	29	男(남)	남편이 피한다
6	14	22		父(부)	아버지가 피한다
7	15	23		客(객)	손님이 피한다
8	16	24		婦(부)	부인이 피한다

◇ 신행할 때 주당 보는 법

※ 큰 달인 경우

날 짜				주 당	길 흉
1	9	17	25	아 궁 이	좋 음
2	10	18	26	봉 당	좋 음
3	11	19	27	잔 치 상	나 쁨
4	12	20	28	죽 음	나 쁨
5	13	21	29	뒷 문	나 쁨
6	14	22	30	앞 문	나 쁨
7	15	23		행 길	나 쁨
8	16	24		부 엌	좋 음

※ 작은 달인 경우

날 짜				주 당	길 흉
1	9	17	25	부 엌	좋 음
2	10	18	26	행 길	나 쁨
3	11	19	27	앞 문	나 쁨
4	12	20	28	뒷 문	나 쁨
5	13	21	29	죽 음	나 쁨
6	14	22		잔 치 상	나 쁨
7	15	23		봉 당	좋 음
8	16	24		아 궁 이	좋 음

◆ 이사 주당 보는 법

※ 큰 달인 경우

날	짜			주 당	길	흉
1	9	17	25	安(안)	좋	음
2	10	18	26	利(리)	좋	음
3	11	19	27	天(천)	좋	음
4	12	20	28	害(해)	나	쁨
5	13	21	29	殺(살)	나	쁨
6	14	22	30	富(부)	나	쁨
7	15	23		師(사)	나	쁨
8	16	24		災(재)	나	쁨

※ 작은 달인 경우

날	짜			주 당	길	흉
1	9	17	25	天(천)	좋	음
2	10	18	26	利(리)	좋	음
3	11	19	27	安(안)	좋	음
4	12	20	28	災(재)	나	쁨
5	13	21	29	師(사)	나	쁨
6	14	22		富(부)	나	쁨
7	15	23		殺(살)	나	쁨
8	16	24		害(해)	나	쁨

◈ 길일을 찾아내는 법

月家吉神	설 명	1月	2月	3月	4月	5月	6月	7月	8月	9月	10月	11月	12月
天德(천덕)	장례나 집짓는 데 등 백사에 대길	丁	申	壬	辛	亥	甲	癸	寅	丙	乙	巳	庚
月德(월덕)	백사에 대길	丙	甲	壬	庚	丙	申	壬	庚	丙	甲	壬	庚
天德合(천덕합)	천덕과 같이 씀	壬	巳	丁	丙	寅	巳	戊	亥	辛	庚	申	乙
月德合(월덕합)	월덕과 같이 씀	辛	己	丁	乙	辛	巳	丁	乙	辛	己	丁	乙
月空(월공)	글을 올리거나 흙을 다루는 날	壬	庚	丙	甲	壬	庚	丙	甲	壬	庚	丙	甲
月恩(월은)	모든 재앙이 없어지는 날	丙	丁	庚	己	戊	辛	壬	癸	庚	乙	甲	辛
月財(월재)	집짓고 이사하거나 장사에 씀	戌	辰	巳	卯	申	未	戌	辰	巳	卯	申	未
生氣(생기)	재물 양자 혼인에 씀	戌	亥	子	丑	寅	卯	辰	巳	午	未	申	酉
天醫(천의)	치병 침약에 씀	丑	寅	卯	辰	巳	午	未	申	酉	戌	亥	子
旺日(왕일)	상량하관에 길하나 흙을 다루면 해로움	寅	寅	寅	巳	巳	巳	申	申	申	亥	亥	亥
相日(상일)	왕일과 같이 씀	巳	巳	巳	申	申	申	亥	亥	亥	寅	寅	寅
解神(해신)	모든 살을 풀어서 백사에 대길	申	申	戌	戌	子	子	寅	寅	辰	辰	午	午
五富(오부)	집짓고 장사 지낼 때	亥	寅	巳	申	亥	寅	巳	申	亥	寅	己	申
玉帝赦日(옥제사일)	매사에 무조건 좋은 날	丁巳	甲子	乙丑	丙寅	辛卯	壬辰	丁亥	甲午	乙未	丙申	辛酉	壬戌
天赦日(천사일)	몸에 죄를 사하는 날	戌	丑	辰	未	戌	丑	辰	未	戌	丑	辰	未
皇恩大赦(황은대사)	재앙이 사라지고 이환이 나오는 날	戌	丑	寅	巳	酉	卯	子	午	亥	辰	申	未
要安日(요안일)	생을 받아 복을 받는 날	寅	申	卯	酉	辰	戌	巳	亥	午	子	未	丑
萬通四吉(만통사길)	무해 무득한 날	午	亥	申	丑	戌	卯	子	巳	寅	未	辰	酉
天貴(천귀)	제사, 벼슬, 입학에 길	春	甲	乙	夏	丙	丁	秋	庚	辛	冬	壬	癸
四相(사상)	혼인과 백사에 길	春	丙	丁	夏	戊	己	秋	壬	癸	冬	甲	乙
三合(삼합)		午戌	未亥	申子	酉丑	戌寅	亥卯	子辰	丑巳	寅午	卯未	辰申	巳酉
六合(육합)		亥	戌	酉	申	未	午	巳	辰	卯	寅	丑	子
時德(시덕)	결혼과 친우 모임에 길	春在午			夏在辰			秋在子			冬在寅		
青龍(청룡)	출행과 배 떠나는 데 길	壬子	癸丑	艮寅	甲卯	乙辰	巽巳	丙午	丁未	坤申	庚酉	辛戌	乾亥

◈ 흉일을 피하는 법

보는 법은 길일을 볼 때와 같고 다만 띠의 날을 택하는 점이 다르다. 즉 갑을병정 순서가 아니고 자축인묘 순서의 날을 택하는 점이다.

좋고 나쁜 날	설　　　　명	1月	2月	3月	4月	5月	6月	7月	8月	9月	10月	11月	12月
天 降(천 강)	백사에 해로우나 황도가 닿으면 씀	巳	子	未	寅	酉	辰	亥	午	丑	申	卯	戌
河 魁(하 괴)	천강과 같음	亥	午	丑	申	卯	戌	巳	子	未	寅	酉	辰
地 破(지 파)	흙을 만질 때	亥	子	丑	寅	卯	辰	巳	午	未	申	酉	戌
羅 網(나 망)	혼인, 출행, 소송	子	申	巳	辰	戌	亥	丑	申	未	子	巳	申
滅 沒(멸 몰)	혼인, 출행	丑	子	亥	戌	酉	申	未	午	巳	辰	卯	寅
重 喪(중 상)	안장, 성복, 중복	甲	乙	己	丙	丁	己	庚	辛	己	壬	癸	己
天 狗(천 구)	제사 지낼 때	子	丑	寅	卯	辰	巳	午	未	申	酉	戌	亥
往 亡(왕 망)	이사 출행할 때	寅	巳	申	亥	卯	午	酉	子	辰	未	戌	丑
天 賊(천 적)	출행이나 창고를 열고 돈거래할때	辰	酉	寅	未	子	巳	戌	卯	申	丑	午	亥
披麻殺(피마살)	혼인이나 집을 들 때	子	酉	午	卯	子	酉	午	卯	子	酉	午	卯
紅紗殺(홍사살)	혼인	酉	巳	丑	酉	巳	丑	酉	巳	丑	酉	巳	丑
瘟瘟殺(온황살)	병치료나 집을 고치거나 이사할 때	未	戌	辰	寅	午	子	酉	申	巳	亥	丑	卯
土 瘟(토 온)	흙을 만지거나 샘을 팔 때	辰	巳	午	未	申	酉	戌	亥	子	丑	寅	卯
天 隔(천 격)	출행, 구관	寅	子	戌	申	午	辰	寅	子	戌	申	午	辰
地 隔(지 격)	씨를 뿌리고 장사지내는 때	辰	寅	子	戌	申	午	辰	寅	子	戌	申	午
山 隔(산 격)	입산, 수렵, 벌목	未	巳	卯	丑	亥	酉	未	巳	卯	丑	亥	酉
水 隔(수 격)	물에 들어가 고기를 잡거나 배를 탈때	戌	申	午	辰	寅	子	戌	申	午	辰	寅	子
陰 錯(음 착)	혼인, 장례	庚戌	辛酉	庚申	丁未	丙午	丁巳	甲申	乙卯	甲寅	癸丑	壬子	癸亥
月 殺(월 살)	복신, 입주, 상량	丑	戌	未	辰	丑	戌	未	辰	丑	戌	未	辰
月 厭(월 염)	혼인, 출행	戌	酉	申	未	午	巳	辰	卯	寅	丑	子	亥

月 \ 日	1	2	3	4	5	6	7	8	9	10	11	12
자	2.3 5		3.8 13	10	2.4 6	3.7.8. 4 10.13		9	2.3 13.8	5	1.11	3.8 13
축	8	7		8	12	3	4.5 10.8		3.22	1.6 11.8		3.9
인	9	8.10 13	6		8.13			8.10 13	1.4 7.11		8.13	
묘	10			2	7.9			1.2 6.11	10		4	2
진	6.7	3.4		5.12	3.10		1.11	3.12	9	10	3	10.1 2
사		3.9	5	4	3	1.6 11		3			3.5 10	7
오	13		2	13	1.11	4.9	2.13	7		13	2.6	
미			12	1.6 7.11			12	4	5	9	12	
신		5	1.9 11	3		1	3	5	6	3.4	7	5
유	3.4	1.2 6.11		3		2	3.7 9			2.3		4
술	1.4 11	12	7		5	12	6			12	9	
해			4	9		5				7		1.6 11

◈ 13살

① 천살 ② 피마살 ③ 홍사상 ④ 수사살 ⑤ 망라살 ⑥ 천적살 ⑦ 고초살 ⑧ 귀기살 ⑨ 왕망살 ⑩ 십악살 ⑪ 월압살 ⑫ 월살 ⑬ 황사살(칸 안의 숫자가 이 十三살 번호이다.)

다음 표에서 왼쪽편은 날이고 맨 위는 달이니 아무 표가 없는 곳의 날을 골라써야 한다.

◈ 천월덕 합일(天月德合日)

이 날을 쓰면 모든 살이 없어진다.

※ 천덕합(天德合)

一월 – 임(壬)일　二월 – 기(己)일 三月 – 정(丁)일
四월 – 병(丙)일　五월 – 인(寅)일 六월 – 사(巳)일
七월 – 술(戌)일　八월 – 해(亥)일 九월 – 신(辛)일
十월 – 경(庚)일 十一월 – 갑(甲)일十二월 – 을(乙)일

※ 월덕합(月德合)

一월 - 신(辛)일   二월 - 기(己)일 三月 - 정(丁)일
四월 - 을(乙)일   五월 - 신(辛)일 六월 - 기(巳)일
七월 - 정(丁)일   八월 - 기(己)일 九월 - 신(辛)일
十월 - 기(己)일 十一월 -정(丁)일十二월 - 을(乙)일

◈ 큰 공망일(大空亡日)

이날은 무슨 일을 하든 좋은데 굿하고 제사 지내고 기도
하는 때는 안된다.
보는법은 별지의 달력에서 이날 가려내면 된다.

갑신일(甲申日)   무신일(戊申日)   갑술일(甲戌日)
갑오일(甲午日)   임자일(壬子日)   임인일(壬寅日)
임진일(壬辰日)   계묘일(癸卯日)   을축일(乙丑日)
을해일(乙亥日)   을유일(乙酉日)

남자 나이							
58	59	60	61	62	63	64	65
50	51	52	53	54	55	56	57
42	43	44	45	46	47	48	49
34	35	36	37	38	39	40	41
26	27	28	29	30	31	32	33
18	19	20	21	22	23	24	25
10	11	12	13	14	15	16	17

달력에서 골라야 할 날

지지							
자(子) 화해	유혼	귀혼	천의	복덕	생기	절체	절명
불길	평길	평길	대길	대길	대길	평길	불길
축인(丑)(寅) 절체	복덕	천의	귀혼	유혼	절명	화해	생기
평길	대길	대길	평길	평길	불길	불길	대길
묘(卯) 절명	천의	복덕	유혼	귀혼	절체	생기	화해
불길	대길	대길	평길	평길	평길	대길	불길
진사(辰)(巳) 유혼	화해	생기	절명	절체	귀혼	복덕	천의
평길	불길	대길	불길	평길	평길	대길	대길
오(午) 천의	절명	절체	화해	생기	복덕	귀혼	유혼
대길	불길	평길	불길	대길	대길	평길	평길
미신(未)(申) 복덕	절체	절명	생기	화해	천의	유혼	귀혼
대길	평길	불길	대길	불길	대길	평길	평길
유(酉) 귀혼	생기	화해	절체	절명	유혼	천의	복덕
평길	대길	불길	평길	불길	평길	대길	대길
술해(戌)(亥) 생기	귀혼	유혼	복덕	천의	화해	절명	절체
대길	평길	평길	대길	대길	불길	불길	평길

여자 나이							
10	17	16	15	14	13	12	11
18	25	24	23	22	21	20	19
26	33	32	31	30	29	28	27
34	41	40	39	38	37	36	35
42	49	48	47	46	45	44	43
50	57	56	55	54	53	52	51
58	65	64	63	62	61	60	59

◈ 천농일(天聾日) - 하늘이 귀먹는 날

이 날은 무슨 일을 하든 좋은날이다.
보는법은 별지의 달력에서 이날을 가려내면 된다.
병인일(丙寅日)   무진일(戊辰日)   병자일(丙子日)
경자일(庚子日)   임자일(壬子日)   병진일(丙辰日)

◈ 지아일(地啞日) - 땅이 벙어리 되는 날

이날도 무슨 일을 하든 좋다.
보는법은 별지의 달력에서 이날을 고르면 된다.
을축일(乙丑日)   정묘일(丁卯日)   기묘일(己卯日)
신사일(辛巳日)   을미일(乙未日)   기해일(己亥日)
신축일(辛丑日)   계축일(癸丑日)   신유일(辛酉日)

이날 구두를 고치면 사람이 죽으니 피해야 한다.
※ 쥐해(子年) 말해(午年) 닭해(酉年) 토끼해(卯年)에는
   7月이 흑두일이다.
※ 범해(寅年) 잔나비해(申年) 뱀해(巳年) 돼지해(亥年)는
   一月과 十月이 흑두일이다.

※ 용해(辰年) 개해(戌年) 양해(未年) 소해(丑年)는 四月
이 흑두일이다.

◈ 태백살(太白殺) – 손보는 날

이것은 날짜를 따라다니며 사람을 방해하는 손(귀신)을
말하는데 아래 표에서 방향 밑의 날짜에는 귀신이 이날은
이 방향에 있다는 것이다. 즉, 一日 十一日 二十一日에는
동쪽에 있으니 동쪽방향은 피해야 된다는 말이니 이런 식
으로 보면 된다.

방향	동	동남	남	남서	서	서북	북	북동	좋은 날	
날	1	2	3	4	5	6	7	8	9	10
	11	12	13	14	15	16	17	18	19	20
짜	21	22	23	24	25	26	27	28	29	30

◈ 생갑(生甲) 병갑(病甲) 사갑(死甲)

생갑일만 가리어 쓰고 병갑이나 사갑일을 쓰지 않는다.
보는 법은 별지의 달력에서 여기에 기재된 날을 본다.

갑 해	생 갑 (生甲)	병 갑 (病甲)	사 갑 (死甲)
쥐해(子) 말해(午)	쥐(子)날 말(午)날	범(寅)날 잔나비(申)날	용(辰)날 개(戌)날
소해(丑) 양해(未)	용(辰)날 개(戌)날	쥐(子)날 말(午)날	범(寅)날 잔나비(申)날
범해(寅) 잔나비해(申)	범(寅)날 잔나비(申)날	용(辰)날 개(戌)날	쥐(子)날 말(午)날
토끼해(卯) 닭해(酉)	쥐(子)날 말(午)날	범(寅)날 잔나비(申)날	개(戌)날 용(辰)날
용해(辰) 개해(戌)	용(辰)날 개(戌)날	쥐(子)날 말(午)날	잔나비(申)날 범(寅)날
뱀해(巳) 돼지해(亥)	범(寅)날 잔나비(申)날	용(辰)날 개(戌)날	쥐(子)날 말(午)날

◈ 결혼 후 망하게 되는 경우

※ 一月생인 여자와 九月생인 남자

※ 三月생인 여자와 一月생인 남자

※ 五月생인 여자와 二月생인 남자

※ 七月생인 여자와 四月생인 남자

◈ 다음 경우의 남녀는 혼인을 않는다

※ 八月생인 여자와 二月생인 남자

※ 六月생인 여자와 十二月생인 남자

※ 八月생인 여자와 十月생인 남자

※ 十月생인 여자와 十一月생인 남자

◈ 합혼 개폐법(合婚開閉法)

　남녀가 결혼할 때의 적합한 나이

　결혼하는 해로서는 대개(大開) 반개(半開) 폐개(閉開)의 해가 있는데 대개의 해에는 연애결혼하면 부부가 잘 살고 반개해의 사람은 팽팽한 부부생활을 하고 폐개해의 사람이 연애결혼하면 부부가 이별하게 된다.

　다음 표는 이에 해당되는 것을 표시한 것이니 각 개(開)에 해당된 나이는 남녀가 상호 잘 맞고 맞지 않은 것이니 가려서 써야겠다.

나이 開 地支에 들어간 해	폐 개 (閉 開)	반 개 (半 開)	대 개 (大 開)
자,오,묘,유생 (子,午,卯,酉生)	28 22 16 31 25 19	27 21 15 30 24 18	26 20 29 22 17
인,신,사,해생 (寅,申,巳,亥生)	33 24 15 27 18 30 21	32 23 26 17 29 20	25 19 28 22 16 31
진,술,축,미생 (辰,戌,丑,未生)	32 23 26 17 29 20	31 22 25 16 28 19	24 15 27 18 30 21

◈ 십악대패일(十惡大敗日)

이 날에 무슨 일을 하면 실패한다.

※ 갑년(甲年-甲자가 들어간 해)이나 을년(乙年-
   乙자가 들어간 해)에는 三월의 무술(戊戌)일
   七월의 병신(丙申)일 十一월의 정해(丁亥)일

※ 을년(乙年)과 경년(庚年)에는 四월의 임신(壬申)일 九월의 기사(己巳)일

※ 병년(丙年)과 신년(辛年)에는 三월의 신사(辛巳)일 九월의 경진(庚辰)일 갑진(甲辰)일

※ 무년(戊年)과 계년(癸年)에는 六월의 기축(己丑)일

※ 십악일(十惡日)
다음에 말하는 열개의 날은 어느 해가 되었던 피해야 한다.

갑진일(甲辰日)	을사일(乙巳日)
임신일(壬申日)	병신일(丙申日)
정유일(丁酉日)	경진일(庚辰日)
무술일(戊戌日)	기해일(己亥日)
기축일(己丑日)	경인일(庚寅日)
계해일(癸亥日)	정해일(丁亥日)

◈ 황도일과 흑도일

　황도일은 좋은 날이고 흑도일은 불길한 날이니 피해야 한다. ○는 황도일이고 ×표는 흑도일이다. 아래표에서 맨 위는 날짜이고 왼쪽은 달이니 좋은 날을 골라 달력에서 별치의 날을 정하면 된다.

월＼일	자	축	인	묘	진	사	오	미	신	유	술	해
1~7	○	○	×	×	○	○	×	○	×	×	×	×
2~8	×	×	○	○	×	×	○	○	×	○	×	×
3~9	×	×	×	×	○	○	×	×	○	○	×	○
4~10	×	○	×	×	×	×	○	○	×	×	○	○
5~11	○	○	×	○	×	×	×	×	○	○	×	×
6~12	×	×	○	○	×	○	×	×	×	×	○	○

◈ 혼인시의 길일

이 날을 택하면 살성이 비쳐도 해소가 된다.

1월	2월	3월	4월	5월	6월	7월	8월	9월	10월	11월	12월
병인	병자	병자	갑자	갑신	갑술	갑오	갑진	경진	경인	경인	경자
경인	병술	병술	갑술	갑술	갑신	갑신	갑오	경오	경진	경진	경인
정묘	병인	갑자	갑신	병신	갑오	을사	갑신	신묘	경오	신축	병자
신묘	경자	갑술	병자	병술	신사	을미	신사	신사	신묘	신묘	병인
무인	경술	을축	병신	을미	신미	을유	신미	신미	신사	신사	병진
정축	경인	정축	병술	을유	임진	임오	임진	임진	임인	정축	무자
기축	무인	정유	무자	술신	임오	임신	임오	임오	임진	정묘	무인
기묘	무자	기축	무신	무술	임신	계사	임신	계묘	임오	정사	무진
병자	무술	기유	무술	계미	계사	계미	계사	계사	계묘	기축	신묘
무자	을축	무자	을유	계유	계미	계유	계미	계유	계사	기묘	신유
경자	정축	무술	정축							임인	정묘
	기축		기유								기묘
											기묘
											기축

◈ 길일(吉日)은 찾아내는 법

　좋은 날을 가리고자 하려면 우선 설명난에서 자기가
하고자 하는 날의 가장 좋은 날을 골라 그 아래로 내
려와 선택하려는 달에서 머물러 이에 해당된 날을 이
책에 나온 달력에서 가려내면 된다.

　가령 집을 짓거나 무슨 일을 하는데 좋은 날을 택한
다면 천덕이나 월덕이나 천덕 합을 택하는게 좋다. 一
月은 丁字날, 二月엔 申字날 이런 식으로 보면 된다.

　가령 음력 一九七〇年 二月에 글이나 흙 다루는 날
을 택한다면 월공의 아래로 내려와 오른편에서 경자
(庚子)의 날을 택하면 되는데, 별지의 달력 二月에서
경자를 찾으면 二月 四日이 ㉓인이고 十四日이 ㉓자의
날이고 二月二十四日이 경술의 날이니 이날 중에서 정
하면 되는 것이다.

　월재(月財)의 九, 三, 四, 二, 七, 六, 九, 三, 四,
二, 七, 六 등은 날짜 그대로 하고, 옥제사일은 경신이
면 경신의 날만 신자일이면 신자의 날만 선택해 쓰면
된다.

◈ 꿈해몽법

1. 하늘·해·달·별에 관한 꿈

※ 하늘과 땅이 서로 합치는 꿈을 보면 바라는 일이 잘 이루
어진다.

※ 하늘이 갈라져 보이면 부모에게 근심이 생기고 나라에 근심
이 생긴다.

※ 하늘이 무너져 보이면 부모상을 입는다.

※ 천신과 말을 하면 귀하게 된다.

※ 하늘에 날아 올라가 보면 점차로 크게 부귀해질 징조다.

※ 일월이 몸에 비치면 큰 벼슬을 하고 벼슬에 있는 자는 승급한다.

※ 해와 달이 함께 보이면 귀한 아들을 낳는다.

※ 일월이 함께 뜨는 것을 보면 하인이 주인을 속이는 일이 있다.

※ 달이 쪼개어 지는 것을 보면 부모상을 입는다.

※ 해와 달을 함께 보면 귀한 아들을 낳을 태몽이다.

※ 달이 품안으로 들어와 보이면 딸을 낳을 태몽이다.

2. 구름·바람·안개의 꿈

※ 바람이 사람 옷을 불어 젖히면 신병이 생길 징조다.

※ 폭풍이 불어 보이면 유행병이 돌고 모든 일이 뜻대로 되지
않으나 급히 하면 이익이 있다.

※ 바람이 불어 나무를 넘어트리면 계약했던 일이 틀어지며 재
산을 탕진하여 패가망신하게 된다.

※ 폭풍이 불며 소낙비가 오는 것을 보면 상을 입을 징조다.

※ 바람에 날려서 공중에 뜨면 타인으로부터 사기를 당한다.

※ 폭풍이 불고 소낙비가 그치지 않으면 재년의 근심걱정이 생긴다.

※ 태풍이 부는 것을 보면 만사가 뜻대로 되며 장사를 하면 이익을 본다. .

※ 바람소리가 울리면 먼데서 소식이 있을 징조다.

※ 오색구름이 일어남을 보면 대길하니 장사를 하면 이익이 있고 여자는 주인을 바꾸면 이익이 있을 것이다.

※ 꿈에 구름을 보되 그 색이 붉거나 희면 만사가 성취되고 그 색이 검거나 푸르면 질병이 생긴다.

3. 비 · 눈 · 벼락 · 무지개의 꿈

※ 길을 가다가 비를 만나면 술이 생길 징조다.

※ 비를 만나 우산이 없으면 이사하면 좋을 것이다.

※ 우박소리에 놀라면 이사하라.

※ 뇌성이 진동하고 번개가 번쩍임을 보면 큰 이익을 보게 된다.

※ 꿈에 벼락을 맞으면 크게 부귀해질 징조이다. 그러나 근처에 떨어지면 불길하다.

※ 무지개를 보면 모든 일을 급히 하면 성사하나 늦으면 안된다.

※ 몸에 눈을 맞아보면 만사가 이루어질 징조다.

※ 큰비와 눈이 내려 길이 막히고 방향을 잃으면 재난이 오며 특히 형제간에 불화해지니 조심해야 한다.

※ 서리와 이슬이 내리는 꿈은 일이 여의치 못함을 암시한다.

4. 나와 남에 대한 꿈

※ 백발 노인이나 신선 또는 벼슬이 높은 사람과 이야기 해보거
   나 인사를 하면 운수가 차차 열린다.
※ 남과 싸워서 때려보면 사물에 손실이 있고 맞으면 만사가 잘 된다.
※ 온 집안식구가 모인 것을 보면 고향에 걱정이 있다.
※ 생시에 나에게 친근하고 도움을 주던 사람이 꿈에 나타날 때 기
   쁜 얼굴로 나타나면 재수가 있고, 불쾌한 태도나 욕하는 모
   습으로 나타나면 나쁘다.
※ 자기가 입신 출세하여 보이면 모든 일에 파란이 생기고 여자
   는 병이 생기던가 남으로부터 해를 받는다.
※ 도적이 들어와서 물건을 집어 가는 것을 보면 뜻밖에 횡재한다.
※ 여자가 시집 가면 걱정이 생길조, 먼데서 걱정이 올 것이다.
※ 거지를 보면 대길하니 윗사람의 도움을 받아 소원성취할 것이다
※ 사람이 죽어 보이면 대길한데 부자 형제가 죽어 보이면 그
   사람이 장수하고 자기도 길하다.
※ 손님을 많이 청하여 잔치를 베풀어 보면 만사가 길하고 멀지
   않아 경사가 있을 것이다.

5. 목욕 · 변소 · 흙의 꿈

※ 수족을 씻으면 병이 낳는다.
※ 입을 씻어 보이면 직장을 떠날 징조이다.

※ 배(腹)를 씻으면 재앙이 물러간다.

※ 사람이 목욕하는 것을 보면 질병이 없어진다.

※ 대소변에 몸을 더럽히면 재물을 얻는다.

※ 변소에 빠졌다가 나오면 만사가 대길하다. 그러나 남의 똥에
주저앉으면 나쁘다.

※ 똥 꿈은 대개가 좋으나 밟던지 빛깔이 검으면 흉하다.

※ 똥과 오줌을 도난 당하면 재산이 없어진다.

※ 변소에서 빠져 나오지 못하면 나쁘다.

※ 흙이 옷을 더럽히면 해산에 흉하고 진흙이 소매를 더럽히면
몸에 욕이 있을 징조이다.

6. 신체에 대한 꿈

※ 머리에 뿔이 나 보이면 사람들과 싸움하거나 혹은 출세한다.

※ 머리가 여러 개로 보이면 출세한다.

※ 머리털이 빠지면 크게 나쁘다.

※ 머리털을 깎아 보면 가사에 나쁜 일이 있을 것이다.

※ 머리를 풀어 보면 남의 음해를 받는다.

※ 머리를 빗고 얼굴을 씻어보면 백가지 근심이 다 사라진다.

※ 머리털이 얼굴을 가리우면 사고가 생기게 된다.

※ 머리칼이 엉켜서 풀리지 않으면 고소를 받게 되고 머리칼이
엉켰다가 풀어지면 친구의 도움을 받는다.

※ 머리칼이 가르는 꿈은 걱정이 생길 꿈이다.

※ 남자의 꿈에 추녀가 머리를 빗질하여 주면 악녀의 사랑으로

인하여 해를 입는다.

※ 부인이 머리를 풀면 사악(邪惡)된 정념을 암시한다.

7. 산 ·땅·나무의 꿈

※ 땅이 높고 낮고 하여 울퉁불퉁하면 뜻밖에 놀랄 일이 생기며 심신이 불편해진다.

※ 높은 산에 올라가 살아 보면 기쁜 일이 있을 것이다.

※ 산에 올랐다가 산이 무너지면 나쁜 일이 생긴다.

※ 산중에서 길을 잃었을 경우 어떤 사람이 인도해·주면 입신 출세한다.

※ 산꼭대기에 올라서 보든가 집 위에 올라서 보면 근심이 그치지 않으며 상하 사람들과 불화하게 된다. .

※ 산과 숲 사이를 다녀보면 만사가 대길하다.

※ 산에 안개가 끼여있는 꿈을 꾸면 모든 일이 빨리 되지 않으며 급히 서둘지 말라.

※ 산에 불이 나면 만사대통한다.

※ 산을 짊어져 보면 큰 권세를 얻게 된다.

※ 나무가 없는 붉은 산을 보거나 광야를 보면 먼 곳에서 사람이 찾아올 징조이다.

8. 다리와 길의 꿈

※ 처음 길이 험하고 나중이 좋으면 매사가 어려우나 나중이 좋다.

※ 길 앞에 안개가 끼어 보이면 추진하던 일을 중단하게 된다.

※ 길을 잃어 방황하면 부모친척과 불화하며 매사에 해결을 보기 어려운 징조이다.

※ 하늘에서 길을 왕래하여 보면 만사가 대통한다.

※ 길을 고치거나 새로운 길을 걸어보면 만사가 잘 된다.

※ 다리 위에서 누가 나를 부르면 소용 하는 일에 내가 승리하고 내가 다리 위에서 남을 부르면 소송사가 있으며 만일 내가 부를 때에 대답이 있으면 좋고 없으면 나쁘다.

※ 다리의 중간이 끊어져 보이거나 하면 여자로 인한 고생이 생기게 된다.

※ 다리의 기둥이 끊어져 보이면 자손과 손아래 사람에게 불길하다.

※ 소를 끌고 다리를 가보면 아내가 임신한다.

※ 다리와 길 위에 수레가 막아 있으면 나쁘다.

9. 바다·강·우물의 꿈

※ 바다의 파도가 일어나는 것을 보면 부부간에 구설이 있다.

※ 바닷물이 잔잔하고 배가 떠 있는 것을 보면 운수가 좋다.

※ 홍수가 나면 부부간에 구설이 생기고 만사가 뜻대로 되지 않는다.

※ 홍수가 붉으면 마을 늙은이들이 사망할 징조며 푸르면 젊은이들이 불길하다.

※ 바닷물과 시냇물이 마르면 친구를 조심해야 한다.

※ 집안에 우물이 있어 보이면 만사가 대길하다.

※ 우물물이나 수돗물이나 무슨 물이든 집으로 길러 오면 재수

가 좋다.

※ 물위로 걸어보면 크게 길하다.

※ 물위에서 있어 보면 흉하니 만사 조심해야 할 것이다.

※ 물 가운데 있던가 헤엄쳐 보면 매사가 순조롭다.

10. 싸움 · 색정 · 살인의 꿈

※ 남과 서로 때리고 싸우면 인덕이 있고 재물을 얻는다. 남과
　서로 욕하면 흉하니 조심하라.

※ 사람에게서 살해를 당하면 크게 길하다.

※ 사람을 죽이면 크게 길하니 부귀하게 될 것이다.

※ 사람을 죽여 피가 옷을 더럽히면 크게 재물을 얻는다.

※ 주먹으로 사람을 때리면 부부가 원만하고 미혼자이면 결혼한다
　또한 곤봉으로 사람을 때리면 재수가 있다.

※ 남과 다투면 친근한 사람과 이별한다.

※ 사람을 칼로 죽이면 대길하니 운수가 열린다.

※ 처첩을 때리면 흉하다.

※ 남에게서 매를 실컷 얻어맞으면 힘을 얻고 심장이 강해진다.

※ 형제가 서로 때리면 크게 좋다.

11. 형벌 · 모자 · 의복 · 신의 꿈

※ 옥에 들어가 형벌을 받으면 귀히 된다.

※ 도적질하다가 죄를 느끼고 자수하여 옥에 들어가면 매우 흉하니

조심하라.

※ 새끼로 몸을 묶으면 재수가 좋다.

※ 수족에 상처를 입으면 이별수이다.

※ 몸에 그물을 덮어쓰면 주식이 생기게 된다.

※ 사형선고를 받고 죽으면 크게 길하니 갑자기 운수가 열리어 서 입신출세할 징조요 병자는 완쾌된다.

※ 관을 써보면 타인에게 신임을 받아서 입신 출세한다.

※ 여자가 관을 쓰고 띠를 띠면 아들을 낳는다.

※ 모자와 띠를 잃으면 벼슬을 잃을 징조이다.

※ 자기 스스로 흰옷을 입으면 사람으로 인해 모의를 당하리라.

12. 부부와 임신의 꿈

※ 부부간에 서로 다투고 싸우면 병이 생길 징조이다.

※ 부부가 한군데 모여 회합하는 듯이 보이면 이별하게 된다.

※ 돌아가신 아버지와 만나면 길사가 있을 것이다.

※ 가족이 한방에 서로 모이면 친척이 서로 다툴 일이 생긴다.

※ 남자가 여승으로 화하여 보이면 크게 나쁘니 조심하라.

※ 남의 부인을 안아보면 경사가 있으리라.

※ 자기의 처가 다른 사람에게 시집가 보이면 처가 죽거나 병들 징조이다.

※ 꿈에 육체관계를 하면 재수가 불길하다.

※ 처자가 서로 모여서 울면 병으로 고생하거나 빈곤하리라.

※ 꿈에 아이를 밴 부인을 만나면 만사가 대길하다.

13. 음식의 꿈

※ 초청을 받아 술을 먹으면 명이 길 징조이다.

※ 사람들을 모아 놓고 잔치를 베풀면 장차 부귀하게 된다.

※ 담배를 피워보면 희망 있는 일이 많으리라.

※ 남에게 술을 주어 보면 구설이 생길 징조이다.

※ 술에 취하여 쓰러지면 병이 생기고 누우면 남에게 사기를 당하며 논하여도 병이 있다.

※ 개가 고기를 먹으면 다툴 일이 생기고 송사가 있다.

※ 저절로 죽은 고기를 먹어보면 이별이 있으리라.

※ 생선이나 새 종류의 고기 요리를 먹어보면 소원성취 하리라.

※ 감이나 복숭아를 먹으면 이별했던 사람과 다시 만나게 되리라.

※ 수박을 먹으면 사람이 죽으며 수박을 어떤 사람이 보내오면 구설이 생긴다.

※ 돼지고기를 먹으면 질병이 생긴다.

※ 배를 먹으면 질병이 생긴다.

※ 참외를 먹으면 귀자를 낳는다.

14. 장례 · 무덤의 꿈

※ 무덤 위에 구름이 일어나는 것을 보면 만사가 대길하니 운수가 열린다.

※ 새 무덤이나 관을 보면 근심이 사라질 징조이다.

※ 묘 문이 열려 보이면 만사가 좋다.

※ 무덤 위에 나무가 나면 좋고 나무가 부러지면 나쁘다.

※ 무덤 가운데서 관이 저절로 나오면 재운이 대통할 징조이다.

※ 무덤에 꽃이 피면 만사 대통하여 부귀하고 귀자를 낳게 되리라.

※ 무덤 위에 불이 나면 재수가 좋다.

※ 관속에 죽은 시체를 넣어보면 큰 재물을 얻는다.

※ 산사람이나 자기가 관속으로 들어가면 싸우거나 소송할 일이 생긴다.

※ 꿈에 상여를 보면 매우 좋다.

15. 논·밭·곡식의 꿈

※ 농사를 지어보면 재물을 얻고 만사가 대길하다.

※ 자기가 스스로 논에 모를 심어보면 먼 곳으로 출행할 징조이다.

※ 벼를 보고 베면 역시 출타한다.

※ 산중에 농사가 있어 보면 부자가 된다.

※ 논이나 밭을 사면 벼슬을 한다.

※ 오곡이 무성하게 자라는 것을 보면 크게 재물을 얻고 행복해 질 징조다.

※ 몸이 벼 가운데 있어 보이면 크게 이익이 있다.

※ 곡식이 창고에 가득 차면 사업이 번하고 혼담이 성립되리라.

※ 다른 사람으로부터 쌀을 얻던가 곡식 섬을 보면 길한 일이 많으며 부귀한다.

※ 쌀이 하늘에서 비오듯이 내려와 보이면 크게 좋으리라.

※ 밀과 보리를 보면 아내가 바람난다.

※ 갈대가 엉켜 있으면 흉한 일이 있다.

16. 금·은·철물의 꿈

※ 금과 은 보물을 얻어보면 부귀한다.
※ 금 은 옥으로 만든 빗을 얻어보면 귀자를 낳는다
※ 옥이 산같이 쌓여 있으면 큰 부자가 된다.
※ 구슬을 취급해 보면 뜻밖에 재물을 얻고 행운을 얻으리라.
※ 입으로 보석을 토하면 큰 은혜를 받는다.
※ 사람들과 돈과 곡식을 바꾸어 보면 질병이 생긴다.
※ 돈을 주우면 대길하다.
※ 철전(鐵錢)을 보면 여름에는 길하나 가을과 겨울에는 나쁘다.
※ 남에게 실이나 비단을 주면 매우 흉하다.
※ 금, 은 덩어리를 얻으면 귀자를 낳는다.
※ 실이 맺히거나 흩어져 보이면 소송이 날 징조이다.
※ 도박으로 돈을 벌면 손재하리라.
※ 윷놀이를 하면 작물을 얻는다.

17. 집과 들에 관한 꿈

※ 집안에 풀이 나면 가산을 탕진하리라.
※ 집을 수리하면 수복이 있을 징조이다.
※ 말없이 방을 비로 쓸어 보면 그 집 방을 쓸고 있는 그 사람
  이 사망한 것이다.

※ 집을 새로 지어 이사한 사람에 꿈에 그 집이 무너지거나 집이 완성되어 있지 않았으면 그 집을 잃게 된다.

※ 집의 들보가 부러져 보이면 그 집안에서 주인이 앓거나 사망하게 되니 집을 어서 옮기는 것이 길하다.

※ 지붕이 무너지거나 또한 파괴되면 질병이 생기거나 사망하게 된다.

꿈의 상징적 의미

※ **귀**

귀는 소식통, 통신기관, 연락처, 실시기관, 사람의 운세, 인격 등을 상징한다.

※ **코**

코는 감식, 검토, 심사, 탐지, 의지력, 품격, 자존심을 상징한다.

※ **혀**

혀는 주모자, 조종사, 운반수단, 방도, 심의기관, 의결권을 상징한다.

※ **이**

이는 가족, 일가친척, 직원, 관청직원, 권력, 조직, 거세 등을 상징한다.

※ **털**

털은 협조, 수명, 정력, 인품, 자만심, 조심거리, 흉계를 상징한다.

※ **머리**

머리는 우두머리, 상층부, 영수, 수부(首府), 두목, 시조, 수뇌부, 통제부, 정신을 상징한다.

※ 목

목은 사업체의 연결부이며 생명선, 분기점, 거래처, 위탁소, 공급처, 언론기관 등을 상징한다.

※ 어깨

어깨는 세력권, 영토, 책임, 부서, 지위, 권리, 능력 등을 상징한다.

※ 가슴

가슴은 마음, 도량, 중심, 중앙부, 기관실, 신분, 세력권 등과 관련된 것을 상징한다.

※ 젖가슴

젖가슴은 형제 자매와 관계된 우애, 재산, 사업의 매개체로써 자본의 출처, 정신적인 재원, 소득 분배 등과 관련된 것을 상징한다.

※ 배

배는 일의 결과, 기관, 집, 단결, 창고, 저장소, 빈부, 창의성 욕구충족 등을 상징한다.

※ 남자의 성기

남자의 성기는 자식, 작품, 자존심, 공격심, 창의성, 법도, 생산기관 등을 상징한다.

※ 동물의 성기

동물의 성기는 사람과 동일시하거나 일거리와 관련된 것을 상징한다.

※ 엉덩이

엉덩이는 배후인, 보증인, 물건의 밑바닥, 선정적인 사건 등을 상징한다.

※ 항문

항문은 뒷문, 암거래, 배설구, 은닉처 등과 관련된 것을 상징
한다.

※ 팔, 손

팔과 손은 힘, 세력, 권리, 욕심, 수하자, 협조자, 형제, 단
체, 능력 등을 상징한다.

※ 다리

다리는 지류(支流), 의지가 되는 자손, 직속부하, 산하단체,
세력, 업적, 행적, 힘, 권리 등을 상징한다.

※ 발

발은 일가친척, 분열된 세력, 종적, 업적, 지파, 부하, 단체
등을 상징한다.

※ 알몸

알몸은 신분, 협조자, 위험, 공포, 노출, 폭로, 유혹, 과시 등
을 상징한다.

※ 똥

똥은 관념의 분비, 감정의 불쾌함과 유쾌함, 암거래, 소문거
리, 부정물, 재물, 돈, 작품 등을 상징한다.

※ 오줌

오줌은 질식된 관념의 분비, 정신적·물질적인 재물, 소원의
경향 등과 관련된 것을 상징한다.

※ 정액

일의 성과, 정신적·물질적 유산, 정력, 시비거리 등을 상징
한다.

※ 콧물

콧물은 사상이나 지식과 관련된 것을 상징한다.

※ 모유(母乳)

모유는 물질적인 재물을 상징한다.

※ 피

피는 진리, 교리, 물질적인 손실, 기회, 감화, 해악 등과 관련되는 것을 상징한다.

※ 술

술은 관청, 기업체, 공장, 백화점, 학원, 연구원 등을 상징한다.

※ 나무

나무는 인재, 은퇴, 진급, 보호, 협조자, 고용 등과 관련된 것을 상징한다.

※ 과일

과일은 유산(流産), 몰락, 청탁, 계약, 성과 등과 관련된 것을 상징한다.

※ 은행나무

은행나무는 훌륭한 인재, 은행, 기타기관, 사업체를 상징한다.

※ 자두, 살구 같은 작은 과일

작은 과일은 일의 성과, 재물, 키스나 성교, 여아에 관한 태몽 등을 상징한다.

※ 꽃

꽃은 기쁨, 경사, 영광, 명예, 연인, 애정, 성공의 과시 등을 상징한다.

※ 잡초

잡초는 쓸모 없는 일거리, 방해적인 여건과 관련된 것을 상징한다.

※ 해조류

미역, 김, 파래 같은 해조류는 재물과 관련된 것을 상징한다.

※ 곡식

쌀, 보리, 밀, 콩, 팥, 수수, 조, 메밀, 옥수수, 깨 등의 곡식은 정신적 · 물질적인 재물, 작품 등을 상징한다.

※ 씨앗

씨앗은 인적자원, 정신적 또는 물질적 자원이나 자본금을 상징한다.

※ 쌀

쌀은 일거리, 작품, 재물, 돈, 정성을 드리는 일, 면학, 노력, 등을 상징한다.

※ 특용작물

아주까리, 해바라기, 담배, 들깨 등은 작물의 성장과정과 관련되어 암시가 있으며 재물, 성과, 작품 사건 등과 관련된 것을 상징한다.

※ 콩

콩은 작품, 사업의 성과, 재물 등을 상징한다.

※ 사람

꿈속에 등장하는 사람은 매우 상징적이어서 성(性)이 반대일 경우도 있고 사실 그대로 나타날 수도 있으며 자신의 미래를 표시하기도 한다.

※ 갓난아이

갓난아이는 창작물, 일거리, 성기, 상업, 근심 등을 상징한다.

※ 노인

존경하는 사람, 학식이 많은 사람, 오래된 일, 노후 되고 사그라지는 일 등을 상징한다.

※ 가족

가족은 실제 인물, 직장의 동료, 기관의 내부일 등을 상징한다.

※ 아버지

아버지는 실제와 동일시하거나, 직장의 상사, 선생, 존경의 대상이 되는 인물 등을 상징한다.

※ 어머니

어머니는 실제 인물과 동일시하거나, 친밀한 대상자, 은인, 스승, 협조자 등을 상징한다.

※ 누나, 동생

누나와 동생은 동업자, 동료, 애인, 부부 등과 관련된 것을 상징한다.

※ 딸, 아들

실제 인물이거나, 작품이나 일거리를 상징한다.

※ 처갓집이나 친정집

실제의 처갓집 식구나 친정집 식구와 동일시하며 거래처, 산부인과, 청탁과 관련된 것을 상징한다.

※ 조상

조상은 형제, 협조자 등을 나타내는데 실제 살았을 당시에 받았던 것과 비슷하다. 관계가 좋았다면 협조자이고 좋지 않은 사이였다면 방해자이다.

※ 친구

친구는 실제 인물이거나 애완구, 책, 일거리, 작품, 동업자 등을 상징한다.

※ 대통령

대통령은 정부, 기관장, 사장, 지도자, 목사, 아버지, 명예, 권리 등과 관련되어 영광을 나타내는 것을 상징한다.

※ 장관

장관은 부서의 장, 회사의 장 같은 우두머리를 상징한다.

※ 경찰관

경찰관은 신문기자, 심사관, 군인, 법률, 양심, 정의 등을 상징한다.

※ 신문기자

신문기자는 탐정, 형사, 정보원, 상담인 등을 상징한다.

※ 교사, 교수

실제 인물이거나, 은인, 협조자, 감독관, 목사, 교양서적, 백과사전 등과 관련된 것을 상징한다.

※ 배우

자기 아닌 또 다른 자아, 대리인, 선전원, 사상, 이념, 작품, 선전물 등을 상징한다.

※ 가수

가수는 선전원, 광고물, 텔레비전, 라디오, 문학작품 등과 관련된 것을 상징한다.

※ 승려

승려는 기관원, 학자, 추천인, 청부업자, 고독한 사람, 진리탐구자 연구원 등과 관련된 것을 상징한다.

※ 창녀

창녀는 다루기 힘든 사람, 간사한 사람, 술과 안주, 외설적인 잡지 등을 상징한다.

※ 도둑

도둑은 강자, 악한, 간첩, 벅찬 일거리, 방해물 등을 상징한다.

※ 농사꾼

농사꾼은 문필가, 사업가 등과 관련된 것을 상징한다.

※ 미친 사람

미친 사람은 충격을 받은 사람, 믿을 수 없는 사람, 병마, 화재, 재난, 책, 논문 등을 상징한다.

※ 무당

무당은 중계인, 청부업자, 출판업자, 약장사, 전도사 등과 관련된 동일인물이나 일을 상징한다.

※ 물

물을 담은 그릇, 물이 흐르는 지형, 깊고, 얕음, 물의 색깔·형태 등에 따라서 재산, 돈, 사상, 언론, 세력, 사업체 소원 충족과 관련된 것을 상징한다.

※ 샘물

샘물은 사상, 정신적·물질적 재물, 진리 등을 상징한다.

※ 소

소는 집안의 식구, 협조자, 재산, 사업체 등과 관련된 것을 상징한다.

※ 백마

백마는 아름다운 사람, 훌륭한 작품, 단체 등과 관련된 것을 상징한다.

※ 돼지

돼지는 번창, 운수, 돈, 행운, 발견, 재물, 소유 등과 관련된 것을 상징한다.

유명인사의 실제 수상해설
정의와 의리에 사는 남우(男優)

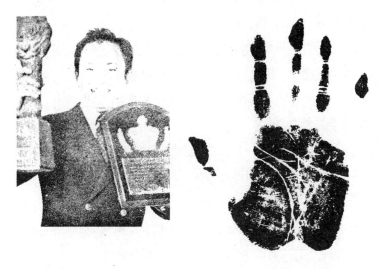

〈朴魯植氏 近影〉　　　　〈朴魯植氏 手掌紋(復寫不許)〉

朴魯植 씨

西紀 一九三〇年 二月 四日 丑時生

迫力있게 사는 사나이라면 바로 朴魯植氏를 두고 말할 것이다.

先祖 때부터 全南의 名門 家門으로 내려온 家庭이요 孝友하고 愛妻家인 그는 順天師範을 마치고 朝鮮大學校 體育科를 卒業한 後 敎育에 獻身한 바도 있으며, 學窓時節부터 모든 스포츠에 特有한 그는 拳鬪에도 湖南의 패더級 챔피언이며 走高跳(높이뛰

기)에도 1.75m의 記錄을 保有하고 있는 그는 映畵界에서 「擊退」라는 映畵에 데뷔한 以來 오늘까지 靑壯年 社會人에게 不義에 살지 말고 義理에 사는 사나이로서 逆境을 박차고 屈辱에 挫折됨이 없는 人間 卽, 우리 民族精神을 如實히 生生하게 畵面을 通해 示唆하고 있다.

사나이여, 義理에 살자는 理念이 바로 「八道사나이」라는 映畵에 描寫되었고 其他 史劇이건 現代映畵이건 간에 民族魂을 불러일으키는 作品世界에서 살고있는 朴氏는 現實에서 살고 現時點을 看破하고 있어 서둘지 않는 스타로서 現在 四男妹의 家長으로서 夫婦 和樂한 生活을 하며 副業으로는 서울 忠武路 3街에 씨네마茶房, 씨네마理髮館, GOGO洋服店을 經營하고 사는 朴氏는 地方色 愛鄕心에 불타는 獨特한 言語를 驅使하는 데도 特有하며 表情과 行動으로서도 快男兒로서 映畵界의 頂上에 오르고 있는 멋진 사나이로서 將來가 촉망된다.

그間 映畵界에 데뷔한 以來 300餘篇 出演作品中 몇 가지를 간추려 보면 ① 淸日戰爭과 女傑閔妃에서 亞細亞映畵祭에서 主演賞을 비롯하여 ② 두男妹, ③ 勇士는 살아있다, ④ 돌아온 왼손잡이, ⑤ 다이알을 돌려라 ⑥ 카인의 후예, ⑦ 太陽은 늙지 않는다, ⑧ 八道사나이, ⑨ 南浦洞出身, ⑩ 明洞사나이 對 南浦洞사나이 等이 있다.

〈 相評三八八頁參照 〉

◎ 박노식씨 상평

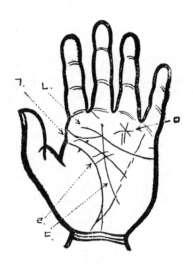

朴魯植氏 手相紋解

1930年 2月 4日 時生

男優 朴魯植氏는 先天的인 運命은 俳優라기 보다는 스포츠맨으로 보는 것이 原則일 것이다. 觀相學上으로는 얼굴 型象이 田字型으로 實業家로서 力量을 發揮할 수 있는 人物이다. 圖解화살표 ㉠은 生命線과 頭腦線이 出發點이 分岐(떨어져)되여 있다.

女子의 境遇는 다르지만 男子인 境遇는 와일드한 運動家에서 많이 볼 수 있다. 萬若 이 頭腦線이 붙어 聯結되어 있었더라면 액션俳優로서는 技能을 제대로 發揮 못하게 되며 圖解㉡의 感情線이 純眞과 純情派의 性格所有者임으로 어떠한 去來 事業上

- 317 -

의 問題에 있어 相對가 野卑한 處世 또는 自身이 謀事에 말려 들었을 때는 여지없이 주먹을 쓸 수 있으며 正當性있는 일은 自己의 살을 깎아 먹어도 모르며 圖解ㄷ은 人氣에서 成功할수 있는 運命線이 65歲까지 힘차게 發展하고 있다. 圖解ㄹ은 33 歲부터 37歲까지의 受難을 뜻하며 圖解ㅁ은 太陽丘의 星紋으로 서 한 分野를 完全히 開拓하여 社會에서 名譽와 經濟力을 得한 다는 뜻.

(1970年 7月 鑑定)

李朝 哲宗 3년에 태어난

1百 24歲의 할머니

124歲 金振華 할머니 (1975.7.5일 촬영)

우리나라 最高齡의 金振華 할머니

1852년 李朝哲宗 3年 9월 23일(陰曆) 咸興에서 출생. 금년
들어 1百24세를 맞아 대한민국最高齡의 金振華할머니 얼굴은
노인성의 검버섯이 드문드문 피었지만 1백24세의 나이답지 않
게 너무도 젊고 정정하다. 보통 할머니들의 경우 곱게 늙으신
70세 정도로 밖에 보이지 않으며 말귀도 잘 들리며 시력도 좋
은 편이다. 장수한 비결을 물은즉『내가 무남독녀였어 그런데
어릴 때 약을 많이 먹었지 鹿茸을 사슴 2마리 분을 몽땅 먹은
것을 비롯하여 山蔘은 얼마나 먹었는지 셀 수 없을 정도라 하
며 12살 때는 녹용을 끓여먹고 거기에 취해 일주일을 꼬박 깨

내지 못하기도 했었다고 젊었을 때 잘먹기로도 유명했지 마을
사람들이 추렴을 해서 고기먹기 내기를 하면 꼭 나를 부를 정
도로 나는 고기대식가였다 면서 한5근 정도는 씹지도 않고 삼
킬 정도였으니까..........』

〈 相評三九八貢參照 〉

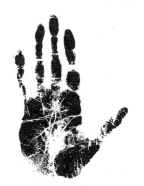

124歲 金振華 할머니 手掌紋(복재불허)

Kim, Jin-Wha, who has become general known as
long life, was born on September 23, 1952. Her age is
124(one hundred and twenty-four) year old.
Apparantly, she looked not over 60 years old and
quite healthy.
She digest most foods.
Her favourate food is meat. She could digest about 3
kgs of meat once a meal.

"韓國 最高의 長壽할머니"

◎ 〈金振華〉 一二四才 長壽 할머니 相評

一八五二年(李朝哲宗三年) 九月二十三日生

金振華 할머니 左手相　　　　金振華 할머니 右手相

西紀 一八五二年 이라면 李朝哲宗 三年에 태어난 것이다. 비록 얼굴에는 노인성 검버섯이 드문드문 피었지만 124歲의 나이라면 믿어지지 않는다. 보통 할머니에 비해 70歲 정도로 밖에 보이지 않으며 말귀도 잘 들리며 시력도 좋은 편이어서 돋보기도 必要없다고 한다. 筆者가 찾아갔을 때는 옆집의 乳兒를 잠재우고 있었다. 화살표①②는 人間의 수명을 좌우하는 생명선으로 그림에서 보는바와 같이 아무런 구김살도 없고 어떠한 변화도 없는 힘찬 生命線이 인간의 최대의 壽命에까지 달할 수 있는 힘찬 線을 유지하고 있다. 앞으로의 壽命은 십년 이상 長壽할 수 있는 生命線이라 하겠다.

病苦에서 再起한 南星에레지

襄　湖君

襄　湖　近影

本名 襄信雄 1942年 3月 9日生

절규하는 듯 설움을 쥐어짜내는 새로운 唱法으로 暴風的인 人氣를 몰고 歌謠界에 데뷔한 幸運兒. 그러나 와일드하면서도 男性 에레지·보이스로 通하는 그의 이미지처럼 腎臟病(신장병)으로 그의 生命까지도 위협을 받아야 하는 試鍊에 부딪쳤다.

〈黃金의 눈〉으로 데뷔, 病床에 누워 있을 때 〈돌아가는 三角地〉를 취입해서 폭발적인 人氣를 獨占, 일약 톱가수로 飛躍했었다.

歌手로 데뷔하기 前까지는 드러머로 自己 樂團의 밴드·마스터.

出身地는 以北이라고 하나 본적은 서울로 되어있다.
大光高等學校를 거쳐 서라벌藝大를 卒業했다.

襄 湖 手掌紋(復寫不許)

히트 송은 〈두메산골〉, 〈돌아가는 三角地〉, 〈안개낀 獎忠堂公園
〉, 〈안녕〉, 〈안개 속에 가버린 사랑〉, 〈당신〉, 〈만나면 괴로워〉
등과 최근의 〈아빠 품에〉, 〈비내리는 明洞〉 등이 있다.
1967年 11月 돼지고기를 잘못 먹고 신장병을 앓기 시작한 그
는 그간 健康을 회복하는 듯도 했으나 바쁜 人氣生活의 過勞로
1967年 11月 만2年 만에 다시 신장병의 惡化로 高麗病院에 入
院 아슬아슬한 生命의 곡예를 경험해야 했다.
不安한 健康은 그의 歌手生活까지도 위협, 오직 情熱과 信念으
로서 노래를 부르고 있는 의지력의 歌手이다.
現在 地區레코드社에 전속되어 있다.　　　(相評 392頁 參照)

◎ 배호 상평

1942年 3月 9日生

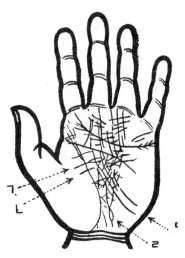

裵　湖氏　手相紋圖解

歌手로 데뷔하기 전까지는 드러머로 自己樂團의 밴드 마스터였다. 裵氏의 唱法의 特徵이라면 설움을 쥐어 짜내는 듯한 音聲이 여러 팬으로부터 愛護를 받고 있는 것이다.

手相學上으로 보아서는 水型이라 하여 線이 茂盛하게 많이 나타나 있다. 너무나 多角的이기에 健康에는 해롭다. 歌手로서의 生活意欲과 그外에 樂團의 經營, 事業, 또는 實業面에까지 力量을 가지고 있으나 健康面에서 뜻을 이루지 못하고 있는 것이다. 圖解㉠은 24歲頃으로서 生命線을 障害하는 橫線이 신장병으로 苦生하던 時期. 圖解㉡은 29歲頃으로 또 역시 生命線을 障害하는 橫線이 再發신장병으로 病院에 입원 치명적인 상처가 보이니 건강면에 유의해야 할 것이다.

- 324 -

성기능을 강화하는 부부지압

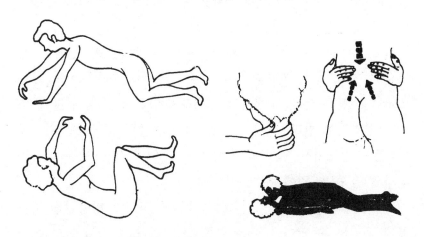

● 성체위에 알맞는 지압

성생활에 있어서 남녀의 체위에 대한 설명을 해놓은 책자가 꽤 많다. 그러면서도 거기에 따른 손의 위치를 구체적으로 설명해 놓은 책은 드물다. 예를 들면 남자는 어떤 경우에 여자의 어느 부분에 손을 놓는다던가, 혹은 여자는 남자의 어느 부분에 손을 놓는다던가 하는 세부적으로 풀이해 놓은 책이 드물다는 말이다. 여기서는 지압법에 의해서 부부생활에 따른 손의 위치, 바꾸어 말하면 성체위에 따라 손을 놓는 곳에 대해 설명해 보겠다.

※ 정상위

부부생활의 체위를 크게 나누면 서로 마주보는 정향위라는게 있고, 남자가 여자의 뒤로 돌아가서 위치하는 배후위라는 것이 있다.

마주보는 정향위 중에서 남자가 상위에서 엎드리는 자세가 있다. 이 때 여자는 밑에 누운 채 하체를 쫙 벌리고 그 사이에 남자의 다리를 넣게 하고 여자는 벌린 다리로 남자의 다리를 휘감는다. 동시에 두 팔로는 남자의 등이나 허리를 부여안고, 남자는 한 팔로 여자의 목을 휘감고 다른 손은 자유로이 움직일 수 있도록 한다. 물론 뜻대로 애무하기 위해서이다. 이것을 정자세 또는 정상위라고 한다. 이때 여자는 남자의 등이나 허리를 단조롭게 감는 정도여서 맘껏 즐기는 보람이 없어진다. 물론 여자는 남자의 흉부 양 옆에 손을 댄다.

이 체위는 남자가 이끌어야 하기 때문에 허리와 엉덩이를 자유롭게 움직일 수 있어야 함은 말할 것도 없다. 따라서 남자는 몸을 움직임에 따라서 곧 피로를 느끼게 마련이다.

그러므로 여자도 가급적 남자의 피로를 막고 발기신경의 중추가 있는 요추를 자극하도록 자주 지압하는 것이다.

또한 남자는 여자의 목을 감은 손으로는 경추에 손바닥이 닿도록 하고 다른 팔은 엉덩이 밑으로 집어 넣는다. 그러면 그야말로 성감대를 자극하는 멋진 자세가 되는 것이다.

※ 여성상위

이것은 남자가 밑에 누워서 두 다리를 붙인 채 쭉 뻗는 자세이다. 그러면 여성은 엎드려서 두 다리를 벌리고

무릎을 꿇은 채 상체를 두팔로 버티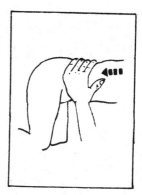
어 준다.

이것은 여자가 이끌어 가는 자세이므
로 정상위와는 반대로 여자가 먼저
피로해지기 쉽다. 따라서 남자는 두
가지 경우로 순을 놓고 여자의 피로
가 빨리 풀리도록 지압해야 한다.

① 두 손바닥으로 여성의 엉덩이를 받쳐주듯 하며 그 운동을
　 돕는다. 이 때의 압점은 여성의 대전자, 그 압점을 무지복
　 으로 힘껏 눌려준다.

② 여성의 요추 언저리에 두 사지두를 모아 놓고 수시로 눌러
　 주어 피로를 막아준다.

이 둘 중에서 ①의 경우가 좋을 것으로 생각된다.

※ 옆으로 누운 정향위

이것은 서로 마주보고 옆으로
누운 상태를 말하는 것이다. 즉
골반을 옆으로 세우는 자세다.
이 경우 밑으로 가는 다리를 뻗
고 위로 가는 다리를 직각으로
구부린다.

따라서 넓적다리를 넓게 벌리고 팔은 서로 상대를 안는 자세이다.
남성은 상체를 여성 쪽으로 기대며 하체를 벌리고 있는 여성의
넓적다리 사이로 넣는다. 이렇게 되면 남성의 허리가 자연히 여

성의 두 다리 사이에 끼이게 된다. 또 밑으로 가는 팔은 여성의
어깨를 안고 나머지 손은 자유롭게 움직이는 손이 된다.

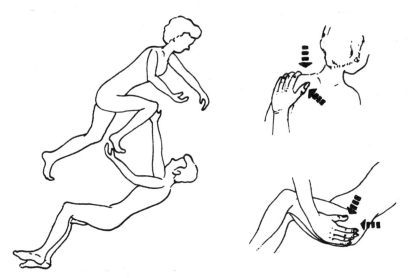

이 체위는 남녀 모두 밑에 깔리는 팔다리가 피로해지기 쉽다.
그러니 남성은 밑으로 가는 손으로 여성의 어깨를 지압하고, 나
머지 손으로는 운동을 돕도록 궁리해야 한다. 또 여성은 밑으로
가는 손은 남성의 등에 대고 피로를 막기 위해서 견갑골 언저
리에 사지두로 눌러준다. 그리고 다른 손은 남성의 선골에 대고
무지두로 누른다.

※ 남녀 앉는 자세
남녀가 서로 마주보고 앉는 자세를 한다. 이 자세에는 2,3의 자
세가 별도로 있지만 가장 안정감을 얻을 수가 있고 피로하지 않
는 자세로는 가장 적당하다.

우선 의자의 등받이에 기대고 앉아서 여성의 허리를 버틸 수
있는 자세를 취한다. 그리고는 여성은 남자를 마주보며 남자의
무릎에 올라앉는 자세를 취한다. 그 다음 여성은 가슴과 배를
내미는 자세를 취하며, 팔로 남성의 허리를 감으면 밀착감이 더
하고 덜 피로해진다.

이때 여성의 허리를 감은 남자는 사
지두로 남성의 요추 양쪽을 누르는
건 말할 것도 없고 만일 한 손으로
다른 곳을 애무하고 싶을 때에는 수근
으로 허리를 눌러가며 애무해야 한다.
이 때 여성은 남성의 허리를 감은 손
으로 흉추의 양쪽을 지압한다. 이것도
여러 가지가 있지만, 그 중에서는 여
성이 엎드리는 자세가 가장 보편적
인 자세이다.

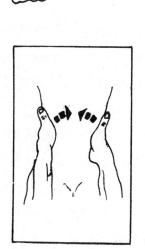

여성은 머리를 낮게, 엉덩이를 들고 다리는 벌린 자세로 엎드린
다. 머리는 베개를 베든가 두 팔로 받쳐서 안정시킨다.

남성은 두 손으로 여성의 뒤에 서서 허리를 붙잡는 자세를 취한다. 이 경우에는 여성의 손은 문제가 아니지만 남자의 손이 문제가 된다. 남자는 두 손으로 여자의 허리를 붙잡거나 엉덩이를 잡을 때에는 무지복으로 꾹꾹 눌러준다. 그러면 여성은 자극을 받아서 깊은 쾌감을 가질 수 있는 것이다.

※ 여성이 엉거주춤하게 앉은 자세

배후위에는 여성이 엉거주춤하게 앉는 자세가 있다.

남자는 누워서 무릎을 구부리고 다리를 약간 벌린 자세를 취한다. 그러면 여성은 남성에게 등을 보이고 그의 벌린 두 다리 사이에 앉는 듯한 자세를 취한다.

이 경우, 여성은 운동이 심해질수록 상체가 앞으로 숙여지기 때문에 두 팔로 남자의 다리를 집게 마련이다. 그러니 이왕이면 남자의 서혜부(사타구니) 양쪽을 짚는 것이 오히려 이 자세를 살리는 결과가 된다. 또 시간을 오래 끄는 결과를 빚기도 한다. 남성은 앞으로 숙여지려는 여성의 몸을 잡아당기기 위해서 여성의 허리를 끌어안는 자세가 효과적이다.

※ 옆으로 누운 배후위

배후위에도 남녀가 모두 옆으로 누운 자세가 있다. 그 보편적인 것 중의 하나를 알아보자. 여성은 다리를 약간 벌린 채 옆으로 눕는다. 남성은 여성의 등 뒤에서 약간 밑으로 내려간 자세로 나란히 옆으로 눕는다.
이때 남성의 두 다리는 벌려진 여성의 두 다리 사이로 넣는다.

다음에 한 손으로 여성의 몸을 감싸고 다른 손은 자유롭게 움직인다. 이런 것을 손같이 겹친 것 같다고 해서 스푸우닝 형태

라고도 한다. 이 때 여성의 몸을 감은 남자의 손은 여성의 배꼽 위에 놓고 살그머니 누른다. 자유로운 손으로는 여성의 가슴을 애무한다. 한편, 여성은 손은 아무데도 놓을 곳이 없는데, 이런 때는 자신의 가슴을 애무하는 남자의 손에 포개어 놓는 것이 무난하다. 남자가 다정한 느낌을 얻을 수 있기 때문이다.

이상 설명한 것들을 본 행위로만 생각지 말고, 소위 애프터 플레이로서 서로 시술하면 더욱 효과적이고 피로도 덜해진다.

정력이 강하다는 것은 여러 가지로 좋다. 남자는 활동성이 왕성하고, 사업을 해도 실패율이 적다고 한다. 또 여성은 장수법의 하나고, 항상 건강미를 지니게 되어 여성으로서의 매력이 만점이다. 그럼 지압으로 정력을 배양하는 방법을 설명해 보자

※ 뒤통수 지압

이것도 남녀가 서로 시술해주는 것이 효과적이다. 여자가 시술자가 되며 남자는 피술자가 되고, 서로 교대해서 남자가 시술자가 되면 여자가 피술자가 된다.

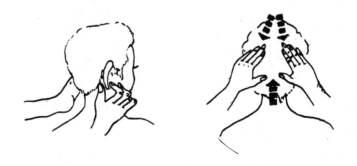

우선 시술자는 두 무지두를 피술자 분계항선의 가운데에 두고

귀를 향해서 눌러준다. 그리고 뒤통수 전역에 걸쳐 무지두로 골고루 누른다. 이것은 뇌하수체에 자극을 주어 그 기능을 활발하게 하자는 것이다. 뇌하수체란 내분비기관의 하나로서 뇌 속에 달려있는 조그마한 것이다. 전·중·후의 세 갈래로 나누어져 있는데, 전엽은 선세포가 모인 것으로서 사람의 성장 생식에 관한 것, 갑상선에 작용하는 것, 부신피질에 작용하는 것, 젖을 나오게 하는 것 등 여러 가지 호르몬을 분비한다.

이 지압은 피술자를 엎드리게 하고 시술하는 것이 힘을 충분히 전달되어 좋다.

※ 척추의 지압

피술자는 역시 엎드린 자세가 좋다. 시술자는 두 손바닥을 피술자 척추 위에 포개 놓고(제1흉추 위에 놓는다) 흉추에서 요추, 요추에서 선골, 다리 미골의 순으로 꾹꾹 눌러가며 내려간다, 한번에 3초씩 두 번 되풀이한다.

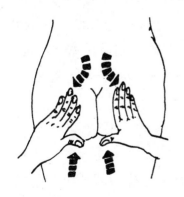
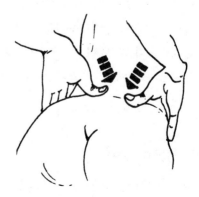

다음에는 무지두를 척추 양쪽에 대고 먼저와 같은 방법으로 꼬집듯이 눌러간다. 한 번 누르는 시간은 5초, 제1요추에서 제5요추까지 다시 수근으로 눌러준다. 이렇게 힘들여서 눌러야 하는 이유는 발기중추가 요추에 있고, 그밖에도 간장, 신장, 부신 비장 등의 장기가 피로하기 쉽기 때문이다. 특히 장과 부신은 기능을 강화시키는 중요한 장기이다. 따라서 발기중추에 자극을 주어 기능을 높이고, 또 간장과 그 밖의 다른 장기의 피로물질을 제거해서 그것들의 기능을 높이기 위해서도 이 척추에 지압을 해주는 것이 좋다.

※ 엉덩이의 지압

시술자는 두 무지두를 피술자의 선골 양쪽에 대고 좌우에서 협공하는 식으로 누른다. 한 번에 3초씩 누르기를 되풀이함이 좋다.

다음엔 시술자의 수근을 피술자의 엉덩이에 대고 동그라미를 그리듯 하며 힘껏 누른다. 이 지압이 끝나면 끝으로 두 무지복을 피술자의 둔렬(엉덩이가 항문을 향해서 갈라진 곳)에 대고 누른다. 이것은 전립선에 자극을 주어 정자의 운동을 활발하게 해주기 위해서다.

※ 회음의 지압

회음(성기와 항문의 중간점)의 지압은 우선 무지복을 항문 옆에 대고 거기서 성급을 향해 누른다. 단속적으로 몇 번이고 누르는 것이다.

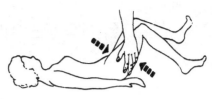

※ 서혜부의 지압

피술자는 눕는다. 그리고 다리를
활짝 벌리고 시술자는 둘째와
셋째 손가락의 끝을 대고 비비
면서 눌러간다. 이지복, 이지두
즉 두 가지의 지압을 두 번씩
되풀이하는 것이다. 이 시술의
회음의 지압과 같이 성기의 외
부를 자극시켜서 기능을 높이는
작용을 한다.

이상의 방법 이외에도 남성의 성기 외부를 주무르거나 여성의
성기 외부를 진전시키는 방법이 있지만 여기서는 그 설명을 덮
어두기로 한다.

끝으로 덧붙이고 싶은 것은 반드시 시술자가 해주는 것만을 기
대하지 말고 남녀가 모두 혼자서 지압과 운동법을 실시해 두면
효과를 거둘 수 있다는 점이다.

운동법에는 척추의 굴신, 굴곡, 회선 운동 등이 있고 허리, 무
릎, 대퇴전발운동도 역시 게을리해서는 안된다는 걸 또한 강조
한다. 이 운동은 모두가 지압법과 아울러 사람의 노화를 방지하
고 언제나 건강을 유지시키는 강정의 효과와 회춘의 목적을 수
반하는 것이다.

◎ 성감대를 애무하는 지압

※ 등줄기의 애무지압

부부생활을 할 때에는 전희로서 서로가 성감대를 자극하고 애무해서 보다 효과적인 엔조이를 마련한다. 이 애무 자극에는 지압법을 능가할 만한 것이 없다고 한다. 건강을 위해서나 원만한 부부생활을 위해서 가장 좋은 방법이다.

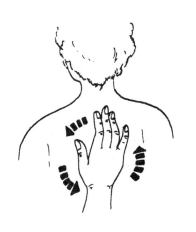 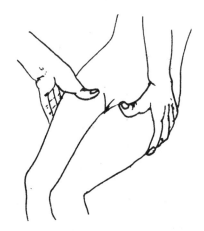

여기서는 애무자극을 목적으로 하는 지압을 쾌감지수(쾌감이 크고 작은 것을 나타낸 말)가 낮은 부분부터 설명하기로 한다.

첫째로 등줄기, 여기서는 쾌감지수가 40~50으로 측정되는 부분. 이곳의 애무지압은 상대를 포옹하면서 등 전체를 손바닥으로 무찰, 피부를 비비꼬는 그 뒤에 무지복으로 꾹꾹 눌러준다. 이 부분의 지압은 상대에게 쾌감을 주는 이외에도 심리적으로 안정감을 주기 때문에 결혼 초야에 남자가 여자에게 시술하면 효과적이다.

※ 팔의 애무지압

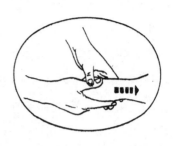

무지압은 앞쪽 근육과 뒤쪽 근육을 교대로 주무르듯 지압한다. 또는 두 손바닥으로 가볍게 붙잡고 앞쪽과 뒤쪽을 동시에 주무른다.
이 때 다섯 손가락을 교묘히 움직여 여자의 팔에 자극을 높여 준다. 이곳의 쾌감지수는 60~50.

※ 눈의 애무지압

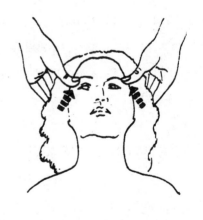

눈은 마음의 창이라고도 한다. 예사로운 표현같지만 의미가 아주 깊다. 거짓을 말하는 사람은 그 눈빛이 달라진다고 했고, 아름다운 마음의 소유자는 아름다워진다고 했다. 눈에 대한 지압은 피술자의 눈을 감게 하고 그 위에 사지복을 대고 3~4회 정도 살그머니 누른다.
그 다음에 양쪽 눈꼬리를 가볍게 눌러 준다.
얼른 보기에 아주 미온적인 지압처럼 느껴지지만, 상대를 흥분시킬 수 있는 포인트가 된다. 이것도 결혼 초기라든가 연애기간

동안에 이용하면 효과적이다. 쾌감지수는 55~75정도.

※ 손바닥과 손가락의 애무지압

손바닥이 중요한 성감대란 사실을
아는 사람은 적은 듯하다. 그러나
이곳에 쾌감지수가 60~65라는
것만 보아도 충분한 에로겐 존(성
감대)이란걸 알 수 있다. 궁금한
사람은 이성간에 서로 손바닥을
간질여 보면 알 수 있다.

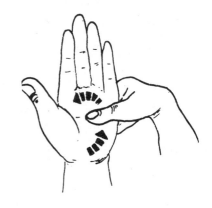

말할 수 없는 성적 흥분을 느끼게 될 것이다. 지압할 때에는 상
대의 손바닥에 시술자의 무지복을 대고 골고루 눌러간다. 약간
씩 비비며 누르면 더욱 효과적이다. 이 때 나머지 사지를 상
대편 손가락 사이에 끼우고 누르면 더욱 효과적이다.

지압이 끝난 뒤에 손바닥을 살살
비비면 더욱 익사이드 하게 된다.
쾌감지수는 70~75.

※ 겨드랑이의 애무지압

이곳은 예로부터 에로틱한 얘기
가 전해 내려오리만큼 알려진
곳이다. 상대를 포옹하면서 엄
지손가락의 무지복을 겨드랑이
밑에 대고 살그머니 눌러준다.

주의할 것은 피술자가 간지럽지 않도록 해야 한다. 사지는 상대의 삼각근에 살며시 댄다. 쾌감지수는 60~70.

※ 목덜미의 애무지압

이 부분의 쾌감지수는 60~75로서 비교적 높은 곳이다.

댄스를 할 때 남성이 여성의 목덜미에 손가락을 대고 살금살금 움직이는 걸 볼 수 있는데, 애무지압도 그런 식으로 하면 무난한 편이다.

상대를 포옹하고 네킹하면서 이 동작을 곁들이면 효과는 더욱 좋다. 게다가 사지로 살살 문지르면 극에 이른다.

※ 허리의 애무지압

여성의 웨스트(허리)는 상상외로 쾌감지수가 낮은 편이어서 60~75정도이다. 상대편 허리를 팔로 잡고, 요추나 그 언저리를 사지로 누른다. 그리고 옆배를 손바닥으로 살살 비벼준다.

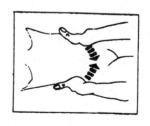

※ 발바닥의 애무지압

사람의 무게를 받쳐 주는 발바닥의 쾌감지수는 65~75의 훌륭한 에로겐 존이다. 이런 사실을 알았으면 결코 발바닥을 더럽게 해서는 안된다. 여성이 아무리 아름답더라도 그 발이 더러워서는 안아줄 마음이 내키지 않는다는 것이다. 그만큼 발을 깨끗이 해야 한다는 뜻이다. 발바닥에 대한 애무 역시 피술자의 발가락으로 하는 시술편이 좋다.

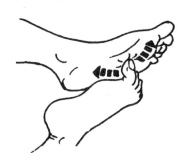

엄지발가락으로 상대의 방바닥을 누르기도 하고 비벼 주기도 한다. 그러면 여성은 발을 피하려 한다. 그러나 그것은 싫어서가 아니라 보다 강렬한 자극을 요구할 때의 반사작용인 것이다. 따라서 이 여성이 피하려 들면 보다 강렬한 자극을 주어야 한다.

※ 엉덩이의 애무지압

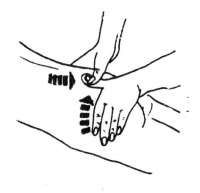

엉덩이는 여성만이 아니라 남성에게 있어서도 빼놓을 수 없는 성감대라고 한다. 남성들은 흔히 여성의 엉덩이가 쾌감지수가 높은 것으로 믿고 있지만, 그건 오해고, 실은 발바닥과 비슷한 65~75밖에 안된다. 남성의 것은 그보다도 낮다.

엉덩이에 대한 지압은 우선 손바닥에 대고 가볍게 문지른 뒤에 사지복으로 눌러간다. 항문 쪽으로 가까울수록 감도가 높다.

※ 발오금의 애무지압

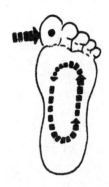

이곳의 쾌감지수는 70정도이다. 무릎을 약간 구부리게 하고, 그 오금에 무지복을 대고 서서히 누른다. 이 때 간지럽지 않게 해야 하며 안팎쪽을 골고루 눌러준다.

이렇게 해 주는 사이에 여성이 만족감을 느끼면 발을 뻗는다. 이것도 싫어서가 아니라 보다 강한 자극을 욕심 내는 욕구심으로 해석해야 한다.

※ 대퇴부 안쪽의 애무지압

대퇴부에서는 바깥쪽보다 안쪽이 보다 예민하다. 안쪽이 성기에 가깝기 때문이다. 쾌감지수도 80~90으로 나타난다.

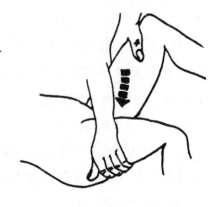

피술자는 손바닥으로 사타구니 근처의 안쪽 근육을 움켜쥐듯이 하며 누른다. 압점은 2~3개 정도가 좋고, 이 지압을 세 번 거듭하면 여성은 불이 붙는다.

※ 아랫배의 애무지압

배꼽이나 그 언저리의 쾌감지수는 60~80이지만 그 아래로 내려오면 80~90으로 껑충 오른다. 이것 역시 성기에 가깝다는 이유에서 그렇다.

이곳의 애무지압은 우선 배꼽을 무지복으로 살짝살짝 누른 뒤에 아래로 내려가서 치골 위에다 손바닥을 대고 부드럽게 리드미컬하게 진동시킨다. 이것을 얼마 계속하면 여자는 몸을 비틀기 시작한다.

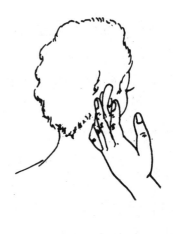

※ 귀의 애무지압

젊은 여성의 불그레한 귓밥은 마치 앵두처럼 이쁘게 보인다. 귀의 쾌감지수는 귓밥이 80~90, 구멍이 85~90으로 나타난다.

이곳의 애무지압은 우선 둘째와 셋째 손가락을 써서 귓밥을 살짝살짝 눌러준다. 그런 뒤에는 둘째손가락을 구멍에 대고 리드미컬하게 움직이면 여성은 눈을 스르르 내려감는다.

※ 서혜부(사타구니)의 애무지압

이곳은 남녀 모두가 자극을 받으면 즉시로 받으면 예민한 반응을 일으키는 곳이다. 피술자는 이곳을 넓게 벌리고 시술자는 두 손가락을 가지런히 해서 성기 가까이까지 눌러간다. 그런 뒤에 다시 가벼운 진동을 시켜주다. 이곳의 쾌감지수는 85~90이다.

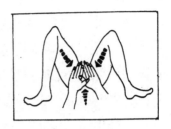

※ 회음의 애무지압

회음이란 항문과 성기와의 사이를 말한다. 이곳의 지압은 엄지손가락의 무지두를 대고 살그머니 누르며 가볍게 진동시킨다. 쾌감지수는 85~90정도.

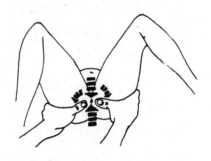

※ 유방의 애무지압

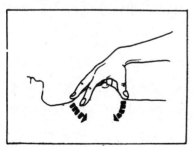

프랑스의 유명한 조각가 마이요오르는 여성의 몸에서 유방과 엉덩이가 없다면 조각할 기분이 나지 않는다고 했다. 그만큼 여성의 유방과 엉덩이는 매력적이란 뜻이다. 그래서 인지 그의 조각품은 거의가 풍만한 여성의 유방과 엉덩이를 모델로 한 작품들뿐이다. 하긴 남성의 시선을 끄는 여성매력의 포인트는 이 두 부분일 것이다. 그리고 여성 자신의 입장에서 보아도 유방의 쾌감지수는 95~100으로서 성기를 빼고는 최고다.

유방은 피부가 윤택하고, 누르면 탄력적인 반사작용이 강한 매력적이다. 형상은 밥공기를 엎어놓은 듯한 형상이 최고다. 이러한 유방을 지닌 여성이란 완전히 성숙했다는 것을 뜻하는 것이다. 그럼 그곳에 자극을 주는 지압법을 설명해 보자.

우선 손바닥으로 유방 전체를 덮는 형상으로 대고 가볍게 누르며 비빈다. 그 다음에는 젖꼭지에 손바닥을 살짝 올려놓고 가볍게 누르면서 동그라미를 그리듯 돌린다.

이상이 애무지압에 필요한 몇 가지를 설명한 것이다. 여기서 분명히 알아둘 것은 남녀 모두가 개인에 따라서 성감대에 약간씩 차이가 있다는 점이다. 예를 들어 A라는 사람에겐 엉덩이가 가장 예민한 성감대로 돼 있지만, B라는 사람에겐 엉덩이에 손만 대도 불쾌하게 생각하는 수가 있다. 때문에 부부는 자기들 자신이 이미 알고 있는 성감대 또는 결혼생활에서 얻어진 성감대 또는 등의 반응이나 성감도를 분명히 알려줄 필요가 있다. 이것은 부부생활에서 그리 중요하지 않은 것 같으면서도 실은 상당히 중요한 비중을 차지하고 있다는 점이다.

그리고 부부는 물론이고, 젊은 남녀는 애무하는 것을 하나의 엔조이로 끝나기 쉬운데, 남녀의 진정한 사랑은 정신은 물론이고 육체적으로 완전히 결합돼야 한다. 이 육체적인 결합은 행복으로 들어가는 첫 관문이기도 한 것이다. 그런 의미에서 이〈지압을 이용한 애무지압〉을 젊은이는 누구나 상식으로 알아둘 필요가 있다. 행복이란 열매를 따는 사다리가 되기 때문이다.

※ 섹스 강화지압

따지고 보면 여성이란 마치 야릇한 성감대를 가진 기계와도 같은 것이다. 그림의 선하점, 복사뼈 위의 3센티 되는 곳과 좌우 1센티 되는 곳을 지압하고, 다음에는 선점, 복사뼈 5센티 되는 곳과 좌우 5센티 되는 곳을 하루 세 번씩만 지압하면 모든 성적 고민은 거뜬히 해결된다.

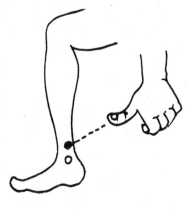

※ 연속발기를 돕는다.

선하점의 좌우 1센티 되는 곳을 하루
세 번씩 누르면 연속 발기를 가능케
하고 또한 교합할때에도 그곳을 계속
해서 눌러주면 여성의 쾌감의 절정에
달할 뿐 아니라 남성의 생식기도 오
랜 시간 동안 연속적으로 발기한다.
그러면 여성은 감당할 수 없는 상태
에 도달해서 기성을 발하게 되니 부
부는 쾌감의 극에 달하기 마련.

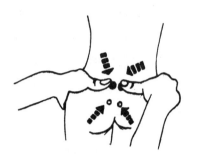

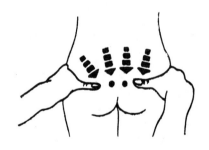

토정비결

五姓例法	官喉土喉音	商肺金齒音	角肝木牙音	徵心火舌音	羽腎水唇音
「奇門과 六壬 應用됨」	孫鞠都 沈鮑太 嚴明邕 任玄葛河 閔琴 鳳元杜 陶晋白 景貢	龍楊文 張兪申 柳全南 裵王安 黃方盧 徐元韓 蠅康 台成慶 旁	趙朴諸 周林池 孔郭奇 曹車朱 卜崔洪 劉夏召 柳廉陸	李幸丁 陳錢那 鄭池施 馬邊印 宋薛哥 田尹成 蔡石姜	吳魚門卜 蘇南余 曾宮陸 魯許禪 全午禪 表牛 呂孟具 酉秋
五行配姓字法 「專門六壬法에 應用됨」	孫明南 沈殷丘 嚴仇 魏劉宋 任鞠景 都 官甘司空 南鄭崔黃河 安	王兪房 龍龍張 方申慶 裵南楊 黃成金 徐溫康 文白徐元 安蔡	趙李權 周曹廉 池朴林 兪高洪 崔金南 陸玉 尙郭卜 車孔石	劉李卓那 鄭宣千 陳石印 蔡成愼羅 尹池丁吉 陶薛邊芮權 史諸具柱姜	吳表西 許郭秋 蘇公魚 申鮮具 曹葉陸 庚卜金 龍呂南 于孟官馬 禹鮮胡卜于
五行姓所屬 「普通行年運에 適用됨」	宋權閔林 任嚴孫皮 丘都田	徐成黃 元韓南 張申郭 盧裵	文王班陰 金趙朴崔 兪孔高車 曹康劉	廉朱陸 李尹鄉姜蔡羅辛愼丁全邊 池石陳吉玉卓薛咸	(宮) 余千 吳呂禹辛許蘇馬魯

數理法

太歲數	月建數	日辰數
十	九	九
十三	八	一
十	七	八
十	七	八
十	七	八
十	六	八
十三	五	一
九	四	七
九	九	七
十三	八	一
十二	七	十
十二	六	十
十三	五	一
十一	四	九

甲己 年九月九日共通 · 子年九月九日 別 · 地支數值 八 · 天干數值 八

天干數值 : 甲己 · 乙庚 · 丙辛 七 · 丁壬 六 · 戊癸 五

地支 : 子 丑 寅 卯 辰 巳 午 未 申 酉 戌 亥

보는법 공식

나이수＋태세수÷8＝답(남은 수) 상괘
낳은달수＋월건수÷6＝답(남은 수) 중괘
그해생일수＋일진수÷3＝답(남은 수) 하괘

年 月	甲己之年 (丙寅頭)	乙庚之年 (戊寅頭)	丙辛之年 (庚寅頭)	丁壬之年 (壬寅頭)	戊癸之年 (甲寅頭)	遁日法 (定時法)	時 日	甲己 (夜半生甲子) 日	乙庚 (夜半生丙子) 日	丙辛 (夜半生戊子) 日	丁壬 (夜半生庚子) 日	戊癸 (夜半生壬子) 日
正月	丙寅	戊寅	庚寅	壬寅	甲寅		子時	甲子	丙子	戊子	庚子	壬子
二月	丁卯	己卯	辛卯	癸卯	乙卯		丑時	乙丑	丁丑	己丑	辛丑	癸丑
三月	戊辰	庚辰	壬辰	甲辰	丙辰		寅時	丙寅	戊寅	庚寅	壬寅	甲寅
四月	己巳	辛巳	癸巳	乙巳	丁巳		卯時	丁卯	己卯	辛卯	癸卯	乙卯
五月	庚午	壬午	甲午	丙午	戊午		辰時	戊辰	庚辰	壬辰	甲辰	丙辰
六月	辛未	癸未	乙未	丁未	己未		巳時	己巳	辛巳	癸巳	乙巳	丁巳
七月	壬申	甲申	丙申	戊申	庚申		午時	庚午	壬午	甲午	丙午	戊午
八月	癸酉	乙酉	丁酉	己酉	辛酉		未時	辛未	癸未	乙未	丁未	己未
九月	甲戌	丙戌	戊戌	庚戌	壬戌		申時	壬申	甲申	丙申	戊申	庚申
十月	乙亥	丁亥	己亥	辛亥	癸亥		酉時	癸酉	乙酉	丁酉	己酉	辛酉
十一月	丙子	戊子	庚子	壬子	甲子		戌時	甲戌	丙戌	戊戌	庚戌	壬戌
十二月	丁丑	己丑	辛丑	癸丑	乙丑		亥時	乙亥	丁亥	己亥	辛亥	癸亥

月 建 法 (遁月法)

例를 들면 甲年과 己年의 正月의 月建은 丙寅이 되고 乙年과 庚年의 正月의 月建은 戊寅이 된다. 甲己之年丙寅頭, 乙庚之年戊寅頭, 丙辛之年庚寅頭, 正壬之年壬寅頭, 戊癸之年甲寅頭,

괘만드는 법 (作卦法)

一. 먼저 나이수 (先置年齡數) 놓고 다음에 그해 태세수(再置當年太歲數)를 합하여 여덟로 쪼갠 뒤 (八八除之後)에 그 남은수(以其餘數)로 상괘(上卦)를 만들고

二. 다음은 그해 낳은달수(又置當年生月數)를 놓되 달이 크면 三十을 놓고 달이 작으면 二十九를 놓은 다음에 월건수(月建數)를 합하여 여섯으로 쪼갠 후(六六除之後)에 그 남은수(以其餘數)로 중괘(中卦)를 만들고

三. 다음은 생일수(再置生日數)로 놓되 초하루(初一日)면 一을 놓고 보름날(十五日)이면 十五를 놓고 그해 생일일진수(當年月日辰數)를 합하여 셋으로 쪼갠 후 (三三除之後)에 그 남은수(以其餘數)로 하괘(下卦)를 만든다.

◎ 혹 쪼개고 남지 않고 꼭 맞을 때에는 쪼갠수로 할 것.

◉ 앞에 上中下 三卦를 合하여 한 卦象을 이루니 百四十四卦가 되느니라. 태세수(太歲數) 월건수(月建數) 일진수는 다음면에 육갑(六甲) 밑에 첫 번에 보이는 수가 태세수 둘째번이 월건수 셋째번이 일진수다.

육 갑 (六甲)

太歲數·月建數·日辰數（數理法）
태세수 · 월건수 · 일진수 수리법

태세수 월건수 일진수	태세수 월건수 일진수	태세수 월건수 일진수	태세수 월건수 일진수	태세수 월건수 일진수	태세수 월건수 일진수	태세수 월건수 일진수	태세수 월건수 일진수	태세수 월건수 일진수	태세수 월건수 일진수
甲子 갑자 年二十 月十八 日八	乙丑 을축 年廿一 月十六 日九	丙寅 병인 年十七 月十四 日五	丁卯 정묘 年十六 月十二 日四	戊辰 무진 年十八 月十 日六	己巳 기사 年十八 月十三 日六	庚午 경오 年十七 月十七 日五	辛未 신미 年二十 月十五 日八	壬申 임신 年十八 月十三 日六	癸酉 계유 年十七 月十一 日五
甲戌 갑술 年二十 月十四 日二十	乙亥 을해 年十九 月十二 日七	丙子 병자 年十八 月十六 日六	丁丑 정축 年十九 月十四 日七	戊寅 무인 年十五 月十二 日三	己卯 기묘 年十三 月十五 日七	庚辰 경진 年十一 月十三 日九	辛巳 신사 年十六 月十四 日一	壬午 임오 年十五 月十五 日五	癸未 계미 年十八 月十三 日六
甲申 갑신 年廿一 月十六 日九	乙酉 을유 年二十 月十四 日八	丙戌 병술 年二十 月十二 日八	丁亥 정해 年十七 月十七 日五	戊子 무자 年十八 月十四 日四	己丑 기축 年廿二 月十 日七	庚寅 경인 年十八 月十五 日六	辛卯 신묘 年十七 月十三 日五	壬辰 임진 年十九 月十一 日七	癸巳 계사 年十四 月十二 日二
甲午 갑오 年十七 月十八 日六	乙未 을미 年廿一 月十六 日九	丙申 병신 年十七 月十四 日七	丁酉 정유 年十七 月十八 日二	戊戌 무술 年十八 月十 日六	己亥 기해 年廿二 月十三 日八	庚子 경자 年十八 月十九 日七	辛丑 신축 年二十 月十五 日八	壬寅 임인 年十八 月十六 日四	癸卯 계묘 年十五 月十一 日三
甲辰 갑진 年廿二 月二十 日四	乙巳 을사 年十六 月十七 日五	丙午 병오 年十七 月十六 日四	丁未 정미 年十九 月十四 日七	戊申 무신 年十七 月十二 日五	己酉 기유 年廿二 月十五 日九	庚戌 경술 年十八 月十一 日三	辛亥 신해 年十八 月十一 日六	壬子 임자 年十七 月十五 日五	癸丑 계축 年十八 月十三 日六
甲寅 갑인 年十九 月十六 日七	乙丑 을축 年十八 月十四 日六	丙辰 병진 年二十 月十二 日二	丁巳 정사 年十五 月十三 日三	戊午 무오 年十八 月十四 日二	己未 기미 年廿二 月十二 日七	庚申 경신 年二十 月十五 日八	辛酉 신유 年十八 月十三 日七	壬戌 임술 年十七 月十一 日七	癸亥 계해 年十九 月十六 日四

- 350 -

一一一 ☰ ☰ ☰ ☰ **乾之姤**

괘상　東風解凍　　枯木逢春

해설　곤궁한 사람이 점점 펴이고 또 공명할 괘.

一一二 ☰ ☰ ☰ ☰ **乾之同人**

괘상　望月圓滿　更有虧時

해설　지금은 원만한 생활을 하고 근심이 없으나 장래는 손해와 걱정이 많으며 가족도 배반하는 마음을 두는 괘

一一三 ☰ ☰ ☰ ☰ **乾之履**

괘상　鶯棲柳枝　片片黃金

해설　부귀공명을 다하고 강호에 돌아와 누었으니 어찌 삼공이 부러우리요. 불에 들어도 타지 않고 물에 들어도 빠지지 않는 운으로 생계는 대인대주 속에 있다.

一二一 ☰ ☰ ☰ ☰ **履之訟**

괘상　圍棋消日　落子丁丁

해설　노력을 하여도 뜻대로 되는 일이 적어 허망하다 가족이 불화할 수가 있으니 조심하여 가며, 모든 것을 참고 묵묵히 궁행하면 호운을 되찾을 수 있을 것이다.

一二二 ☰ ☰ ☰ ☰ **履之天妄**

괘상　畵虎不成　反爲狗子

해설　만일 망령되이 움직이지 말지니 허망한 데 빠질 수니 조심을 하여 모든 일을 하라. 삼월과 유월 칠월과 구월에 소망을 성취하고 귀인도 만나리라.

一二三 ☰ ☰ ☰ ☰ **履之乾**

괘상　雖曰箕箒　舊主尙存

해설 친구를 믿으면 해를 볼 수요, 옛 것을 버리고 새것을 좇을 수요 겨울의 운수는 수성과 화성으로 재물이 생길 수다.

一三一 ☰ ☲ ☰ ☷ 同人之遯

괘상 老人對酌 醉睡昏昏

해설 때를 기다리던 강태공이 문왕을 만난 괘이다. 망동하면 낙명손재하고 분수를 지키고 때를 기다리면 자연히 복록을 누리리라.

一三二 ☰ ☲ ☰ ☰ 同人之乾

괘상 草綠江邊 郁郁靑靑

해설 신수가 편안하고 경영사도 뜻과 같이 이룩되어 축재할 수다. 이름을 사해에 떨칠 괘요 관록을 잡을 수인데 그렇다고 거드름을 피워서는 운을 놓칠 것이다.

一三三 ☰ ☲ ☰ ☷ 同人之无妄

괘상 雪滿窮巷 孤松特立

해설 사고무친한 신세라 혈혈단신 만리타향의 뒷거리를 술 마시고 하는 일없이 돌아다니는 괘이나 꾸준히 노력하여 새 운이 트는 운세이다.

一四一 ☰ ☷ ☰ ☷ 无妄之否

괘상 萬頃滄波 一葉片舟

해설 내 마음이 의지할 데를 잡지 못하니 이리저리 떠도는 수로다. 타향살이가 이롭기는 하나 집안일을 생각하면 한숨이 저절로 나온다.

一四二 ☰ ☷ ☰ ☷ 无妄之履

괘상 百人作之 年祿長久

해설 인복이 있다. 내가 원하지 않아도 귀인이 스스로 나타나 도와주니 곤궁한 사람이 넉넉해지고 외로운 사람이 입신양명한다.

一四三 ☰ ☷ ☰ ☷ 无妄之同人

괘상 夜雨行人 進退苦苦
해설 곤란한 일이 생기기를 잘하고 모든 일이 뜻과 같이 되지 않아 한숨을 쉬는 때가 많다. 그러나 이런 가운데에서도 생긴 인연은 하늘이 보낸 배필이니 이것이 모두 운수다.

一五一 ☰ ☷ ☰ ☷ 姤之乾

괘상 緣木求魚 事事多滯
해설 아직 때가 조금 이르다. 운수가 막혔으니 분수를 지키고 곤란을 이겨가야 할 터인데 안될 일을 하느라고 애를 태우고 또는 마음이 떠서 헤매 다닌다.

一五二 ☰ ☷ ☰ ☷ 姤之遯

괘상 火及棟樑 燕雀安知
해설 손톱 밑의 가시만 알았지 염통에 쉬 쓰는 것을 모른다. 눈앞의 적은 이해에만 구애받지 말아야 한다. 일을 하고자 하나 꺼리는 것이 많아 웃다 울다하는 운수다.

一五三 ☰ ☷ ☰ ☷ 姤之訟

괘상 年雖値荒 飢者逢豊
해설 목전의 불운과 곤란에 의기를 꺾이지 말라. 미구에 호운이 돌아와 범사가 순통하고 재물도 따를 것이다. 교만을 피우지 말고 오뉴월에 여색을 삼가라.

一六一 ☰ ☷ ☰ ☷ 訟之履

괘상　春雨霏霏　一枝梅花

해설　무거운 힘이 몸을 붙들어 주는 괘로서 범사 순성하고 이름을 날리겠으나 신병과 근심수도 있으니 편한 가운데 원려를 잊지 말아라.

一六二　⚏⚏⚌⚏　訟之否

괘상　夏雲起處　魚龍浴水

해설　생계는 넉넉하고 무슨 일이든 뜻과 같이 될 것이며 어디를 가나 이름을 떨칠 것이다. 그러나 욕하여 비리의 재물을 탐하지 말라. 송사나 구설수가 있다.

一六三　⚏⚏⚌⚏　訟之姤

괘상　白露旣降　秋扇停之

해설　금년 운수는 분수를 지킴이 무난하다고 했다. 처음에는 이러지도 저러지도 못하는 경우에 처하나 다행히 와주는 사람을 만날 괘인데 배전의 노력이 필요하다.

二一一　⚏⚌⚏⚏　夬之大過

괘상　書耕夜讀　錦衣還鄕

해설　공을 이루고 퇴사한 몸이 초야에서 명철 보신하는 괘이다. 부지런한 가운데 수복을 지켜갈 수이다. 근검질박하고 수분지명하여라.

二一二　⚏⚌⚏⚏　夬之革

괘상　金入鍊爐　終成大器

해설　어려운 일이 많으나 하늘은 스스로 돕는 자를 도우니 끝내 이름을 떨치고 남의 칭송까지 받게 된다. 그러나 우유부단하면 마가 들어 성공이 어렵다.

二一三　⚏⚌⚏⚏　夬之兌

괘상 平地風波　驚人損財

해설 재물 때문에 풍파가 일고 공연히 놀랄 수이다. 그러나 시비나 송사를 피하고 정성껏 나가면 안분안 상하리라 낙이 극하면 슬픔이 온다.

二二一　≡ ≡ ≡ ≡　**兌之困**

괘상 不知安分　反有乖常

해설 분수를 지키지 않으면 뜻밖의 재앙을 당하기 쉽다. 살 계책이 없는 못 속의 고기라 하지만 그것 은 분에 넘는 행동을 하기 때문이다. 흉액을 면하는 길은 조심에 있다.

二二二　≡ ≡ ≡ ≡　**兌之隨**

괘상 靑天白日　陰雨濛濛

해설 생각지 않은 변괴가 생길까 두렵다. 또 뜻하 지 않는 일로 말미암아 남과 원한을 맺을까 걱정스 럽다. 그러나 운은 숙명이 아니다. 지성으로 운은 개척할 수 있다.

二二三　≡ ≡ ≡ ≡　**兌之夬**

괘상 一枝花凋　一枝花開

해설 기쁨과 슬픔이 상반 혹은 반반하는 수다. 한 가지 꽃이 피면 한가지 꽃은 지는 가운데 덧없는 세 월은 소리 없이 흘러만 간다.

二三一　≡ ≡ ≡ ≡　**革之咸**

괘상 逢時不爲　更待何時

해설 할 때에 하지 못하고 항상 때를 잃고 어찌할 바를 모른다. 찾아온 귀한 손님을 근이원지 하고 후 회 않으려면 스스로 도를 닦고 적선하고 악을 멀리

해야 한다

二三二　☷☲☳☲　　**革之夬**

　　괘상　夜逢山居　進退兩難
　　해설　늦게야 길운이 트일 괘이나 처음에는 해를
주려는 사람뿐이요 길을 인도해줄 사람이 없다.
그래도 만득 길운의 괘상이라 한다.

二三三　☷☲☳☵　　**革之隨**

　　괘상　潛龍得球　變化無常
　　해설　용이 하늘에 오를 여의주를 얻었다. 재물은
곳간에 꽉 들어찰 것이며 무슨 일이든 뜻대로 들어
갈 수이다. 신수 또한 좋다.

二四一　☵☲☳☷　　**隨之萃**

　　괘상　居家不安　出他心閑
　　해설　집안 일을 잠시 잊고 동북방을 오가니 재수
도 붙고 마음도 홀가분하다. 움직여야 기쁜 일도 슬
픈 일도 생긴다는 수이다.

二四二　☵☲☳☵　　**隨之兌**

　　괘상　古人塚上　今入葬之
　　해설　모든 일이 처음에는 허하고 또는 곤란한 것
이 영욕이 무정한 때문이다. 그러나 다시 일은 펴가
고 근심걱정이 없어지는 만득길운의 괘상이다.

二四三　☵☲☳☲　　**隨之革**

　　괘상　傳相告引　罪及念外
　　해설　술은 갑이 마셨는데 을이 취하는 괘이다. 서
로 헐뜯고 고자질하는 가운데 정든 사람을 잃을 수
다. 처세에는 근심이 없으면 화가 있을 것이다.

二五一 ䷹ ䷹ ䷹ ䷹ 　　**大過之夬**

괘상　蓬萊求仙　反似虛妄

해설　처음은 좋으나 외롭고 의지할 데 없는 몸끝이 없다고 누구를 원망하랴. 네 불찰이니 꾀임에 빠지지 말아야 한다. 근신하면 죄가 없다고 한다.

二五二 ䷹ ䷹ ䷹ ䷹ 　　**大過之咸**

괘상　靡室靡家　窮居無聊

해설　세월을 허송하다가 늦게야 깨닫는다만 이미 세상은 변하였으니 노학실소한 수라 한다. 그러나 마음을 잡자 재앙은 사라진다. 겨울철이 길하다.

二五三 ䷹ ䷹ ䷹ ䷹ 　　**大過之困**

괘상　花爛春城　萬花方暢

해설　궁하면 변하고 변하면 통하니 신운이 왕성한 괘상이다. 집안은 화목하고 도와주는 사람도 많으니 욱일승천의 운세로다.

二六一 ䷹ ䷹ ䷹ ䷹ 　　**困之兌**

괘상　千里他鄕　喜逢故人

해설　위기일발의 위경에서 구원을 받는 괘상이다. 몸은 괴로우나 재수의 뿌리는 깊다. 끝내 좋은 친구와 산해진미를 나눌 우수난감에 정우를 얻는 운세다.

二六二 ䷹ ䷹ ䷹ ䷹ 　　**困之萃**

괘상　三年不雨　年事可知

해설　토정의 소거는 모르겠으나 흉이 많은 괘이다. 재운은 돌고 바뀌는 것이니 운수를 한탄 말라. 명춘을 기다리며 자자근면하면 흉은 길로 변하리.

二六三 ䷹ ䷹ ䷹ ䷹ 　　**困之大過**

괘상　淸風明月　獨坐叩盆

해설　집에 들어가나 아내를 못보는 괘상이다. 친척은 배반하고 도와주는 사람은 없으니 산속의 외롭고 여윈 중이랄까 그러나 후는 길하다.

三一一　☲☰☲☰　大有之鼎

괘상　忙忙歸客　臨津無船

해설　어두운 밤길을 가는 괘다. 분주할 뿐. 크게 되는 것이 없고 손명할 일들이 생긴다. 힘을 다하여 명춘을 기다리니 후길하다.

三一二　☲☰☲☰　大有之離

괘상　靑鳥傳信　鰥者得配

해설　일을 경영하매 태만하다가 실패를 당할 괘. 신기한 용여형새를 잃어 미꾸라지가 희롱한다.

三一三　☲☰☲☰　大有之睽

괘상　事多慌忙　畫出魅魎

해설　부모에게 우환이 있으며 남의 속임수에 손재할 수다. 바르지 않으면 불안하다고 했으니 몸을 바로 가짐으로써 액수를 때워가야 할 것이다.

三二一　☲☰☲☰　睽之未濟

괘상　方病大腫　扁鵲難醫

해설　부모에게 우환이 있으며 남의 속임수에 손재할 수다. 바르지 않으면 불안하다고 했으니 몸을 바로 가짐으로써 액수를 때워가야 할 것이다.

三二二　☲☰☲☰　睽之噬嗑

괘상　暮春三月　花落結實

해설　기진사초 수이니 처녀라면 출가하리라. 즉

결실의 괘상이다. 장사꾼은 돈벌고 총각은 장가가고 사업은 상공하는데 사람을 잘 만난다.

三二三 ䷥ 睽之大有

괘상 有弓無失 來賊何防

해설 모든 일에는 계획이 있고 만반의 대책이 있어야 한다. 한때의 어려움을 한탄하지 말라. 감언이설에 혹하지 않고 꾸준하면 호운을 맞이하리라.

三三一 ䷤ 離之旅

괘상 陽賈大賈 手弄千金

해설 꽃이 대나무에 겹붙여지듯 무슨 일이든 잘 되어간다. 인복이 많아 장사를 하니 부자가 되기 쉽다. 하나 실물수가 있으니 도난을 조심하여야 한다.

三三二 ䷍ 離之大有

괘상 北邙山下 新建茅屋

해설 늙고 병들면 북망산의 한줌의 흙에 지나지 않는 몸, 황금도 명예도 부질없구나 땅도 돌고 인간도 돌며 오가는 것. 흥극즉길이라 진실하게 살아갈 뿐이다.

三三三 ䷔ 離之噬嗑

괘상 射虎南山 連貫五中

해설 무슨 일이든지 경영하면 여의하게 성취할 괘.

三四一 ䷢ 噬嗑之晋

괘상 萬里長程 去去高山

해설 앞으로 나가지 못하고 나가도 이르지 못하고 갈수록 태산인 괘상이다. 만사형통의 용검이 있으나 지갑 속에 있기 때문이니 때와 앞뒤를 맞추어 움직여라.

三四二　≡≡ ≡≡ ≡≡ ≡≡　　噬嗑之睽

괘상　年少靑春　足踏紅塵

해설　새로운 진전이 있을 괘상이다. 젊어서 벼슬하고 권력을 잡을 기상인데 집안에 우환이 따를 수이다. 삼사월에 상복수가 있으니 미리 조심해야 하리라.

三四三　≡≡ ≡≡ ≡≡ ≡≡　　噬嗑之離

괘상　驅馳四方　山程水程

해설　소 갈 데 말 갈 데를 분주히 쏘다닌다. 눈속의 죽순을 구하는 괴로움을 누가 알까. 바쁘기만 하고 얻는 것은 적으나 일근 천하에 어려운 일이 없더라.

三五一　≡≡ ≡≡ ≡≡ ≡≡　　鼎之大有

괘상　未嫁閨女　弄珠不當

해설　의식은 넉넉하나 항상 망령된 일 분수에 겨운 일이 곤액을 불러들인다. 처녀가 애를 낳은 무색함을 어찌할까. 마음을 고쳐먹으면 안정하리라.

三五二　≡≡ ≡≡ ≡≡ ≡≡　　鼎之旅

괘상　靑龍朝天　雲行雨施

해설　청룡이 하늘과 의가 좋듯 부부의 사이가 원만하다. 남자는 업이나 관록을 잡고 여자는 생남하는 괘. 금실상화해 가정다복의 괘상이다.

三五三　≡≡ ≡≡ ≡≡ ≡≡　　鼎之未濟

괘상　弱少膝國　間於齋楚

해설　강한 두 나라 사이에 끼어 있는 약소국 같은 신운이다. 이럴까 망설이다가는 해를 보지만 혼사 있고 과거하니 남들이 돌이켜 본다.

三六一　≡≡ ≡≡ ≡≡ ≡≡　　未濟之睽

괘상 狡兔旣死 走狗何烹

해설 공든 탑이 무너지니 덕이 없는 탓인가. 수와 복이 내 힘에 달렸다. 남의 것을 바랄 것 없다. 다만 남의 해를 내가 입지 않도록 조심해가야 하겠다.

三六二 ䷿ 未濟之晉

괘상 太平宴席 君臣會坐

해설 사람이 능히 중정의 도를 지키니 귀하게 되고 재물을 얻으며 복이 진진하다. 또한 안신안의 하니 수명장수하고 태평연월을 구기한다.

三六三 ䷿ 未濟之鼎

괘상 虎榜雁塔 或名或字

해설 진사방과 탑에 이름 석자 괘기재할 상이다. 귀하게 되고 이름을 떨치리니 배전의 결심과 감투가 뒤따를 만한 괘이다.

四一一 ䷡ 大壯之恒

괘상 落木餘魂 生死未判

해설 뜻을 지녔으나 변통을 못하니 마치 낙엽이 날릴 때 이제야 겨우 봄을 만나는 격의 괘상이다. 그러나 목성을 만나 희운의 길이 트인다.

四一二 ䷡ 大壯之豊

괘상 馳馬長安 得意春風

해설 나라를 다스리고 백성을 구휼하며 천하를 횡행할 괘상이다. 세도하니 재화가 태산같고 일신이 편안하다. 하나 팽월의 삼족주살된 말로를 명간해야 한다.

四一三 ䷡ 大壯之歸妹

괘상 渴龍得水 救濟蒼生

해설 한번 부르니 백 사람이 대답하는 권세를 얻고 백성을 구제할 생각이다. 자식이 없다면 양자하니 길하다. 자손은 번창하고 형세가 는다.

四二一 ☷ ☳ ☷ ☵ **歸妹之解**

괘상 僅避孤狸 更踏虎尾
해설 한 고비를 넘기면 또 한 고비를 넘겨야 하니 갈수록 태산이다. 본디 길이 비흉의 괘상인데 동지섣달인데 회운할 상이다.

四二二 ☷ ☳ ☷ ☳ **歸妹之震**

괘상 兄耶弟耶 庚人之害
해설 유월달이 흉하다. 군자는 도장이라 언행을 근신하라. 후덕한 아내가 남편을 바로 만나지 못한 괘상이다. 인복이 없으나 흉도 없다.

四二三 ☷ ☳ ☷ ☱ **歸妹之大壯**

괘상 花笑園中 蜂蝶來戲
해설 좋은 일이 있어도 좋은 줄 모르고 지내나 마음이 고와 소리 있으면 반드시 울림이 있는 괘상이다. 신방에 화촉을 두 번 밝힌다는데 결혼이 있을 수로다.

四三一 ☷ ☳ ☷ ☶ **豊之小過**

괘상 天崩地陷 事事倒懸
해설 중천에 오른 해는 기울고 달도 차면 기운다는 것이 이 괘상이다. 소재는 근력에 달렸다. 재수에는 변화가 없다. 다만 우환이 있을까 두렵다.

四三二 ☷ ☳ ☷ ☱ **豊之大壯**

괘상 大趾越裳 遠獻白雉

해설 때에 밝음이 믿음으로써 천하를 고루 비치니 천지가 덕을 품어 선녀가 흰 꿩을 드리는 괘이다. 용마를 얻은 장군은 무소불위인데 여난과 관귀가 걱정이다.

四三三 ☳ ☷ ☳ ☷ **豊之震**

괘상 伏於橋下 陰事誰知

해설 어려운 큰 일을 하다가 바른 팔이 부러져 끝내 쓰지 못하는 괘다. 마음에 사가 있으면 늘 불안하고 기운이 없는 법인데 심행으로 귀인을 만나 갈 길을 찾게 된다.

四四一 ☷ ☳ ☷ ☷ **震之豫**

괘상 群雉陣飛 胡鷹振翼

해설 두 토끼를 쫓는 격이다. 줏대가 서지 않으니 향할 바를 모른다. 과여불급이니 이것저것 안된다고, 한탄 말라. 빛은 늦게야 난다.

四四二 ☷ ☷ ☷ ☳ **震之歸妹**

괘상 茫茫大海 遇風孤棹

해설 아무리 둘러봐도 의탁할 곳이 없는 외로운 신수다. 크게 움직이니 위험이 심하다. 그러나 이리저리 오고가다 귀인을 만난다고 한다.

四四三 ☷ ☷ ☷ ☷ **震之豊**

괘상 六月炎天 閑臥高亭

해설 몸이 한가하니 그 귀엔 피리소리마저 쩡쩡 울린다. 그러나 맥이 풀려 일어나는 자실지증이 불안을 몰아온다. 차차 일을 잡고 재미를 보니, 얼굴에 희색이 난다.

四五一 ䷟ ䷡ **恒之大壯**

괘상　青山歸客　日暮忙步

해설　초지유암에 능히 도세할 수 없으니 처음은 해 저물고 길 바쁜 나그네 같이 바쁘고 고단하나 은인을 만나서 다시 옛날의 편안을 되찾는다.

四五二 ䷟ ䷽ **恒之小過**

괘상　夢得良弼　眞僞遍知

해설　전지전능하지 못한 임금이 어진 신하를 만나 그 조언을 얻으니 무슨 일에서나 과실이 적다. 인복이 좋아 어디서나 좋은 사람을 만난다.

四五三 ䷟ ䷧ **恒之解**

괘상　望月玉兎　淸光滿腹

해설　달을 바라보는 토끼같다. 마음에 애심이 있으니 왜 세도를 따르리오. 애기를 낳되 쌍둥이를 낳아도 잘 자랄 것이며 하는 일은 얼음위의 수레 같으리라.

四六一 ䷧ ䷵ **解之歸妹**

괘상　避嫌出谷　仇者懷劒

해설　극히 경거망동을 삼가야 한다. 말을 타자 길을 잃고 담 너머로 손을 쫓으며, 왜 하늘을 우러러 탄식하는가. 배은망덕 또한 자기가 뿌린 씨의 수확이다.

四六二 ䷧ ䷏ **解之豫**

괘상　萬里無雲　海天一碧

해설　벼슬은 무엇이고 공명은 무엇인가, 부춘산 아래 밭가는 노인이 얼마나 태평한가. 여난과 구설수가 끼었다. 의식이 풍족하고 몸 편하니 그만이다.

四六三　≡≡ ≡≡ ≡≡ ≡≡　　解之恒

괘상　玉兎升東　淸光可汲

해설　연못에 뜬 원앙이 다정히 잔물결을 차 이루는 괘상이다. 수태를 하면 귀자를 얻고 가무항산이다. 길하니 소부를 이루리라.

五一一　≡≡ ≡≡ ≡≡ ≡≡　　小畜之巽

괘상　梧竹爭節　身入麻雨

해설　마음을 굳게 먹고 초지를 일관하니 끝내는 형통할 괘이나 윗사람의 우고가 따르고 있다. 곤궁한 운세나 화운을 역이용하니 재운도 되돌아선다.

五一二　≡≡ ≡≡ ≡≡ ≡≡　　小畜之家人

괘상　池中之魚　終無活計

해설　비약할 기회를 노리고 대해의 꿈을 꾸는 못 속의 고기 신수이다. 오늘은 힘이 모자라고 외로우나 부단한 노력으로 끝내 멍에를 벗고 만다.

五一三　≡≡ ≡≡ ≡≡ ≡≡　　小畜之中孚

괘상　擇地而居　福祿錦錦

해설　늪의 고기같은 신수였으나 믿음이 바다에 통하니 활동하면 할수록 공이 있어 형편이 점점 펴나간다. 믿음이란 군자의 도를 가리킨다.

五二一　≡≡ ≡≡ ≡≡ ≡≡　　中孚之渙

괘상　敗軍之將　無面到營

해설　팔천군사는 모두 패주하고 적군을 막을 도리가 없어 강동으로 돌아가자니 면목이 없다. 세심한 준비가 요청되는 운세다.

五二二　≡≡ ≡≡ ≡≡ ≡≡　　中孚之益

괘상   二月桃李　逢時爛熳

해설   가정은 봄날같이 따뜻하다. 하늘과 사람이 도와주니 병도 재앙도 가고 복록이 진진하다. 오뉴월 실물수가 있으나 유월달 처궁에 기쁨이 있다.

五二三 ☰ ☰ ☰ ☰　中孚之小畜

괘상   兩虎相鬪　望者失色

해설   갈팡질팡하는 가운데 세월은 다 가고 늦게 하는 일이 바쁘기만 하지 실이 적다. 속칠월 동짓달에 여난수가 있으나 남과 다투지 않고 부지런하니 허한 가운데 실속이 있다.

五三一 ☰ ☰ ☰ ☰　家人之漸

괘상   龍生頭角　然後登天

해설   날로 달로 나아가는 진취의 괘상이다. 공부에 전심전력하여 끝내 입신양명하는 것과 같은 운수다. 준비가 있은 다음 전진한다.

五三二 ☰ ☰ ☰ ☰　家人之小畜

괘상   見而不食　畵中之餠

해설   일이 가끔 불여의한 것은 운이 막힌 탓이 아니라 욕심이 과한 때문이다. 나갈줄 알면 물러설줄 알아야 한다. 이 괘는 여름 가을이 좋다. 먹지 못하니 그림 속의 떡이로다. 계화를 꺾어 꽂으니 맑은 이름이 멀리 퍼진다.

五三三 ☰ ☰ ☰ ☰　家人之益

괘상   蕨手提弓　射而不中

해설   일이 가끔 빗나가기 쉬우나 六월부터는 차차 운이 트인다. 인도할 사람을 바로 만나야 하는데 요는 백로가 까마귀떼와 섞이니 물들까 걱정이다.

五四一 ䷓ **益之觀**

괘상 三十六計 走爲上計

해설 두드리면 열리고 구하면 얻는 운수로 닥치는 대로 행하는 가운데 길리가 있다. 무슨 일이든 주저하니 해가 있다. 이 해의 호운은 능동적인 율동 속에 있다.

五四二 ䷩ **益之中孚**

괘상 一把刀刃 害人何事

해설 마땅히 해야할 때 기강을 잃고 바르지 않아 하늘의 호응이 없는 괘다. 남을 해치기 전에 먼저 자신을 되돌아보라. 주색을 삼가고 일일삼성하니 탈이 없다.

五四三 ䷩ **人家之益**

괘상 先入丘墓 都在大梁

해설 쌍방에 정을 들이니 어느 쪽을 배반하랴. 스스로 제 마음을 속이지 말아야 바른 앞길이 트일 것이다. 수덕수덕하는 도인처럼 처세하라.

五五一 ䷈ **巽之小畜**

괘상 妖魔入庭 作作芝蘭

해설 요망한 마귀가 집안에 들어오니 자손들에게 해를 끼친다. 구름길을 나는 새가 외다리 위에서 홀로 울어야 할까 재운은 흠이 없어 구시월경 대통하리라

五五二 ䷸ **巽之漸**

괘상 四浩圍蒼 消遺世慮

해설 한 몸이 안락할 뿐 아니라 처자 권속의 신수까지 대길할 괘 효이다. 일말의 불안이 없지 않으나 심하지 않으니 그 영화를 남들이 부러워한다.

五五三 ䷸ 巽之渙

괘상 淸風明月 對釣美人
해설 금실이 좋은 가정에 봄빛이 무르익은 괘다. 나뿐 아니라 자손도 귀하게 되고 집안이 번창하니 또 무엇을 바랄까 정이월에 실물수가 있다.

五六一 ䷼ 渙之中孚

괘상 風起西北 落帽何處
해설 바람에 흩날릴 수가 있다. 그러니 분수를 지켜 성실하게 살아가며 특히 허욕을 삼가라. 이해가 저물 즈음 여인을 만날 운수는 끼었다.

五六二 ䷓ 渙之觀

괘상 寶鼎煮丹 仙人之樂
해설 위세를 떨치고 재물이 넉넉하니 분수에 겨운 것을 결코 바라지 말라. 명망과 수복이 그만하거늘 그 소원이 왜 그렇게 깊은가.

五六三 ䷸ 渙之巽

괘상 深入靑山 自建茅屋
해설 구해도 못얻음은 성심이 부족함인가 진시왕도 영생불로초는 구하지 못하였다. 그러나 화복은 스스로 불러들이는 것이니 주색과 질병에 조심하고 수구안상하라.

六一一 ䷦ 需之井

괘상 平地風波 束手無策

모를 것은 사람의 일이다. 평지풍파도 유부녀와의 통정도 말벌도 정녕 모를 것이 부생의 인사다, 겸손하고 조용하게 살아가야겠다.

六一二 ䷾ ䷾ ䷾ ䷾ **需之旣濟**

괘상 植蘭靑山 更無移意

해설 이제 토대를 잡고 사니 명망을 찾아오는 처사가 많고 때는 시화연풍하다.

六一三 ䷾ ䷾ ䷾ ䷾ **需之節**

괘상 若有緣人 丹桂可折

해설 용이 여의주를 얻어 조화가 무궁한 괘다. 인연이 있으면 벼슬하고 때를 놓치면 정인을 잃은 사람처럼 인연이 허송세월하리라.

六二一 ䷾ ䷾ ䷾ ䷾ **需之坎**

괘상 三願未着 吾情怠慢

해설 지금 내가 빠진 것은 게으른 탓이라고 하였다. 한강물도 바가지는 들고 가야 떠 마실 수 있다. 그리고 타향은 내 고향만 못하다. 아예 남의 것을 탐내지 말라.

六二二 ䷾ ䷾ ䷾ ䷾ **節之屯**

괘상 僅避釣鉤 張綱何免

해설 적은 화를 피하니 또 큰 화가 오는 것이 모두 나의 불찰이니 누구를 원망할까. 원만하고 적선하라. 운이 돌아온다.

六二三 ䷾ ䷾ ䷾ ䷾ **節之需**

괘상 投入干奏 相印纏身

해설 높은 자리에 앉게 되어 부귀공명하니 일가가 모두 화락할 뿐 아니라 그 여덕이 만인에 미쳐 모두들 흠모한다. 출행하여 남아의 뜻을 펴는 괘상이다.

六三一 ䷾ **旣濟之蹇**

괘상 桂花開落 更待明春
해설 수년만에 형제를 만나고 타향에 있는 가족 소식도 듣고 좋은 때를 기다리는 괘

六三二 ䷾ **旣濟之需**

괘상 努奔燕軍 無處不傷
해설 몸이 괴로우니 해가 다른 사람에게 미친다. 전의 영업을 버리고 타향에 돌아다니면 낭패하며 자기 힘을 생각지 않고 망녕되이 행동하면 손재할 괘

六三三 ䷾ **旣濟之屯**

괘상 骨肉相爭 手足絶脈
해설 자그마한 분심을 참지 못하니 동기간에 정애를 끊고 스스로 제 마음을 다치는 괘상이다. 남방이 길하고 여름철 호기를 놓치지 말라.

六四一 ䷂ **屯之比**

괘상 心小膽大 居常安靜
해설 내외가 원앙같이 정다우니 화기가 뜰에 가득하다. 진취의 기상은 안 보이니 부귀공명 모두 싫다고 북창가에서 조용히 안락을 누릴 운세라 하겠다.

六四二 ䷂ **屯之節**

괘상 捕兎于海 求魚于山
해설 모든 것이 마음과 같이 되지 않으니 허욕을 내면 심신을 상할 뿐이니라. 남의 원한을 살까 두렵다. 묵묵히 분수지켜 살아가며 때를 잡아 일어서라.

六四三 ䷂ ䷾ **屯之既濟**

괘상 暗中行人 偶得明燭

해설 어둠 속을 가는 것 같은 사람이 다시 밝음을 얻은 괘상이다. 재수 있고 아들 낳고 어렵던 사람은 살림이 펴나갈 운수다.

六五一 **井之需**

괘상 籠中因鳥 放出飛天

해설 조용히 때를 기다렸다가 세상에 나선 괘상이다. 진취성이 강하니 안 되는 일이 없고 따라서 집안이 태평하다.

六五二 **井之蹇**

괘상 雪裡梅花 獨帶春色

해설 음양은 돌고 도는 것. 추운 겨울이 다가니 따뜻한 봄이 돌아온다. 이제 마음이 화평하고 경사도 생길 터이니 집안도 태평하리라.

六五三 **井之坎**

괘상 成功者去 前功可惜

해설 운을 구가하던 좋은 시절은 어언 흘러가 버렸다. 웬만한 경사는 눈에 차지도 않는다. 그러나 동쪽으로 옮겨심고 재기를 시도하면 가능한 괘상이다.

六六一 **坎之節**

괘상 九重丹桂 我先折揷

해설 막히면 변하고 변하면 통한다. 구중 궁궐 속의 붉은 계수를 내가 먼저 꺾을 수다. 관직이나 사업을 잡고 생남하고 가족이 화목하리라.

六六二 **坎之比**

괘상　六里靑山　眼前別界

해설　무엇을 하나 어디를 가나 안되는 것 없고, 막히는 것이 없으니 어찌 아름답지 않은가 관직이나 사업이나 거침이 없으니 이밖에 또 무엇을 바라리, 마치 별 세상에 온 것 같다.

六六三　☵☵☵☵　坎之井

괘상　九月丹楓　勝於牡丹

해설　모란이 피는 부귀의 때는 갔으나 구월 단풍이 모란만 못할 것인가, 좋은 때는 또 있고 씨를 뿌린 손으로 열매를 거두고 복록을 잡을 것이다.

七一一　☶☷☷☷　大畜之蠱

괘상　尋訪春日　却見開花

해설　봄 만나 핀 꽃같은 운세다. 결혼한 사람이면 아들 낳고 도와주는 사람이 많아 매사가 어렵잖게 된다. 꽃놀이를 가면 안핀 꽃도 피는 운수다.

七一二　☷☰☷☷　大畜之賁

괘상　銀鱗萬點　金角未成

해설　용이 아직 뿔이 덜 났다. 때는 거의 돌아왔다. 눈속의 죽순을 구하는 효성이 지극하니 장차 크게 되리라. 힘있게 전진할 뿐이다.

七一三　☷☰☷☷　大畜之損

괘상　龍蟠虎踞　風雲際會

해설　신하가 임금을 만나는 괘상이다. 구진취익의 수다 매사가 여의롭고 생남수도 있으며 재수도 대통할 괘다. 신수는 사계절 편하다.

七二一　☷☰☷☷　損之蒙

괘상　　陰陽配合　萬物化生
해설　고기가 연못에서 뛰는 상이다. 생남할 수가 있으며, 권세를 얻어 인간을 구할 격으로서 상으로는 대길하고 재물도 늘 것이다.

七二二　☷☶☷☱　損之頤

괘상　　日中不決　好事多魔
해설　뜻은 있으나 일의 결말을 못보니 무덕한 까닭일까. 인복이 없는 까닭일까. 의와 이를 보면 단연 매진하라. 통하리라.

七二三　☷☶☷☰　損之大畜

괘상　　一渡滄波　後津何濟
해설　흘러서 넘친 괘상이다. 어려운 고비가 많으나, 초혼 후 길한다. 귀인을 만나게 되고 집에는 현처가 있다. 근하면 이루리라.

七三一　☷☶☷☷　之賁艮

괘상　　遍踏帝城　千門共開
해설　앞길이 훤하게 트였으니 만사가 뜻과 같다. 공명과 재복을 다하니 모두 부러워한다. 삼사월엔 신운이 좀 막히니 겸손하라. 그러면 액을 면한다.

七三二　☷☶☷☰　賁之大畜

괘상　　雷門一開　萬人驚倒
해설　우뢰소리에 만인이 놀라니 왕명할 수 있다. 학문으로 금옥이 산같으니 귀함이 비길데 없다. 여색엔 조심하라. 이 괘는 유위맹지세.

七三三　☷☶☷☷　賁之頤

괘상　　魚變成龍　變化不測

해설 끝내 용으로 변해 조화를 부리는 괘상이다. 아래로부터 높이 되어 부귀공명하리라. 봉황은 탱자나무에 살지 않는다. 늦가을 운이 좋다.

七四一 ䷚ 頤之剝

괘상 六馬交馳 男兒得意
해설 성인이 양현하여 만백성에 덕을 미치게 하는 격의 괘상이다. 덕을 닦고 글을 배워 공명얻고 부귀를 노래하리라.

七四二 ䷨ 頤之損

괘상 前程早辨 榮貴有時
해설 일에는 각기 때가 있는데 영귀할 때를 미리 판단하니 성공이 어렵지 않다. 기회가 좋아 범사가 여의롭고 유길 유익하다.

七四三 頤之賁

괘상 早朝起程 女服何事
해설 일찍이 바름을 얻으나 마침내 허물을 짓는 괘상이다. 인복이 없어 불안하나 올바르게만 하면 어려울 것이 없으리라.

七五一 蠱之大畜

괘상 三日之程 一日行之
해설 사흘 일을 하루에 해도 할 일이 아직 천만가지가 있으니 언제나 끝을 내랴. 힘에 겨운 일을 함은 어리석다. 사는 형편은 점점 펴나갈 것이다.

七五二 蠱之艮

괘상 天心有光 正照萬里
해설 중용에 머물렀으니 육합에 통합할 괘상이다,

운을 탄 장부의 기상이 늠름하다. 운수대통인데 재취할 수 가 있다.

七五三 ☷ ☶ ☷ ☶ 蠱之蒙

괘상 一渡長江 非淺非深

해설 큰 죄가 없으니 길업하고 흥이다. 세상일을 겪어 보았고 인심도 짐작한다. 귀한 아들을 낳고 부부가 정다우며 많이 벌어 많이 쓴다.

七六一 ☷ ☶ ☷ ☶ 蒙之損

괘상 一人之害 反於萬人

해설 한사람의 실수가 백사람에게 미치어 이런 운세가 어이없어 가가대소한다. 돌다리도 두들겨 보고 걷듯이 조심하며 겸허하게 하면 어려움을 이겨 가리라.

七六二 ☷ ☶ ☷ ☶ 蒙之剝

괘상 隨時應物 到處有榮

해설 때 따라 어둠 있고 밝음 있는 괘니 도처에 영화있고 자손은 번성하니 그리운 것이 없다. 생남 수도 있다. 따라서 집안에는 봄바람이 가득하다.

七六三 ☷ ☶ ☷ ☶ 蒙之蠱

괘상 飛龍在天 利見大人

해설 선비이면 높은 관직을 얻고 장사라면 큰 부자가 되리라. 현신이 인군을 섬기니 부귀영화를 누리는 괘다 귀자를 얻을 운도 있다.

八一一 ☷ ☰ ☷ ☶ 泰之升

괘상 萬里長空 日月明朗

해설 아래 있는 삼양이 서로 이어 통하니 재앙은 가고 복록이 진진하다. 낙이 극하면 슬픔이 오는 법이니 내일을 잊지 말고 살아가거라.

八一二 ☷ ☰ ☷ ☷   泰之明夷

괘상 入手不溺 人火不傷

해설 비록 상해도 통하니 신수대길하다. 무엇하나 꺼리는 것이 없고 써도 다하지 않는 괘다. 삼동의 운은 좀 막힌다. 근신하라.

八一三 ☷ ☰ ☷ ☷   泰之臨

괘상 凶方宜避 吉方宜隨

해설 흉한 곳을 피하고 길한 곳에 따라가니 집안이 늘 화평하리라 이사하든지 양자를 가니 질하고 화왕지절에 상사지사가 있다.

八二一 ☷ ☷ ☷ ☷   臨之師

괘상 乘龍乘虎 變化無常

해설 기회를 얻어 활동하니 변화가 무쌍하고 횡재수도 있다. 하나 공도 없이 섭섭한 소리를 들으니 자연히 회심이 나지만 마침내 대길하리라.

八二二 ☷ ☷ ☷ ☷   臨之復

괘상 三陽同氣 萬物生光

해설 귀자를 낳으니 영화가 온다. 어려운 사람은 부자가 되고 낮은 사람은 귀하게 된다. 때 만나 꽃이 만발한 운수대통의 괘다.

八二三 ☷ ☷ ☷ ☰   臨之泰

괘상 九秋霜降 落葉歸根

해설 만리타향에서 고생하다가 고향에 돌아온다. 그러나 궁한 것을 면치 못하는데 망동하지 않고, 부지런하니 늦게야 빛이 나는 괘다.

八三一　　☷ ☷ ☷ ☷　　**明夷之謙**

괘상　入山修道　本非正道
해설　산에 들어가서 세상을 등지니 번민이 없다는 퇴영의 괘상이다. 하나 결혼하면 행복하고 사업하면 대길하리라.

八三二　　☷ ☷ ☷ ☰　　**明夷之泰**

괘상　往鉤于淵　金鱗白至
해설　재운이 대길하여 하는 일은 모두 불같이 일어난다. 미미한 집안에 환관이 나니 집안의 영화가 이 위에 또 있을까. 상괘가 아닐 수 없다.

八三三　　☷ ☷ ☷ ☷　　**明夷之復**

괘상　靜中滋味　最不尋常
해설　화려하지 않으나 오손도손한 살림에 깨가 쏟아진다. 밝음을 향한 괘상하다. 장차 날면 하늘을 찌르고 사람을 놀래리라 귀자를 낳고 운도 있다.

八四一　　☷ ☷ ☷ ☷　　**復之坤**

괘상　碌碌浮生　不知安分
해설　안정을 얻지 못하는 괘상이나 그것은 분수를 모르는 탓인데 끝내 대성한다. 아내 근심도 있으나 죽으려는 생물은 없다.

八四二　　☷ ☷ ☷ ☷　　**復之臨**

괘상　採薪飮水　樂在其中
해설　이름이 무슨 소용이냐 산수를 벗하고 사는 즐거움 보다 나은 것이 무엇이냐는 것이 괘의 뜻이다. 파란 없이 오손도손 살아가리라.

八四三　　☷ ☷ ☷ ☷　　**復之明夷**

괘상　人有舊綠　偶來助力

해설　가끔 잃었다 얻었다 하는 기상이 있으나 귀인이 나고 인의 도움으로 공명하고 차차 운수는 대통한다. 분수 밖의 일을 삼가야 한다.

八五一　≡≡ ≡ ≡≡ ≡　**升之泰**

괘상　蠱食衆心　事不安靜

해설　경영자가 안정을 못얻다가 점점 나아가 멀잖아 통하는 괘다. 일이 여의치 못함은 결심이 없고 망동하는 탓이니 끝은 길미하리라.

八五二　≡≡ ≡ ≡≡ ≡≡　**升之謙**

괘상　一入山門　人不知仙

해설　우화 등선할 뜻이 있으나 누가 더러운 세상을 벗어나 신선이 되려는 뜻을 알리요. 고고의 괘상이다

八五三　≡≡ ≡ ≡≡ ≡≡　**升之師**

괘상　入山擒虎　生死難辨

해설　분수에 맞지 않는 일을 하거나 망동을 하여 재화를 불러오는 괘상이다. 연부역강의 기상이 있어 조심하면 화복이 뒤바뀐다.

八六一　≡≡ ≡≡ ≡≡ ≡　**師之臨**

괘상　夕陽歸客　步步忙忙

해설　때를 잃고 움직이나 공이 없는 뜻의 괘상이다. 십년의 공을 들여, 쌓은 탑이 하루 아침에 무너진 잘못을 깨달으니 복은 다시 돌아선다.

八六二　≡≡ ≡≡ ≡≡ ≡≡　**師之坤**

괘상　一聲砲響　禽獸皆驚

해설 장수의 기상이 있다. 배움이 적어 이가 적다. 그러나 사람됨이 굳세고 올바르니 따르는 사람이 많다. 때를 기다릴 줄 알라.

八六三 ☷ ☷ ☷ ☷ **師之升**

괘상 東風淡陽 春花富貴

해설 신운과 재운이 함께 왕성한다. 돌을 쪼아 옥을 얻고 언덕이 두터워 길이 복록을 누릴 것이니 만인이 부러워한다. 집안에 화풍이 가득하다.

사 주 법 (四柱法)

사주라 함은 그 사람의 태어난 해(年), 달(月), 일(日), 시(時)의 네 기둥(四柱)을 가지고 역리학(易理學)으로 타고난 일생 운명을 판별(判別)하는 동양철학(東洋哲學)이다.

① 낳은 해(生年)로 본 사람의 운명(運命)
<子年生> 쥐해에 낳은 사람(쥐띠)

이 해에 낳은 사람은 타고난 운명이 마치 가을 소슬한 바람에 떨어진 낙엽과 같고 잎 떨어진 수목과 같아 재생의 봄을 기다리는 것과 같은 운명이므로 일생을 통하여 기복(起伏)이 많다.

그러므로 평생(平生)을 통하여 시비와 곡절(曲折)이 많아 일에 성패(成敗)가 끊이지 않는다. 성품은 무척 날카롭고 냉랭하여 고상한 기품이 엿보이고 마음이 일정하게 고르지 못하고 인색할 때는 한없이 인색하고 또 후덕(厚德)할 때는 무척 후덕하여 갈피를 잡을 수 없게 마련이다. 큰 일을 당해도 걱정 없이 진행을 하지만 평소에 남을 의심하는 버릇이 있으므로 집에서나 밖에서나 사업상 남을 믿으려 하지 않고 특히 금전(金錢)에 대해서는 더욱 의심을 두게 되어 큰 뜻을 이루지 못하며 남과 화목하게 지내지 못한다. 그러므로 남을 믿지 않고 의심을 두다가 실패(失敗)를 하고는 후회와 한탄을 하게 되는 경우가 많은 법이므로 큰 사업을 해도 진심으로 도와줄 사람들이 옆에서 조력을 하지 않아 항상 외롭다. 초년과 중년에 고생한 사람이면 말년에 대길(大吉)한 법이다.

<丑年生> 소해에 낳은 사람(소띠)

소와 같은 운명을 타고났기 때문에 한평생 한가로울 때가 없으므로 부지런히 무엇인가 해보려고 하지만 뜻대로 소원성취(所願成就)를 하기가 어렵다. 마치 눈 속에 파묻힌 초목과 같고 물 속에 박혀 있는 금은(金銀)과 같다. 성질은 과묵 정직하고 성실하며 부지런 하지만 한번 노하면 불과 같아 여간해서는 속에 간직한 화를 풀지 않는 성미다.

또 대담한 듯 하면서도 속으로는 유순하여 결단성이 없고 크게 성공을 하기는 어렵지만 실패를 당해 중도에서 자포자기(自暴自棄)하지 않고 또 칠전팔기(七顚八起)하여 어느 정도 실패를 만회하는 끈기가 있다. 타고난 운명에 성공이 쉽지는 않아도 근면(勤勉) 성실(誠實)하여 한 평생 쉬어볼 사이 없이 활동을 해야 하는 고달픈 신세이다. 또 초년에는 행복하다고 하는 일도 대과없이 이루어져 밥은 거르지 않고 무난히 살아가나 중년에 들어서서 고생이 많고, 하는 일마다 별 재미를 보지 못하다가 말년에 가서는 길(吉)한 징조가 있다.

<寅生年> 호랑이 해에 낳은 사람(범띠)

호랑이는 원래 만동물(萬動物)의 왕으로 그 위엄이 사해(四海)에 떨치는 법이므로 이 사람의 한 평생은 춘풍(春風)을 맞아 활짝 만발한 갖가지 꽃과 같이 팔자가 좋고 하는 일마다 안되는게 없으며 만인의 숭앙을 받아 마치 청산(靑山)에 다니는 봉황과 같은 운명이다. 항상 남의 밑에 들기를 싫어하며 지기도 싫어하고 성질은 활달 강직하고 솔직 담백하며 모든 일에 패기(覇氣)가 만만하여 사업에 있어서나 가정에 있어서도 포용력과 통솔력이 강하다. 또 남을 도우려고 하면 앞뒤와 나중의 보수를 바라지도 않고 무조건 도와주고 생색도 내지 않는다.

그러나 자신의 능력만을 믿고 날뛰기 때문에 간혹 실패를 하나 그런 때에도 낙심하거나 자포자기하는 법이 없고 언변과 풍채와 도량이 크기 때문에 관덕도 있고 식복도 있다.

하지만 세심한 점이 있어 남의 사정을 잘 돌보지 만은 과격한 성격 때문에 심복하는 사람이 적어 외로울 때도 있다. 초년에 고생을 했으면 중년과 말년에는 부귀를 누리게 된다.

<卯年生> 토끼해에 낳은 사람(토끼띠)

이 사람은 한평생 번영하는 사업과 가업을 이끌어 나가기에 바쁘다. 마치 물 속에 들어앉아 승천(昇天)하려는 용의 형국이며 화창한 봄볕을 받아 꽃이 만발한 것과 같은 팔자다. 성질은 유순하며 너그럽기도 하며 주위 사람으로부터 인망(人望)을 모으기도 하지만 여색(女色)을 탐하여 게으른 편이므로 처음에는 무슨 일에든지 열의를 내다가는 막바지에 가서는 열이 식어 결국은 일의 성패가 많게 마련이다.

결단성이 적은 반면에 허영심이 강해 사치를 탐하고 방탕하기 쉽다. 또 풍채는 당당하고 속이 넓은 것 같으나 그렇지 못하고 자식복은 많은 운명이다.

<辰年生> 용해에 낳은 사람(용띠)

풍채와 용모가 헌앙하여 대장부와 같은 호걸의 풍모가 당당하여 어떤 사업이고 성패간(成敗間)에 규모를 크게 벌려 망하면 아주 망하고 흥하면 크게 흥하는 운명이다. 일신상 악운은 별로 없지마는 간혹 거만하고 교만 방자한 기질 때문에 한 사업에 손을 댔다고 하며 남의 충고를 받아들이지 않아 실패를 보는 경우도 있다.

성격이 강인하여 남이 안된다고 충고하는 것도 생각대로 억지로라도 밀어 부치는 기질이 있으므로 고집이 세다는 평을 받기도 한다. 그러나 항상 의식구조에는 걱정이 없이 일생을 보낼 수 있으며 초년부터 말년을 통해 때로는 고초를 겪을 때가 있기는 해도 순탄한 평생을 보내는 것만은 틀림이 없고 잘하면 부귀영화(富貴榮華)도 누린다. 간혹은 수억만(數億萬)의 재산도 모을 수가 있다.

<巳年生> 뱀해에 낳은 사람(뱀띠)

성품이 고상하고 재주가 뛰어나며, 용맹도 뛰어나 대인관계에 사교성이 능란하여 그 수단이 비상한 기질이 있다.

남을 위한 동정심이 강하나 시기심이 많아 교분을 맺었다가도 서로 헤어지는 수가 많다.

언뜻 남이 보면 팔자가 좋은 것 같이 보이지만 실상 알고 보면 그리 남이 부러워할 정도로 좋은 편은 아니다. 또 심한 고초를 겪을 팔자도 아니며 고생을 하면 중년이고, 말년이면 복락을 누릴 수 있을 팔자이다.

또 직업의 선택은 종교가나 예술가가 되어야 대길(大吉)할 운명이다. 조심해야 할 것은 남을 시기하지 말고 인화(人和)와 넓은 도량으로 친구를 사귀어야 한다.

<午年生> 말해에 낳은 사람(말띠)

이 사람은 모든 생각을 자신의 마음속에 두는 일이 없고 속에 있는 생각을 밖으로 툭 털어놓는 기질이다. 사치함을 좋아하며 잘난 체 하기와 남의 앞장에 서서 큰소리 치기를 좋아한다. 그러므로 사람을 대할 때도 쉽게 사귀는가 하면 또 떨어질 때도 아무 미련 없이 헤어지기를 좋아한다.

또 사람을 대할 때도 친절하며 후덕한 체하지만 실지로 알고 보면 그렇지 못하고 박정하여 냉랭하기만 하다. 그러나 금전에 있어서는 부족을 느끼지 않아 사치한 생활을 할 수도 있다.

잘못하면 자수로 돈을 벌었다가도 내버리는 운명을 타고났기 때문에 조심 해야하고 초년에 고생하면 중년에 약간 고생을 면하고 말년에 가면 좋은 일이 있을 것이다.

<未年生> 염소해에 낳은 사람(염소띠)

여름철 산과 들의 녹음에 휩싸여 짙은 내음을 풍기가 마련인데 별안간 불길에 휩싸여 나무와 풀이 불길 때문에 타버리는 운명이므로 이 사람의 운명은 평생을 통하여 가련한 탄식이 많다.

성질은 유순하고 끈질기며 속마음에는 큰 뜻을 품었건만 때를 만나지 못해 모든 계획은 수포로 돌아갈 운명이다. 그러므로 걱정과 근심이 항상 끊이지 않으며 남을 도와 자신을 희생하면서까지 남을 돌보아 주건만 그런 도움을 받은 사람들이 고맙게 생각하기보다는 냉대를 하려고 하니 딱하기만 하다. 또 일상 생활에 너무 생각이 많아 눈앞에 거액의 황금을 두고도 차지하지 못하는 성품이다. 부모 유산이 있다면 길할 운명이나 일생에 걸쳐 부모의 유산이 없으면 고초를 받게 될 것이다.

<申年生> 잔나비해에 낳은 사람(원숭이띠)

타고난 성품이 민첩하며 교제에 능하고 지혜가 있어 남을 업신여기는 기질이 있는 게 탈이다. 도량이 좁고 또 속이 얕아 좋은 일에도 노하기를 좋아하며 모든 일에 열성을 보이는 듯하면서도 그렇지 못하고 모든 일에 노력하는 체 하면서도 내용을 알고 보면 그렇지 못하다. 부귀도 있고 복락도 있으나 패하기 쉬운 운명이다.

초년에 곤궁한 사람은 중년에 조금만 노력을 하면 말년에는 차츰 계획한대로 일이 성사(成事)가 되어 부귀를 누릴 수도 있다. 여색(女色)을 삼가야 하며 투기 사업은 결코 하지 말아야 한다. 농사를 짓거나 군인이 되면 많은 복락이 따를 운명이다.

\<酉年生\> 닭의 해에 낳은 사람(닭띠)

성격이 개방적이어서 활발하며 일을 하거나 사람을 대하는 품이 주밀하고 치밀하여 원만하기 때문에 많은 사람이 따르게 마련이다. 또 명예를 중히 여기고 의(義)를 깊이 깨달아 알아서 처신하면 대성(大成)하지만 재주를 이용하여 적은 금전을 노리면 오히려 실패하기가 쉽다.

모든 일을 처음 시작할 때는 열의를 보이지만 종국에 가서는 열이 식어 버리는 기질이 있기도 하다. 처첩을 많이 거느릴 팔자이나 그렇게 되면 손재수와 구설수가 따르기 마련이어서 실패가 많다. 계획한 것이 있으면 불이 일 듯 성하지만 망할 때는 또 급격히 몰락하므로 그런 패운(敗運)이 깃들기 전에 예방을 해야한다. 또 허영과 사치를 버려야 하며 너무 조급하게 굴지 말고 성실하게 일을 이루어 나가면 된다. 말년에는 대길할 운명이다.

\<戌年生\> 개해에 낳은 사람(개띠)

이 사람은 성실하여 정직할 뿐 아니라 황금을 초개같이 생각하여 청렴하기 짝이 없다. 또 대인관계나 사업상에도 일체 거짓을 하지 않는 기질이다. 그런가 하면 의리에 깊어 불의(不義)한 일에 가담하지 않는 강직한 성품이다.

그러나 도량이 넓지 않고 생각하는 게 깊지 않아 자신의 뜻에 맞지 않으면 친구를 높여 관용할 줄을 모르는 게 흠이다.

그런가 하면 여색을 탐하는 기질이 있고 이 여색을 즐기는 성질을 계속 부리면 사업의 패망이 올뿐 아니라 일평생 고생길에 들어서야 한다.

또 근면하게 노력만 하면 크게 성업을 이룰 운명이기 때문에 잘만 하면 운수 대통할 팔자다. 어쨌든 이 사람은 초년부터 말년까지 의식에 대한 걱정은 없는 운명이므로 그 점은 높이 사야 할 것이다.

\<亥年生\> 돼지해에 낳은 사람(돼지띠)
산 속의 계곡이나 바위 사이에서 솟아 흐르는 물과 같은 팔자를 타고났기 때문에 도량이 넓고 생각하는 폭이 넓으며 또 겸허하여 만인의 위에 오를 수 있는 운명이다.

이 사람은 누구의 도움을 받는 것이 아니고 자수성가 할 팔자이기 때문에 평생 의식이 풍요한 팔자다. 초년 시부터 복락이 생겨 소년시절에 벌써 등과하여 큰 벼슬을 할 자이며 중년에 접어들면 대복을 누릴 수가 있는 운명이다. 돼지해에 낳은 사람은 평생에 사오생과 사오년을 조심해야 한다.

○ 남녀궁합 해설(男女宮合解說)

○ 오행(五行) 상생(相生)·상극(相克)

相 生 — 金生水	相 克 — 金克木
水生木　木生火	木克土　土克水
火生土　土生金	水克火　火克金

○ 가취멸문법(嫁娶滅門法)

오행(五行)과 궁합(宮合)이 상생(相生)이 될지라도 이 가취멸문법에 해당되면 불길하다.

正月生女와 九月生男	三月生女아 五月生男
五月生女와 正月生男	七月生女 二月生男
九月生女와 四月生男	二月生男과 八月生女
四月生女와 六月生男	六月生女와 十二月生男
八月生女와 十月生男	十月生女와 十日月生男

〈 著者의 經歷 〉

（公報7號）韓國易學者協會會長

世界·大易學 全集（合編）著述

姓名學編·手相學編· 光學編

骨相學編·四柱學編 著述

住所·서울市 鍾路五街二〇의一

　　　　순생빌딩（205）호

· 鄭觀雲철학觀

· 주간中央 政治指數 手相해설자

· 여성中央 운세해설담

筆者寫眞

관상보감

· 2003년 1월 10일 초판 인쇄
· 2013년 3월 20일 4판 발행

· 편저자 : 현승원
· 발행자 : 김 종 진
· 발행처 : 은 광 사
· 등 록 : 제18-71호(1997.1.8)

· 주 소 : 서울 중랑구 망우동 503-11호
· 전 화 : 763-1258, 764-1258

· 파본은 교환하여 드립니다.

정가 20,000원

● 야채와 과일을 이용한 가정요법 ●

· 야채와 과일로 병을 고친다?

아무리 튼튼한 몸을 타고 났어도,
아무리 고귀한 약을 마시고 있어도,
일상적인 식생활을 소홀히 해서는
우리의 건강을 유지할 수 없다.
많은 건강식품들이 몸에 좋다는 이유로
팔리고 있지만 식품 속에는 각각의
성질이 있고 장점과 단점이 있어서
그것만으로는 우리몸의 영양을 모두
충족시키기 어렵기 때문이다.
요사이 사람들은 '건강식품'으로
야채와 과일을 많이 이용하고 있는데
그것은 야채와 과일 속에 우리몸에 유용한
많은 것을 함유하고 있기 때문이다.

소화불량

소화가 잘 안되거나
식욕부진엔 **토마토 쥬스**를
1회에 반컵씩 1일
2~3회 마시면 좋다
그러나 대량으로 먹으면
몸을 냉하게 하므로
냉증인 사람에게는 부적당

아름다운 피부

체내의 혈액이나 수분의
대사를 촉진하고 해독하는
작용이 뛰어난 율무는
기미, 건성피부, 여드름의
피부트러블에 좋다.
30 g 정도를 달여서
차대신 마시도록.

＊부록 - 야채의 생즙요법.

서울시 종로구 창신동 457-33호
TEL : (02)763-1258, FAX : (02)765-1258

꿈 해몽법

인간 생활의 길흉을 예지해 본다

'꿈이란 우리의 잠재의식을 시각화하여 볼 수 있는 유일한 창이다.' 라고 정신분석가이자 심리학자인 프로이드는 말했다. 그러나 그 누구도 꿈의 예지 능력에 대해서 무시 한다거나 배제할 수는 없을 것이다. 우리는 매일밤 꿈을 꾸며 특이한 꿈은 '이 꿈의 의미는 무엇일까?' 다시한번 되뇌이고 "어젯밤 꿈에……." 라는 꿈 이야기를 하곤 한다. 자! 이제는 당신 스스로 당신의 미래를, 신체에 관한 것부터, 돈, 죽음 그리고 질병 등의 당신 꿈속에 묻혀있는 그 의미로 하나하나 풀어가보자.

- 집이 활활타고 있는 꿈? 사업이 융성해져서 탄탄한 기반을 잡게 된다.
- 잘 자란 무가 집안에 가득차 있는 꿈? 복권에 당첨될 꿈
- 배를 따온 태몽? 마음이 넓은 아들을 낳고, 많이 따오면 태아가 장차 부자가 된다.
- 걸어가다가 갑자기 걸음을 멈춘 꿈? 순조롭게 진행되던 일에 불행이 닥쳐 도중에서 중단되게 된다.
- 열심히 박수를 친 꿈? 어떤 압력에 의해 자신의 의견을 주장하지 못하게 되거나 사건에 깊게 말려들게 된다.

편집부 편저 • 신국판 324쪽 •

서울시 종로구 창신동 457-33호
TEL : (02) 763-1258, FAX : (02) 765-1258

손가락(手指)경혈요법

자기 몸의 이상을 신속하게 알아내는 비법!!

인간의 몸에서 모든 내장을 조정하는 것은 뇌이며, 손바닥은 이 뇌와 밀접하게 연결되어 있기 때문에 내장에 이상이 생기면 곧바로 손바닥에 그 신호가 나타난다. 손바닥에는 온몸으로 연결되어 있는 신경이 모여 있어 손바닥에 나타나는 이 이상신호만 잘 파악하면 내장을 지키는 데 아무 문제가 없다. 여기엔 손바닥의 변화와 내장의 관계를 진단하는 방법, 병별에 따라 누구나 손쉽게 예방·치료할 수 있는 비법이 자세하게 소개되어 있다. 갑작스런 두통, 배탈, 설사 등 비상시에 이 손가락 경혈요법을 참고하면 아주 좋은 효과를 얻을 수 있을 것이다.

손가락 경혈요법!

- 견비통 ── 합곡을 강하게 누른다.
- 비　만 ── 엄지손가락 밑을 꼬집는다.
- 여드름 ── 합곡을 자극한다.
- 위궤양 ── 위장점을 자극한다.
- 감　기 ── 풍문을 자극하도록 한다.
- 치　통 ── 온류을 자극하도록 한다.
- 두　통 ── 백회를 자극하도록 한다.
- 차멀미 ── 내정을 자극하도록 한다.
- 발바닥 자극으로 뇌졸증을 예방한다.
- 눈의 피로는 발바닥을 두드려서 푼다.

신국판 · 竹之內診佐夫 · 360쪽 · 7,000원

서울시 종로구 청신동 457-33호
Tel : (02)763-1258, FAX : (02)765-1258